mandelbaum *verlag*

Jonas Frick

POLITIK DER GESCHWINDIGKEIT

Gegen die Herrschaft des Schnelleren

mandelbaum *verlag*

mandelbaum.at • mandelbaum.de

ISBN 978-3-85476-877-7

Lektorat: ERHARD WALDNER
Satz: KEVIN MITREGA
Umschlag: MICHAEL BAICULESCU
Druck: PRIMERATE, Budapest

Inhalt

Einleitung

»Internet grade so langsam. Ich würde mich am liebsten umbringen.«
(@therealmoneyboy am 19. September 2014)

Will man die Geduld einer Person testen, dann konfrontiere man sie mit langsamem Internet. So oder ähnlich lautet ein beliebter Meme-Spruch über die digitalen Alltagssorgen. Wie langsame Computer gehört langsames Internet zu den lästigsten Tech-Problemen unserer Zeit.[1] Je nach Studie verlassen zwischen 40 bis 60 Prozent der NutzerInnen eine Website, die nicht innerhalb von drei Sekunden lädt. Google hat vor zehn Jahren berechnet, dass 200 beziehungsweise 400 Millisekunden Verzögerung in der Ladezeit das tägliche Suchverhalten um 0,2 beziehungsweise 0,6 Prozent reduzieren.[2] Gemäß einer Studie aus dem Jahr 2017 steigt die Bounce-Rate – das heißt: der Anteil an UserInnen, die nur eine einzige Seite auf einer Homepage betrachten – bei zwei Sekunden Verzögerung um 103 Prozent.[3] Anders gesagt: Je länger eine Website lädt, desto schneller verlieren Menschen ihr Interesse daran.

UserInnen sehnen sich nach der größtmöglichen Datengeschwindigkeit. Dafür werden Milliardenbeträge in Forschung und Infrastruktur investiert, beispielsweise in 5G, das nicht nur eine schnelle Internetverbindung, sondern auch die endgültige Einführung der digitalen Zukunft verspricht. Der laufende Ausbau des Telekommunikationsnetzwerks setzt den neuen Standard für die kommunikative Durchdringung unserer Welt. Möglichst

1 Vgl. Knight, Rob: Top 20 most annoying tech problems, The Independent, 26.03.2019, <https://www.independent.co.uk/life-style/gadgets-and-tech/tech-gadget-break-anger-top-problems-survey-a8840781.html>, Stand: 27.09.2019.

2 Brutlag, Jake: Speed Matters for Google Web Search, Google, 22.06.2009, <http://services.google.com/fh/files/blogs/google_delayexp.pdf>. Nicht nachweisbar ist hingegen die oft gemachte Behauptung, Amazon habe berechnet, dass 100 Millisekunden Verzögerung zu einem Rückgang von einem Prozent im Verkauf führen.

3 Vgl. Akamai: Online Retail Performance Report, 09.04.2017, <https://www.akamai.com/uk/en/about/news/press/2017-press/akamai-releases-spring-2017-state-of-online-retail-performance-report.jsp>, Stand: 27.09.2019.

bald schon hat alles mit allem im Kontakt zu stehen – und dies mit höchster Geschwindigkeit. Will künftig der Kühlschrank mit dem Herd, das Mobiltelefon mit dem Haus, das Auto mit der Ampel und die Überwachungskamera mit der polizeilichen Datenbank kommunizieren, dann bedarf es, so die gängige Argumentation, eines Ausbaus der Telekommunikationsinfrastruktur. Der dafür entwickelte Standard 5G setzt sich aus drei Stufen zusammen. Bereits umgesetzt wurde der erste Teil, der ›Release 15‹. Dieser ermöglicht die zielgerichtete Ausstrahlung von Funkwellen und dadurch die Steigerung der Datenrate. Der in den kommenden Jahren geplante ›Release 16‹ soll die Latenzzeiten auf unter eine Millisekunde senken. Das heißt: Die Zeit, die zwischen der Eingabe und der Umsetzung eines Befehls vergeht, soll minimiert werden. ›Release 17‹ schließlich wird die Kapazität des Netzwerkes steigern. Bis zu einer Million Geräte sollen künftig pro Quadratkilometer versorgt werden können. Wieso aber brauchen wir einen neuen Standard? Konnten wir mit 4G und allen anderen technischen Vorgängern nicht genügend miteinander kommunizieren? Und stören uns die wenigen Sekunden Verzögerungen tatsächlich in unserem Alltag? Die technische Antwort auf diese Fragen lautet, dass sich die Anzahl an Interaktionen und sowohl die dabei entstehende Datenmenge als auch die Notwendigkeit komplikationsfreier Verbindungen rasant steigern werden. Wenn Autos automatisch und ohne Unfall fahren sollen und gleichzeitig die Kapazität vorhanden sein muss, um den Kühlschrank mit Informationen zu versorgen, haben wir es mit einer Unmenge an Daten zu tun, die ohne Verzögerung an ihr Ziel gelangen müssen. Alleine ein autonomes Fahrzeug soll gemäß einer Berechnung von Intel vier Terabyte Daten pro Tag generieren.

Noch ist 5G nicht flächendeckend umgesetzt. Doch erste Anwendungen stehen bereits in den Startlöchern, zum Beispiel der in einem österreichischen Informatikunternehmen programmierte ›Bee-O-Meter‹, ein smarter Bienenstock, der mit 5G-Technologie ausfliegende und zurückkehrende Bienen zählt und BienenbesitzerInnen allfällige Missstände tagesaktuell mitteilt.[4]

4 Vgl. Prenner, Thomas: Drei startet mit 5G-Netz in Linz, 20.06.2019, <https://futurezone.at/produkte/drei-startet-mit-5g-netz-in-linz/400528045>, Stand: 27.09.2019.

Oder das modifizierte Handy, das es einer blinden Skifahrerin dank Reaktionszeiten von unter 10 Millisekunden ermöglicht, den Hang alleine zu meistern, indem sie die Anweisungen ihres Guides per Telefon annimmt. »Noemi ist blind – doch mit 5G Technologie fährt sie den Hang hinunter, als könne sie sehen«[5], lässt sich Deutschlands Vodafone-CEO Hannes Ametsreiter begeistert zitieren. Freilich gehören weder BienenzüchterInnen noch sehbehinderte Menschen zu der Zielgruppe von 5G. Beide fungieren vielmehr als werbetechnisch wirkungsvoll eingesetzte Nebenschauplätze einer auf Tempo getrimmten Wirtschaft und Gesellschaft.

Die anvisierte Kundschaft von 5G findet sich in der Großindustrie. Gemäß einer aktuellen Studie des Capgemini Research Institute plant ein Großteil der Unternehmen, die Technologie innerhalb von zwei Jahren nach ihrer Einführung zu implementieren.[6] Die meisten erhoffen sich dadurch mehr Effizienz in der Produktion und eine größere Unabhängigkeit. Zu diesem Urteil kommt auch eine Befragung von Bitkom, dem Verband der deutschen Informations- und Telekommunikationsbranche, bei der 5G als ›Schlüsseltechnologie‹ für die deutsche Industrie angepriesen wird.[7] Die weltweiten Ansprüche und Hoffnungen an die neue Technologie sind enorm. Bei BMW ist die Rede von »enormen Effizienzsteigerungen«[8]. In Großbritannien erhofft man sich durch 5G eine jährliche Steigerung der Wirtschaftsleistung in der Höhe

5 Schamberg, Jörg: Vodafone: Blinde Skifahrerin fährt Steilhang mit Hilfe von 5G herunter, 14.06.2019, <https://www.onlinekosten.de/news/vodafone-blinde-skifahrerin-faehrt-steilhang-mit-hilfe-von-5g-herunter_220008.html>, Stand: 18.09.2019.

6 Vgl. Capgemini: 5G. Expectations and use-cases for industrial companies, 06.06.2019, <https://www.capgemini.com/research/5g-in-industrial-opera tions>, Stand: 28.09.2019.

7 Vgl. Bitkom: Großteil der deutschen Industrie plant mit 5G, <https://www.bitkom.org/Presse/Presseinformation/Grossteil-der-deutschen-Industrie-plant-mit-5G>, Stand: 18.09.2019.

8 Bleich, Holger: Deutsche Industrie setzt auf eigene 5G-Campusnetze, heise online, <https://www.heise.de/newsticker/meldung/Deutsche-Industrie-setzt-auf-eigene-5G-Campusnetze-4403687.html>, Stand: 18.09.2019.

von 15 Milliarden Pfund.[9] Die Schweizer FDP will »dank 5G den Fortschritt ermöglichen«, wie es in einer Facebook-Werbeanzeige heißt. »[S]peed up global growth«[10], lautet die Hoffnung auf 5G beim World Economic Forum. Big Data, Blockchain, Augmented Reality oder Virtual Reality heißen die damit verknüpften Hoffnungsträger. Von einer Revolution ist an manchen Stellen gar die Rede. Wie all dies konkret umgesetzt werden soll, bleibt allerdings hinter wirkungsstarken Stichworten verborgen. Diese Diskrepanz ist nicht neu. Menschen neigen dazu, Technologien zu überschätzen, die sie nicht verstehen[11] – unter dem treffenden Titel »Digitalisierung als Religion« charakterisiert der deutsche Kulturwissenschaftler Robert Feustel die Zuschreibung von übermenschlichen Fähigkeiten, in der sich 5G-ApologetInnen in nichts von ihren esoterischen GegnerInnen unterscheiden.[12] So vermischen sich in der hoffnungsvoll erwarteten Implementierung von 5G Voraussagen über abschätzbare Anwendungsmöglichkeiten, die vor allem die Effizienzsteigerung in der Produktion betreffen, mit einer diffusen Hoffnung auf eine wirtschaftlich sorgenfreie Zukunft durch höhere Datengeschwindigkeit und komplikationsfreie Telekommunikation.

»Umstellungen sind natürlich immer schwierig. Das fängt schon im Kopf an«[13], meinte der Vodafone-Chef Ametsreiter, als er bei einem seiner Fabrikbesuche einmal mehr auf sein liebstes Thema 5G zu sprechen kam. Der Kopf, auch Ideologie genannt, implementiert, was die Wirtschaft vorgibt. Zugleich folgt die Wirtschaft dem, was der Kopf als beste Strategie empfiehlt. Die etwas andere Antwort auf die Frage, wieso unsere Gesellschaft dem Ruf nach

9 Vgl. Barclays: 5G: A transformative technology, 03. 04. 2019, <https://www.barclayscorporate.com/insights/innovation/5g-a-transformative-technology>, Stand: 26. 09. 2019.

10 World Economic Forum: How 5G could speed up global growth, World Economic Forum, <https://www.weforum.org/agenda/2018/01/5g-mobile-speed-global-gdp-growth>, Stand: 18. 09. 2019.

11 Vgl. Daum, Timo: Die künstliche Intelligenz des Kapitals, Hamburg 2019, S. 29.

12 Vgl. Feustel, Robert: »Am Anfang war die Information«: Digitalisierung als Religion, Berlin 2018.

13 Lücke, Hayo: Zu Besuch bei e.Go Mobile: So hilft 5G beim Autobau, inside digital, 19. 06. 2019, <https://www.inside-digital.de/news/zu-besuch-bei-e-go-mobile-so-hilft-5g-beim-autobau>, Stand: 18. 09. 2019.

5G und anderen Beschleunigungstechnologien erliegt, lautet deswegen, dass wir endgültig das Zeitalter der Geschwindigkeit erreicht haben. Die Prämisse, dass Langsamkeit störend wirkt und alles schneller zu gehen hat, hat sich als fetischisierte Grundlage festgesetzt. Diesem Primat ordnen wir uns unter, ohne zu viele Gedanken über Folgen und Nebenwirkungen zu verschwenden. Wir erleben eine aufkommende Hegemonie der Geschwindigkeit, in der das Rennen um das Höchsttempo zur Grundlage einer staatlichen, wirtschaftlichen wie persönlichen Handlungsmaxime wird. Technologische Erneuerung und Ideologie gehen dabei Hand in Hand. So gehören geschwindigkeitseuphorische Visionen zu den leitenden Versprechen unserer Zeit. Sie bewirken Investitionen, Hoffnungen und Forschungsinteressen zugleich.

Was heute versprochen wird, wird morgen nur selten eingehalten. Doch die kulturpessimistische Betrachtung, dass zwischen Anspruch und Realität eine Lücke klafft, ist nicht neu. Kein Tag vergeht, an dem sich niemand lautstark darüber beklagt, dass es um uns herum viel zu schnell zu- und hergeht und wir diese Entwicklung nicht mehr aufhalten können – es sei denn, wir begeben uns, wie Ferienprospekte immer wieder empfehlen, an kommodifizierte – das heißt: zur Ware gewordene – Orte der Entschleunigung, an denen wir uns von unseren Eilkrankheiten erholen. Auch wissenschaftlich hat man sich in den letzten Jahren dem Zustand der Beschleunigung genähert. Hartmut Rosa als bekanntester deutschsprachiger Beschleunigungsforscher hat in den letzten fünfzehn Jahren drei Bücher sowie zahlreiche kritische Artikel und Interviews veröffentlicht, in denen er systematisch die Prozesse der sozialen Beschleunigung und Entfremdung beschreibt.[14] Beschleunigung, so seine leitende These, ist sowohl zentrales Merkmal wie auch leitendes Versprechen der Moderne. Dabei unterscheidet er zwischen einer technischen Beschleunigung, einer Beschleunigung des sozialen Wandels und einer Beschleunigung des Lebenstempos, die sich jedoch allesamt

14 Vgl. Rosa, Hartmut: Beschleunigung. Die Veränderung der Zeitstrukturen in der Moderne, Frankfurt am Main 2005; Rosa, Hartmut: Beschleunigung und Entfremdung, Frankfurt am Main 2013; Rosa, Hartmut: Weltbeziehungen im Zeitalter der Beschleunigung. Umrisse einer neuen Gesellschaftskritik, Frankfurt am Main 2012.

als Strukturen gegenseitig bedingen und verstärken. Neben Rosa entstanden vor allem im englischsprachigen Raum zahlreiche weitere kritische wie auch liberal populärwissenschaftliche Werke über die gesteigerte gesellschaftliche Geschwindigkeit beziehungsweise deren Bedeutung. 2003 beschrieb beispielsweise Teresa Brennan in *Globalization and Its Terrors: Daily Life in the West*, wie ein sich steigerndes Lebens- und Wirtschaftstempo zu Umweltzerstörung und Gesundheitsproblemen führe. Die Befunde scheinen zutreffend; dass es sich dabei allerdings um eine quasi natürliche ›organische Zeit‹ als anthropologische Konstante handelt, die mehr und mehr angegriffen wird und dadurch Stresssymptome verursacht, wurde später unter anderem von John Tomlinson angezweifelt.[15] Dieser veröffentlichte 2007 mit *The Culture of Speed* selbst ein Werk darüber, wie Geschwindigkeit die kulturelle Imagination unserer Gesellschaften prägt. Dass sowohl Brennan als auch Tomlinson Geschwindigkeit eng mit der Zeit verknüpfen, ist kein Zufall. Geschwindigkeit wird nicht nur in ihrer physikalischen Definition über Zeitphänomene erfahren. Beispielsweise führen Beschleunigungen im Transportbereich zu kürzeren Transportzeiten, die Steigerung des Lebenstempos kann zu Zeitdruck führen, die Beschleunigung der sozialen Medien bringt verkürzte Halbwertszeiten von Beiträgen mit sich, die Arbeitsgeschwindigkeit konfiguriert den Tagesrhythmus usw. Auch andere AutorInnen gehen von solchen Verbindungen aus. 2007 erschien mit *24/7: Time and Temporality in the Network Society* beispielsweise ein Sammelband mit Fragestellungen zum Thema Zeit und Beschleunigung. Die leitende These darin lautet: Abseits der Uhrzeit hat sich mit der Digitalisierung und ihrer Datengeschwindigkeit eine Netzwerkzeit entwickelt, die eine ganz eigene Charakteristik besitzt. Ein Jahr später veröffentlichten Howard Rosenberg und Charles S. Feldman mit *No Time To Think* einen Essay über die Probleme beschleunigter Medienarbeit und den Verlust medialer Zeitsouveränität im sich etablierenden 24/7-Rhythmus. 2014 forderte Sarah Sharma in *In the Meantime* in kritischer Ergänzung zu bisherigen Analysen dazu

15 Vgl. Tomlinson, John: The Culture of Speed: The Coming of Immediacy, London 2007, S. 84.

auf, in mikropolitischen Prozessen genauer hinzuschauen, da unterschiedliche Temporalitäten unterschiedlichen Geschwindigkeitsvorgaben erliegen. Dies fand nur bedingt Gehör. 2015 erschienen mit *Pressed for Time: The Acceleration of Life in Digital Capitalism* von Judy Wajcman, das sich mit empirischen Studien zur Digitalisierung auseinandersetzt, und John Robert McNeills *The Great Acceleration*, das die Beschleunigung von Umweltzerstörung und Naturveränderungen thematisiert, weitere Werke, die mit ihrem jeweils eigenen Befund einer allgemeinen Beschleunigung Aufmerksamkeit erregten. Vor allem im US-amerikanischen Raum gehört es zu den beliebten rhetorischen Stilmitteln, Diagnosen möglichst überspitzt zu formulieren. Ob tatsächlich, wie Ben Agger es in einem Aufsatz tut, von einem »Time Fascism«[16] gesprochen werden sollte, verstanden als Erfahrung, vom herrschenden Zeitdruck zerquetscht zu werden, darf angezweifelt werden. Trotz solcher Befunde hat auch Agger Wesentliches zur Erforschung der Geschwindigkeit und zu den damit verbundenen Phänomenen beigetragen. Das Magazin *Fast Capitalism*, benannt nach einem seiner Werke bzw. Begriffe[17], macht es sich beispielsweise seit 2005 zur Aufgabe, das titelgebende Thema regelmäßig zu beleuchten. Dem auch im vorliegenden Essay folgenden Anspruch, dass »Geschwindigkeit soziale Praktiken formt« und »Sozialwissenschaften die Macht der Bewegung als fundamentale Kraft im Alltag« berücksichtigen müssen, da »der Einfluss [von Geschwindigkeit und Beschleunigung] auf Kultur, Wirtschaft und Gesellschaft bisher noch nicht vollständig erfasst wurde«[18], konnte das Magazin allerdings nur im ersten Heft gerecht werden.

Nicht alle Befunde wurden nach der Jahrtausendwende gemacht. Bekanntere Beobachtungen von Beschleunigungsphänomenen finden sich schon in Heidi und Alvin Tofflers *Future Shock* (1970) als

16 Agger, Ben: Time Robbers, Time Rebels: Limits to Fast Capital, in: Hassan, Robert; Purser, Ronald (Hg.): 24/7: Time and temporality in the network society, Stanford 2007, S. 230.

17 Vgl. Agger, Ben: Fast capitalism. A critical theory of significance, Urbana 1989.

18 Vgl. Luke, Timothy: Scanning Fast Capitalism: Quasipolitan Order and New Social Flowmations, in: Fast Capitalism 1, 01.01.2005, S. 82.

Befund einer Beschleunigung des Lebenstempos und eines damit einhergehenden Zeitdrucks. Der darin vollzogene Zeitbefund wurde von liberalen KritikerInnen in regelmäßigem Abstand erneuert, beispielsweise in Steven Greenhouses *The Great American Time Squeeze* (1992), worin dieser den zunehmenden Stress aufgrund von Zeitknappheit anprangert, oder in Douglas Rushkoffs *Present Shock* (2013), worin dieser unsystematisch auf das Problem der Echtzeit eingeht. Auch die Mehrheit der marxistischen oder zumindest materialistischen Analysen über Beschleunigung und Geschwindigkeit greift direkt oder indirekt auf ein Werk zurück, dessen Veröffentlichung mittlerweile drei Jahrzehnte zurückliegt. Bis heute wird immer wieder auf David Harveys 1989 erschienenes Buch *The Condition of Postmodernity* und seinen Befund einer anhaltenden ›Raum-Zeit-Verdichtung‹ Bezug genommen. Die Geschichte des Kapitalismus gehe, so Harveys leitende These, mit einer räumlichen Expansion und einem Ausbau der Transport- oder Kommunikationsinfrastruktur einher. Das Kapital nimmt sich der Welt an und überwindet (für sich selbst) jede räumliche Grenze. Wo Waren oder Menschen immer schneller hin und hergeschoben werden, verändert sich die Raumwahrnehmung. Anders gesagt: Die Welt schrumpft. Dabei ist Harveys These durchaus dialektisch gedacht: Entlang der schrumpfenden Welt entstehen beispielsweise immer wieder neue Beharrungskräfte, die zur Statik und Immobilität zwingen. Der Blick auf diese Dialektik ist wichtig, weil sie an so manchen Stellen auch heute zu beobachten ist: So hat sich beispielsweise die durchschnittliche Zeit, die wir mit der Zubereitung von Nahrung verbringen, in den letzten Jahrzehnten rasant verkürzt, während wir mehr Zeit im Supermarkt (oder auf Foodblogs) verbringen als je zuvor. Auch das Internet erspart uns mit seiner rasanten Datenverbindung vieles, zugleich verschwenden wir immer mehr Zeit auf YouTube und anderen Webseiten. Beschleunigung und Stillstand beziehungsweise Zeitgewinn und Zeitverlust können nur in ihrer gegenseitigen Abhängigkeit verstanden werden.[19]

19 Neben Harvey hat auch Henri Lefebvre immer auf diese Dialektik aufmerksam gemacht: »Einige Menschen beschweren sich aufgrund der Beschleunigung der Zeit, andere aufgrund der Stagnation. Sie haben beide Recht.« (Lefebvre,

Neben der Vielzahl an theoretischen Untersuchungen gibt es auch empirische Forschungsansätze, deren Ergebnisse im Gegensatz zu den kulturdiagnostischen Befunden regionale Unterschiede und einen eher zurückhaltenderen Befund über den Zustand der Beschleunigung offenbaren. Oriel Sullivan und Jonathan Gershuny haben 2018 beispielsweise Daten ausgewertet, die in Großbritannien anhand von Zeittagebüchern erfasst wurden.[20] Zahlreiche Befragte haben zwischen 2005 und 2015 immer wieder festgehalten, welche Aktivitäten sie ausübten. Weder bezüglich der tatsächlichen Zunahme von Aktivitäten, etwa im Sinne einer zunehmenden Fragmentierung des Alltages, noch bezüglich des gefühlten Zeitstresses lässt sich eine signifikante Zunahme ausmachen. Sullivan und Gershuny nennen einige mögliche Indizien, warum der Befund des persönlichen Zeitdruckes in den letzten Jahren dennoch so oft aufgestellt wurde. Dazu gehört unter anderem der soziale Hintergrund der Befragten wie der Forschenden. Wird beispielsweise die Verfügbarkeit von Zeit rückblickend über das eigene Leben betrachtet, so erscheint sie im Alter unter Umständen geringer als in den jungen Jahren. Plötzlich gilt es, Familie und Arbeit unter einen Hut zu kriegen, oder die Arbeitsbelastung wird höher. Dies entspricht aber vor allem der Lebenserfahrung sozial höhergestellter Personen mit ihrer kontinuierlichen Karriereleiter. Auch andere Annahmen betreffen die sozio-ökonomischen Grundlagen der Betroffenen. Es gibt Befunde aus den 1990er Jahren, die implizieren, dass 50+-Stunden-Wochen in den USA vor allem der Realität höhergestellter Angestellter mit College-Background entsprechen. Hinzu kommt das US-amerikanische Spezifikum, dass Festangestellte in den USA lange Zeit einen schlechteren Arbeitsschutz bezüglich Überstunden besaßen als Menschen mit Stundenlohn. Die Gruppe von Personen, die eine hohe Anzahl an Wochenstunden arbeiten, ist zugleich jene Schicht, die öffentliche Diskurse stärker prägt als

Henri: The Everyday and Everydayness, in: Yale French Studies (73), 1987, S. 10.)

20 Vgl. Sullivan, Oriel; Gershuny, Jonathan: Speed-Up Society? Evidence from the UK 2000 and 2015 Time Use Diary Surveys, in: Sociology 52 (1), 01.02.2018, S. 20–38.

andere Schichten.[21] Das heißt nicht, dass ProletarierInnen weniger Zeitdruck empfinden oder weniger arbeiten würden – insbesondere dann nicht, wenn die unbezahlte Reproduktionsarbeit mitberücksichtigt wird. Vielleicht werden der proletarische Arbeitsstress und Zeitdruck aber stärker von anderen Problemen überlagert und erscheinen eher als kontinuierlicher Zustand und weniger als plötzliche Entwicklung der letzten Jahre. Es gibt jedoch durchaus auch empirische Studien, die von einer allgemeinen Zunahme des Zeitdruckes infolge einer wahrgenommenen Beschleunigung sprechen. John Robinson und Geoffrey Godbey untersuchten beispielsweise 2005 anhand von Fragebögen das individuelle Gefühl des Gehetztseins und bemerkten, dass sich Menschen im Zeitraum zwischen 1965 und 2001, trotz nicht im gleichen Maße steigender Zeitbelastung, mehr und mehr gestresst und gehetzt fühlten.[22]

Auf den Umgang mit diesen unterschiedlichen Befunden wird später noch genauer eingegangen; so viel allerdings vorweg: Ob empirisch immer exakt belegbar oder nicht, der Wert kulturdiagnostischer Befunde liegt darin, dass sie sich ein Bild über allgemeinere Tendenzen, Prozesse und Widersprüche machen. Dabei helfen bestehende Konzepte und Begriffe. Wer sich beispielsweise mit neueren marxistischen Theorien auskennt, wird bald schon merken, dass etliche der im Folgenden verwendeten Begriffe durch regulationstheoretische Überlegungen angeregt sind. Regulationstheorien gehen davon aus, dass sich einzelne Epochen des Kapitalismus unterschiedlich beschreiben lassen. Diese besitzen jeweils ein spezifisches Akkumulationsregime – das heißt: eine bestimmte ökonomische Ordnung der Produktionssphäre – sowie einen dazugehörigen Regulationsmodus zur Stabilisierung der sozialen Verhältnisse, also eine bestimmte soziale Ordnung der unterschiedlichen Lebenssphären. ›Regulieren‹ bedeutet diesbezüglich, wie es in einer regulationstheoretischen Untersuchung zu Frankreich zusammengefasst wird, eine »Kombination von Formen der

21 Vgl. Schor, Juliet: The Overworked American: The Unexpected Decline Of Leisure, New York 1993; Sullivan; Gershuny: Speed-Up Society?, 2018, S. 24.

22 Vgl. Robinson, John P.; Godbey, Geoffrey: Busyness as Usual, in: Social Research: An International Quarterly 72 (2), 2005, S. 407–426.

Anpassung von Erwartungen und widersprüchlichen Verhaltensweisen individueller Akteure an die kollektiven Prinzipien des Akkumulationsregimes«[23]. Es geht im Folgenden nicht darum, die Frage zu eröffnen, ob tatsächlich ein neues Akkumulationsregime eingetreten ist. Hierfür fehlt die tiefere ökonomische Untersuchung. Von Interesse ist auch weniger die Analyse einzelner Phänomene oder Ereignisse der Geschwindigkeit, sondern vielmehr die in die Zukunft gerichtete kulturanalytische Frage, ob es einen Wandel gibt, der staatliches wie individuelles Handeln prägt und in Alltagspraktiken sowie kulturellen Produkten sichtbar wird. Wie allerdings kann etwas sichtbar werden, das heute erst an seinem Anfang steht? Es geht im Folgenden nicht um ein detailgetreues Abbild der Zukunft. Doch bestehende Ideen, Phänomene oder Narrative können entlang einer einfachen Grundannahme zu Ende gedacht und analysiert werden: Wer die Dynamiken des 21. Jahrhunderts verstehen will, muss die Geschwindigkeit verstehen. Wer Geschwindigkeit verstehen will, muss sie als gesellschaftliches Verhältnis lesen. Wer dieses überwinden will, muss die Geschwindigkeit politisieren.

DROMOLOGIE UND DROMOKRATIE

Der bis heute bekannteste Vertreter der Geschwindigkeits- und Beschleunigungsforschung ist der 2018 verstorbene Paul Virilio. Auf ihn geht die Forderung nach dromologischen Untersuchungen zurück. Ausgehend vom griechischen *dromos*, dem Lauf, will die dromologische Fragestellung die Logik der Bewegung untersuchen, die gemäß ihrer Wortbedeutung gleichzeitig auch Wettlauf und Rennbahn ist.[24] In diesem Ansatz ist eine zentrale These

23 »[...] la combinaison des formes d'ajustements des anticipations et des comportements contradictories des agents individuels aux principes collectifs qui houvernent les modes de produire et les modes de vivre« (Courlet, Claude; Pecqueur, Bernard: Les systèmes industriels localisés en France: un nouveau modèle de développement, in: Lipietz, Alain; Benko, Georges B. (Hg.): Les régions qui gagnent: districts et réseaux: les nouveaux paradigmes de la géographie économique, Paris 1992, S. 83).

24 Vgl. Virilio, Paul; Lotringer, Sylvère: Der reine Krieg, Berlin 1984, S. 45.

enthalten: Macht korreliert mit Geschwindigkeit. Diese nimmt in unterschiedlichen Epochen eine unterschiedlich große Rolle ein. Heute jedoch wirkt sie stärker denn je. Was sich etabliert, ist eine neue Herrschaftsform, die Dromokratie, verstanden als Gesellschaft, in der die Herrschaft des Schnelleren gilt, was für Virilio zugleich auch »Fahrgesellschaft« und »Jagdgesellschaft« bedeutet.[25] Als Mittel der Durchsetzung dromokratischer Zustände sieht Virilio die Chronopolitik. Gemeint ist damit eine Fülle an Regulationsinstrumenten, um über »Rhythmus, Dauer, Tempo, Sequenzierung und Synchronisierung von Ereignissen und Aktivitäten«[26] zu bestimmen, so die pointierte Zusammenfassung von Hartmut Rosa. Bei diesem wird Chronopolitik vor allem als Teil der Beschleunigungsdynamik, bei Virilio als Teil eines diffusen Machtkonzepts angedacht. Chronopolitik kann jedoch noch von einer anderen Seite hergeleitet werden. Sie entspricht einer Herrschafts- und Machtform des Kapitals, deren totalitäre Ausformung die Dromokratie darstellt.

Die Dromokratie ist die Herrschaft des Schnelleren. Wer über eine größere Geschwindigkeit verfügt, besitzt einen politischen wie finanziellen Vorteil. Entsprechend einig sind sich Industrie und Staat in den führenden Nationen, dass man der technologischen Entwicklung nicht hinterherhinken darf, sondern sie möglichst führend umsetzen muss. Der Staat wird zum Geschwindigkeitsmanager. Als präfigurierender Taktgeber der dromokratischen Geschwindigkeit tritt der Hochfrequenzhandel auf. Während sowohl der computerunterstützte als auch der computergenerierte Börsenhandel die Geschwindigkeit postfordistischer Finanzmärkte bereits rasant beschleunigten, ist seit einem Jahrzehnt eine neue qualitative Steigerung zu beobachten. Der Hochfrequenzhandel nimmt vorweg, worum es bei der Herrschaft des Schnelleren zukünftig gehen wird: Das Rennen um Echtzeit wird zum kostenintensiven Begleiter unternehmerischen als auch persönlichen Handelns. Sichtbar wird dies in der zeitgenössischen Unternehmerphilosophie. Jeff Bezos' Wunsch, dass Amazon immer am ›Day 1‹

25 Virilio, Paul: Fahren, fahren, fahren …, Berlin 1978, S. 86.
26 Rosa: Beschleunigung, 2005, S. 36.

stehen bleibt, spiegelt den Drang nach Echtzeit, vergleichbar mit dem Wunsch verschiedener MillionärInnen, den menschlichen Alterungsprozess aufzuheben, um auch körperlich in der ewigen Gegenwart aufzugehen.

Die Dromokratie definiert unsere Ansprüche und funktioniert als umfassender ideologischer Reproduktionsmechanismus. Niemand geht davon aus, dass ein bei Amazon Prime bestellter und innerhalb eines Tages gelieferter Massenartikel die gleiche Qualität besitzt wie ein sorgfältig ausgewähltes Produkt. Doch Geschwindigkeit selbst wird zum neuen Qualitätsmerkmal, und den Artikel, den ich jetzt haben will, kann ich notfalls morgen in besserer Version erneut kaufen. Die temporale Ordnung der Konsumation und die Just-in-Time Delivery folgen auf die postfordistische Just-in-Time Production. Das leitende Gebrauchswertversprechen ist nunmehr die Gegenwart. Ein Ergebnis hiervon sind noch schnellere Umschlagszeiten, ein anderes ist der Verlust jeglicher Zeitsouveränität.

Die Dromokratie ist eine Fahrgesellschaft, in der sich der Mensch beständig bewegen muss, wie er ebenso beständig in Bewegung versetzt wird. Die Propagierung einer pausenlosen Bewegung, die Hoffnung auf eine kinetische Utopie[27], in der Stillstand Regression bedeutet – das heißt: die Propagierung eines »produktivistischen Aktivismus«[28] beziehungsweise der geschwindigkeitseuphorische Glaube daran, »ein Mehr und Besseres dadurch zu erreichen, dass man sich und/oder alles andere in Bewegung setzt«[29], und dies immer schneller –, ist wesentlicher Bestandteil

27 Der Begriff der kinetischen Utopie wird gemeinhin mit Peter Sloterdijk in Verbindung gebracht. Willi Erzgräber verwendete den Begriff allerdings schon früher, um die Werke von H. G. Wells zu charakterisieren. (Vgl. Erzgräber, Willi: Utopie und Anti-Utopie in der englischen Literatur: Morus, Morris, Wells, Huxley, Orwell, München 1980, S. 110f. Den Hinweis hierzu verdanke ich Idler, Martin: Die Modernisierung der Utopie. Vom Wandel des Neuen Menschen in der politischen Utopie der Neuzeit, Berlin 2007, S. 148.)

28 Bänziger, Peter-Paul: Fordistische Körper in der Geschichte des 20. Jahrhunderts. Eine Skizze, in: Body politics. Zeitschrift für Körpergeschichte 1 (1), 2013, S. 18.

29 Klose, Alexander: Rasende Flaneure. Eine Wahrnehmungsgeschichte des Fahrradfahrens, Münster 2003, S. 54.

einer hegemonial werdenden Bewegungsideologie. Sichtbar wird dies im Gebrauchswertversprechen neuer Verkehrsmittel, die einen neuen affektiven Zugang zur Stadt versprechen, indem sie die Bevölkerung in kollektive Bewegung versetzen, in der Re-Romantisierung der Geschwindigkeit, die sich von ihrem fordistischen Adrenalinrausch gelöst hat und nunmehr Freiheit durch Kontrolle verspricht, oder im städteplanerischen Umgang mit Mobilität als integrativem Versprechen.

Die Fahrgesellschaft konkretisiert sich in der Aufhebung selbständiger Bewegung. Jeder Schritt zu Fuß ist einer zu viel. So gehört die Kommodifizierung der letzten Meile zur ersten Aufgabe der Dromokratie. Doch auch in größerem Maßstab werden wieder Verkehrsvisionen ausgegraben. Dazu gehören autonome Fahrzeuge, der anvisierte Warentransport unter der Erde oder rasante Züge auf Hyperloops, dank dem die fast schon vergessene – das heißt: neoliberal vernachlässigte und kaputtgesparte – Bahn plötzlich wieder interessant für staatliche Investitionen wird.

Die Dromokratie ist eine Jagdgesellschaft. Den Wettkampf um die größtmögliche Geschwindigkeit kennen Jäger wie Gejagte. Die treibende Kraft ist dabei ein allgegenwärtiger Synchronisationsdruck, der den Menschen und der Umwelt eine Höchstgeschwindigkeit aufzwingt. Synchronisation ist allerdings bei Weitem nicht immer erfolgreich. Anpassungen führen im besten Falle zu Reibungen und Wartezeiten, in anderen Fällen aber zu umfassenden gesellschaftlichen Ausschlussmechanismen. Es entstehen Desynchronisationsprozesse, die zugleich Ausschluss bedeuten und produktive, sich vom universalisierten Rhythmus unterscheidende Beschleunigungserfahrungen und internalisierte Temporalitäten hervorrufen.

Als Jagdgesellschaft ist die Dromokratie im Wesentlichen eine Klassengesellschaft. Der Drang zur kinetischen Utopie bringt eine kinetische Elite sowie ausgeschlossene und verlangsamte Menschen hervor. Auf der einen Seite steht jene bourgeoise Gruppe, die in Hochgeschwindigkeit und grenzenlos um die Welt jettet, auf der anderen Seite stehen jene proletarisierten Schichten, die zur Immobilität gezwungen werden, sei es, indem sie die outgesourcte Arbeit in ihren Heimatländern übernehmen, indem sie an der Migration gehindert werden, oder indem sie in Terrordatenbanken erscheinen, die ihnen die problemlose Grenzüberquerung verunmöglichen.

Geschwindigkeit als gesellschaftliches Verhältnis ist immer ein Ergebnis einer staatlichen Infrastruktur, das heißt von Räumen, Grenzen, Überwachung und Kontrollen. Darin verborgen liegt zugleich die immanent militaristische Komponente der Dromokratie. Geschwindigkeit war zwar immer Teil einer militärischen Logik. So berichtete schon der chinesische Militärstratege Sun-Tsu, dass Schnelligkeit »die Essenz des Krieges«[30] sei. Heute aber dehnt sich die militärische Dimension von machtvoller Geschwindigkeit aus und wird zum festen Bestandteil des zivilen dromokratischen Alltages.

Eine emanzipatorische Bewegung kämpft für die Politisierung der Geschwindigkeit. Die Dromokratie ist nicht mehr aufzuhalten. Der einzige Weg zur Selbstbestimmung liegt in der Politisierung der Geschwindigkeit und ihrer Zeiterfahrungen – dies bedingt das Wissen um die Historizität kapitalistischer Strukturen und Widersprüche. Diesem Wissen enthalten ist die Überzeugung, dass eine Perspektive jenseits rationalisierender leerer Zeit und chronopolitischer Machtmechanismen möglich ist.

30 Sun-Tsu: Die Kunst des Krieges, Frankfurt 2019, S. 58.

Zur Historisierung der Dromokratie

Als Karl Roßmann, Kafkas Protagonist aus dessen frühfordistischem Roman *Der Verschollene*, bei seiner Ankunft in New York die Freiheitsstatue erblickt, bleibt er ob der neuen Dimensionen staunend stehen. »›So hoch!‹ sagte er sich und wurde, wie er so gar nicht an das Weggehen dachte, von der immer mehr anschwellenden Menge der Gepäckträger, die an ihm vorüberzogen, allmählich bis an das Bordgeländer geschoben.«[31] Während Karl erstarrt, haben alle anderen in Amerika ankommenden Schiffsreisenden keine Zeit, um sich langsam an die neuen Eindrücke zu gewöhnen. Gleich bei der Ankunft auf dem neuen, modernen Kontinent gilt es, sich in eine ständige Betriebsamkeit zu versetzen. In Amerika herrscht »eine Bewegung ohne Ende, eine Unruhe«[32], wie es Kafkas Erzähler mit Blick auf den Hafen New Yorks schildert. Die Synchronisation mit der US-amerikanischen Grundgeschwindigkeit – das heißt an dieser Stelle: die Beschleunigung des eigenen Gangs – ist eine Pflicht der Neuankömmlinge, und wer sich dem verweigert, wird wie Karl kurzerhand durch die Kraft der bewegten Masse ans Geländer gedrängt.

Der zwischen 1911 und 1914 entstandene Roman charakterisiert eine zentrale Eigenschaft kapitalistischer Gesellschaften. Im Drang zur Vernichtung ungenutzter Zeit sowie zur ständigen Bewegung und Beschleunigung werden Langsamkeit und Stillstand zu negativen Eigenschaften. Wer dem Beschleunigungsdruck nicht standhält, gehört zu den VerliererInnen. Karl versucht alles, um erfolgreicher Teilnehmer der temporeichen Welt zu werden. Er besucht die Lagerhallen des Onkels, arbeitet als Liftjunge und landet schließlich in einem auf einer Rennbahn angesiedelten Theater. Fast alles, was Karl erlebt, ist gebrochen durch die Macht der Geschwindigkeit. In den Lagerhallen jagen Menschen ununterbrochen hin und her, als Liftjunge findet Karl Gefallen an der kinetischen

31 Kafka, Franz: Der Verschollene, Frankfurt am Main 2008, S. 9.

32 Ebd., S. 24.

Energie und beschleunigt seinen Lift manuell, und der Ausflug auf die Rennbahn endet mit einer Zugfahrt durch Amerika. Trotz dieser Lernphasen vermag sich Karl nie recht anzupassen. Der ständige Druck, die richtige Geschwindigkeit zu finden, verhindert tiefere soziale Beziehungen. Der immer fahrende Verkehr wirkt durchgehend als machtvolle Erscheinung, derer sich der Mensch nicht mehr selbstbestimmt bedienen kann. Und auch das Theater scheint Karl kein gutes Ende zu bescheren – wenn auch der Roman unvollendet abbricht, deutet nichts darauf hin, dass die Rennbahn etwas anderes als die auf Geschwindigkeit getrimmte Gesellschaft zu bieten hat.

1984 verfilmten Jean-Marie Straub und Danièle Huillet Kafkas Roman unter dem Titel *Klassenverhältnisse*. In Zeiten des politisierten Kinos verstanden die beiden RegisseurInnen Karls Handeln und Notlagen von Beginn weg als Ausdruck gesellschaftlicher (Klassen-)Verhältnisse. Um dies auszustellen, nutzten sie einen Trick. Karls Leid und Anpassungsschwierigkeiten werden sichtbar gemacht, indem sie ihn betont langsam und deutlich sprechen lassen. Auch die Schnitte sind langsam. Karl wirkt dadurch merkwürdig deplatziert. Die Verfremdungseffekte eines filmischen Lehrstücks ermöglichen es, dass die dem Roman enthaltene Auseinandersetzung um das Verhältnis Subjekt und Gesellschaft filmisch umgesetzt werden kann, ohne dass der Film dafür auf rasante Actionszenen zurückgreifen muss. Die Verfolgungsszene, als Karl gegen Ende vor seinen Peinigern flüchtet, besteht beispielsweise aus drei Schnitten. Gehetzt ist die Gesellschaft mit ihrem Repressions- und Leistungsdruck und nicht der Film selbst.

Doch Karls Stocken, die zwar deutlichen, aber doch umständlichen Sätze und die theatralen Szenen wirken 35 Jahre nach dem Erscheinen des Films äußerst unangenehm. In Zeiten rasender Actionfilme sind wir an solche Momente der Langsamkeit nicht gewöhnt. Dadurch werden zwar die Beschleunigungs- und Geschwindigkeitserfahrung der letzten Jahre sichtbar, doch es gibt eine innere Abneigung, den Film länger als fünf Minuten anzuschauen. Heute stören wir uns ab jeder Sekunde, die zu viel vergeht, vor allem dort, wo wir sie medial als nicht angebracht empfinden – das heißt: im Film, am Computer, im Internet oder bei Geräten mit digitalem Interface. Ein Neuankömmling in unserer Welt würde sich wie Karl fühlen, der gerade in Amerika angekommen ist. Gedrängt von der einen umgebenden Geschwindigkeit gibt es nur Anpassung oder Ausschluss. Im Gegensatz zu Kafkas frühfordistischem Roman sind heutige Technologien allerdings ohne eine Mindestgeschwindigkeit gar nicht mehr erlebbar. Ein Kinofilm muss die Bildabfolge in einem bestimmten Tempo abspulen und das Internet benötigt eine angemessene Datengeschwindigkeit, soll eine Webseite in angenehmer Zeit geladen werden. Treten Unterbrechungen oder Verzögerungen ein, verliert die entsprechende Technik ihren Nutzen oder das Produkt wird wie bei Straub und Huillet ungenießbar. Schlimmer noch als im Kino verhält sich die störende Verzögerung in neuesten Technologien, beispielsweise in der virtuellen Realität. Wenn die Verzögerungszeit zwischen Befehl und Ausführung bei einer Virtual-Reality-Brille über 15 Millisekunden liegt, kann eine Übelkeit auftreten, die so genannte ›Virtual Reality Sickness‹. Es gehört zu den zentralen Versprechen neuester Telekommunikationstechnologien, diese Latenz zu minimieren, beispielsweise durch schnellere Datenübertragung oder (so der Zukunftstraum) durch Auslagerung der Hardware, sodass die Rechenleistung nicht mehr auf dem Endgerät, sondern auf großen Servern geschehen kann. Doch was bedeuten diese Veränderungen? Sind es nur einzelne technologische Sprünge, die unser Leben prägen, oder hat sich zwischen Karls Auftritt im bereits beschleunigten New York, Jean-Marie Straubs und Danièle Huillets Verfilmung und der heutigen Zeit, in der selbst Verzögerungen im Millisekundenbereich störend wirken, nicht etwas Grundlegendes verändert, zum Beispiel unsere Zeitwahrnehmung oder gar die Zeit selbst?

ZEIT UND KAPITALISMUS

»Das wichtigste Ereignis jener Knabenjahre war mein Zusammentreffen mit einer Lokomobile etwa zwölf Kilometer von Detroit, als wir eines Tages zur Stadt fuhren. Ich war damals zwölf Jahre alt. Das zweitwichtigste Ereignis, das noch in das gleiche Jahr fiel, war das Geschenk einer Uhr.«[33]
(Henry Ford: Mein Leben und Werk)

Folgt man Henry Fords Worten, dann gibt es seit der Wende vom 19. zum 20. Jahrhundert zwei zentrale, miteinander verknüpfte Entwicklungsmotoren: erstens die Beschleunigung und die damit verbundenen Techniken der Geschwindigkeit, etwa die mit der inneren wie äußeren Landnahme aufs engste verbundene Eisenbahn, und zweitens die mit der Uhr von allen Menschen potenziell messbare Zeit. Dieser zweiten Seite liegt ein komplexes Netz von Ursachen und Wechselwirkungen zugrunde. So finden sich ganz unterschiedliche subjektive, kulturelle und wirtschaftliche Faktoren, die die messbare Zeit zu einem so wichtigen Gesellschaftsfaktor werden ließen. Als materieller Träger der modernen Zeitwahrnehmung – als »Wahrzeichen des gleichgestellten Empfindens«[34], wie es in Paul Gurks Roman *Berlin* heißt, und »als Macht, die hinter uns lauert«[35], wie es in Martin Kessels Roman *Herrn Brechers Fiasko* beschrieben wird – setzte sich die Uhr nicht nur über eine repressive Wirkung durch (etwa durch die mit Arbeitsverträgen oder durch Sanktionen bei Nichteinhaltung von abgemachten Terminen einhergehende Zeitdisziplin), sondern ebenso als kulturelle Norm, die es als Accessoire zu tragen gilt und die an öffentlichen Plätzen wachsam über den Köpfen der Menschen thront.

Der Macht der Uhr zugrunde liegt eine Entwicklung, die eng mit der kapitalistischen Produktionsweise verknüpft ist. Im Kapitalismus nivelliert sich die Zeit, so Georg Lukács in *Geschichte*

33 Ford, Henry: Mein Leben und Werk, Leipzig 1923, S. 26.
34 Gurk, Paul: Berlin, Darmstadt 1980, S. 98.
35 Kessel, Martin: Herrn Brechers Fiasko, Frankfurt am Main 2001, S. 99.

und Klassenbewusstsein, auf »das Niveau des Raumes«[36]. Dabei wird sie, so Axel Schlote, zur zentralen »ökonomischen Größe«[37] und zugleich zum Mechanismus der Unterwerfung. Diese auf den ersten Blick schwer verständliche Formulierung enthält einen einfachen Sachverhalt. Zeit ist durch den Zeiger der Uhr mess- und vergleichbar. Sie ist nicht mehr ›qualifiziert‹, indem sie sich an einer menschlichen Tätigkeit orientiert, sondern von dieser abstrahiert und objektiviert. Mit der Uhr gemessen entspricht eine Stunde einer Stunde, auch wenn ich eine Stunde und 15 Minuten für eine Tätigkeit brauche und jemand anderes nur 45 Minuten. Dadurch wird die Zeit ›entqualifiziert‹ – das heißt: sie fällt zurück auf das messbare Niveau des Raumes. Dennoch ist Zeit keine neutrale Instanz. Die auch ›leere Zeit‹ genannte entqualifizierte Zeit ist eine wichtige Grundbedingung der kapitalistischen Produktion. Dazu eine weitere Grundannahme vorweg: Oberstes Ziel des Kapitalismus ist die Kapitalakkumulation durch die Gewinnung von Mehrwert. Dieser entsteht, indem das Kapital die Ware ›Arbeitskraft‹ erwirbt, deren Verausgabung abstrakter Arbeit wertproduzierend wirkt. Dabei fungiert die durchschnittliche Arbeitszeit als wertbestimmende Größe einer Ware.[38] Entsprechend ist das Kapital an einer Rationalisierung der Zeit interessiert, da der Konkurrenz ausgesetzt dem/der einzelnen KapitalbesitzerIn jedes Stück Extramehrwert von Vorteil ist, beispielsweise indem eine Ware in der eigenen Fabrik in kürzerer Zeit produziert wird als bei der Konkurrenz. Als Vergleichswert wird die Zeit zu einer mit der Ökonomie untrennbar verflochtenen Kategorie. Zeit wird zur »Ökonomie der Zeit«, worin sich »schließlich alle Ökonomie auf[löst]«[39], wie

36 Lukács, Georg: Geschichte und Klassenbewusstsein, Bielefeld 2013, S. 264. (Vgl. Dannemann, Rüdiger: Das Prinzip Verdinglichung. Studie zur Philosophie Georg Lukács', Frankfurt am Main 1987, S. 12.)

37 Schlote, Axel: Widersprüche sozialer Zeit. Zeitorganisation im Alltag zwischen Herrschaft und Freiheit, Opladen 1996, S. 62.

38 Vgl. »Wie nun die Größe seines Werts messen? Durch das Quantum der in ihm enthaltenen ›wertbildenden Substanz‹, der Arbeit. Die Quantität der Arbeit selbst mißt sich an ihrer Zeitdauer, und die Arbeitszeit besitzt wieder ihren Maßstab an bestimmten Zeitteilen, wie Stunde, Tag usw.« (Marx, Karl: Das Kapital. Bd. I, in: Marx-Engels-Werke, Bd. 23, Berlin 1968, S. 54.)

39 Marx, Karl: Grundrisse der Kritik der politischen Ökonomie, in: Marx-Engels-Werke, Bd. 42, Berlin 1983, S. 105.

Marx in den *Grundrissen* schreibt, weil sie immanenter Bestandteil der Wertproduktion ist.

Entsprechend prägend für den Kapitalismus ist die Unterwerfung der Menschen unter die leere Zeit, handelt es sich dabei doch um einen zentralen Vorgang der modernen Subjektkonstituierung. Die temporale Formung des modernen Subjekts läuft entlang unterschiedlicher Institutionen. Um die neue Phase der Zeitlichkeit in einem ersten Schritt zu internalisieren, sind, wie E. P. Thompson in seiner historischen Studie zur »temporalen Neudisponierung«[40] aufgezeigt hat, über mehrere Generationen hinweg unterschiedliche disziplinarisierende Mechanismen zur Synchronisierung notwendig.[41] Es entsteht die sogenannte Zeitdisziplin, die dem Menschen gesellschaftliche Rhythmen und Pünktlichkeit eintrichtert. Eine besondere Rolle kommt (vor allem in den frühen Epochen des Kapitalismus) der Arbeitswelt und der Repression zu. Als junge/r Lohnabhängige/r wird das Individuum durch die Abstraktionsbewegung des Marktes ein erstes Mal in unterschiedliche Bestandteile aufgeteilt und in vorgegebene Tagesrhythmen gezwängt. Wer sich dem verweigert, wird als LandstreicherIn eingesperrt und zur Lohnarbeit gezwungen. Später wird die temporale Erziehungsfunktion durch Bildungsinstitutionen verstärkt oder gar abgelöst. Die rigide eingehaltene Aufteilung von Schulstunden in 45-Minuten-Abschnitte und die darin eingelegten Lehrinhalte vermitteln jungen Menschen schon früh die Notwendigkeit von zeitlicher Disziplin: Will man in der kapitalistischen Gesellschaft überleben, muss man einen Inhalt möglichst effektiv in der vorgegebenen Zeit abhandeln. Ist man schneller als die anderen, geht es nach oben, für alle anderen führt der Weg nach unten – freilich handelt es sich dabei um ein Versprechen, das durch die Ökonomisierung der Bildung beständig durchbrochen wird: Wer genügend Geld besitzt, kann sich Nachhilfestunden leisten, und wer in der richtigen Familie geboren wird, findet auch andere Wege nach oben.

40 So definiert Hartmut Rosa treffend Thompsons Untersuchung (Rosa: Beschleunigung, 2005, S. 37).

41 Vgl. Holloway, John: Thompson und die Zersetzung der abstrakten Zeit, in: Holloway, John; Thompson, Edward P.: Blauer Montag: über Zeit und Arbeitsdisziplin, Hamburg 2007, S. 5–17.

An den Grundlagen der leeren Zeit als ökonomische Größe hat sich in den letzten zweihundert Jahren nichts geändert. Ihre Konkretisierung und Wahrnehmung hat sich allerdings erweitert. Im aufkommenden 24/7-Rhythmus des Postfordismus droht beispielsweise der einstige starre Normarbeitstag, der den zeitlichen Alltag prägte, zugunsten flexibilisierter Arbeitszeiten zu verschwinden. Null-Stunden-Verträge, Unterverträge und Temporärarbeit lauten die neuen Standards. Eine Studie aus dem Jahr 2000 befragte 21.505 ArbeiterInnen in 15 europäischen Ländern über standardisierte Arbeitszeiten. Nur 24 Prozent antworteten, dass sie regelmäßig Montag bis Freitag zwischen sieben und acht Uhr am Morgen bis sieben und acht Uhr am Abend arbeiteten.[42] Zeitliche Unterschiede lösen sich allerdings nicht einfach in einer global synchronisierten Zeit auf. Vielmehr macht sich der Kapitalismus, so der berechtigte Einwand von Shehzad Nadeem, die Arbitrage verschiedener Zeitzonen zunutze – die ›Zeit-Arbitrage‹ als Ausbeutung der Zeitdiskrepanz zwischen geographisch verschiedenen Arbeitsmärkten zugunsten einer Profitmaximierung.[43] Unternehmen nutzen einerseits die verschiedenen regionalen Zeitzonen, um einen globalen 24-Stunden-Ryhthmus zu erreichen. Andererseits forciert die zeitliche Arbitrage die Beschleunigung oder Ausdehnung von Arbeitsprozessen, beispielsweise indem outgesourcte Call-Center-ArbeiterInnen in Indien zu Überstunden gedrängt werden, um den verschiedenen Märkten und ihren Zeitzonen in Europa oder den USA gerecht zu werden. Auch abseits des Arbeitsplatzes verflüchtigen sich individuelle Zeitordnungen. Wo früher lange Zeiträume anvisiert wurden, denkt man nun kürzer. Aus EhepartnerInnen und dem Versprechen ›bis der Tod euch scheidet‹ werden LebensabschnittspartnerInnen. Wechselnde Jobs und lebenslanges Lernen ersetzen die starre Karriereleiter mit Grundausbildung bei

42 Vgl. Costa, Giovanni; Åkerstedt, Torbjörn; Nachreiner, Friedhelm u. a.: Flexible Working Hours, Health, and Well-Being in Europe: Some Considerations from a SALTSA Project, in: Chronobiology international 21, 01. 02. 2004, S. 832f.

43 Vgl. Nadeem, Shehzad: The uses and abuses of time: globalization and time arbitrage in India's outsourcing industries, in: Global Networks 9 (1), 2009, S. 21.

einer einzelnen Firma. Produziert und gelebt wird 24/7. Die konstanten Verbindungen durch Mobiltelefon und Internet führen in der Zunahme neuer Geräte, Applikationen und Anforderungen zu einer weiteren Fragmentierung der erlebten Temporalitäten, die wiederum stets von Neuem zeitökonomischen Rationalisierungsprozessen unterworfen werden. Es entsteht eine auf den ersten Blick merkwürdige Situation: Mit der Ökonomisierung zahlreicher Lebensbereiche wächst die Bedeutung der leeren Zeit, während zugleich die erlebte Fragmentierung der Zeit zunimmt.

Diese gegenläufige Entwicklung ist Bestandteil einer Vielzahl temporaler Widersprüche, die unsere Gegenwart prägen.[44] Erstens gibt es seit jeher einen Widerspruch zwischen den gesellschaftlich gewachsenen Temporalitäten, beispielsweise jener der biologischen oder soziokulturellen Reproduktion, und der leeren Zeit, die in der Kommodifizierung der Arbeitskraft enthalten ist. Dieser Widerspruch nimmt zu, je mehr Bestandteile der Gesellschaft der Marktlogik unterworfen werden. Zweitens existiert ein Widerspruch zwischen den Temporalitäten der sozialen oder kulturellen Reproduktion und der auf eine möglichst rasche und umfangreiche Wertrealisation ausgelegten Zeitlichkeit des Kapitals. Wenn sich dieses seinen Weg bahnt, interessiert es sich für den kurzfristigen Profit und nicht für bestehende zeitliche Rhythmen, beispielsweise regional unterschiedliche Lebensweisen, Kulturen oder – vermutlich als einfachstes Beispiel – für die Zeiten lokaler Landwirtschaften.[45] Drittens gibt es unterschiedliche Akkumulationszeiträume, beispielsweise die kurzen Zeitspannen der Börsen und die langfristigen Investitionszyklen der Industrie.

44 Vgl. Jessop, Bob: Globalization: it's about time too!, Wien 2003. Online: <https://www.ssoar.info/ssoar/handle/document/24626>. Die von Jessop beschriebenen Widersprüche werden an dieser Stelle paraphrasiert, allerdings in unterschiedlicher Reihenfolge und mit Weglassungen und Ergänzungen.

45 »Es ist klar, dass wenn sich das Kapital beschleunigt, dass es die Konditionen der Reproduktion natürlicher Dinge schwächen oder verschlechtern wird«, wird diese mit der Beschleunigung einhergehende Veränderung von Teresa Brennan treffend zusammengefasst (Brennan, Teresa: Why the Time is Out of Joint: Marx's Political Economy without the Subject, in: Rutsky, R. L.; Macdonald, Bradley [Hg.]: Strategies for Theory: From Marx to Madonna, New York 2012, S. 33).

Dieser Widerspruch wird zu einem zentralen Krisenmechanismus der dromokratischen Finanzwirtschaft, die Profit immer schneller realisieren will.[46] Viertens existiert ein Widerspruch zwischen der beschleunigten Zirkulation des Kapitals, die aus der Verkürzung des Produktionszyklus zwischen Design und Endprodukt resultiert, und den langfristigen Infrastrukturbedingungen, die solche Verkürzungen benötigen. 5G zeigt, wie viel langfristige Investitionen notwendig sind, um die Zeiträume der Produktion kurzfristig zu beschleunigen. Fünftens kennt das Kapital selbst widersprüchliche Temporalitäten, die mitunter in Spannungen zueinander geraten können. Während die Zeit der Produktion linear verläuft, funktionieren seine Transformationen zyklisch. Zur Bedeutung dieses letzten Widerspruchs später mehr.

GESCHWINDIGKEITSREGIME

Die bruchstückartig beschriebenen Widersprüche kapitalistischer Temporalitäten deuten an, wo sich Phänomene und Spannungen in den letzten 200 Jahren verändert und verschärft haben und wo Dinge strukturell gleich geblieben sind. Ein solches Vorgehen wirkt schematisch, allerdings hilft dies bei der Historisierung der Dromokratie. Diese kennt zwar Neuerungen, baut jedoch ebenso auf bereits bestehenden Geschwindigkeitsregimes auf. Diese lassen sich idealtypisch als Abfolge fordistischer, postfordistischer und dromokratischer Systeme charakterisieren, wobei jede Epoche ihre nachfolgende präfiguriert (keine postfordistische Globalisierung ohne die fordistischen Großunternehmen, keine dromokratische Beschleunigung ohne das Internet und seine im Postfordismus etablierten Netzwerke). Gefüllt mit unterschiedlichen Merkmalen liefern die drei Epochenbegriffe ein idealisiertes Bild der Realität, das heuristisch vor allem etwas abzubilden vermag: eine Tendenz, die zahlreiche Unschärfen, globale und regionale Ungleichzeitigkeiten und Überlappungen kennt.

46 Vgl. Hope, Wayne: Time, Communication and Global Capitalism, Houndmills, Basingstoke 2016 (International political economy series), S. 175.

Geschwindigkeitsregime ▸ *Eigenheiten ▾*	**Fordismus** (mit Vorläufern bis zur Jahrhundertwende; Höhepunkt im Boom der Nachkriegsära)	**Postfordismus** (1970er Jahre bis heute; räumlich beschränkte Ausdehnung bis 1990)	**Dromokratie** (in den Anfängen)
Staat, Stadt und Geschwindigkeit	Regulationsbestrebungen: Geschwindigkeit und Verkehr als staatspolitische Angelegenheit. Beschleunigungsfeld: Militär, Straße und Verkehr. Geltendes Tempo: Geschwindigkeit.	Ausdehnung und Privatisierung. Verlust der Zeitsouveränität. Beschleunigungsfeld: Finanzwirtschaft, Konsum und Internet. Geltendes Tempo: Hochgeschwindigkeit.	Geschwindigkeitsmanagement: Verbessern und Überwachen von Geschwindigkeit als zentrale staatliche Aufgabe. Beschleunigungsfeld: Automatisierter und digitalisierter Verkehr, Hochfrequenzhandel und Militär. Geltendes Tempo: Echtzeitgeschwindigkeit.
Arbeit und Zeit	Durchsetzung von Zeitdisziplin mit strikter Zeitordnung und geregeltem Normarbeitstag. Arbeitsprozess: Standardisierung.	Flexibilisierung und individualisierte Zeitordnung. Arbeitsprozess: Automatisierung.	Echtzeit und fragmentierte Netzwerkzeit. Rasende Umlaufzeit von Waren, Wissen, Informationen und Bildern. Arbeitsprozess: Adaptive Prozesse.
Widerstand	Offensiver Kampf um Normarbeitstag und intellektuelle bzw. kulturelle Kritik.	Defensiver Kampf um Arbeitszeit und subkulturelle Abweichung.	Politisierung der Geschwindigkeit: Unterbrechung und Re-Temporalisierung der Echtzeit.
Ideologie und Versprechen	Liberalismus. Leitendes Versprechen: Teilhabe an der Geschwindigkeit durch Konsum und Massenveranstaltungen.	Neoliberalismus. Leitendes Versprechen: Egalitäre Gesellschaft durch Netzwerke.	— Leitendes Versprechen: Wettbewerbsvorteil durch Geschwindigkeitsvorteil, kinetische Utopien und Ereignisverdichtung durch technischen Fortschritt.
Leitende Widersprüche	Rasender Stillstand.	Kapitalistischer Realismus.	—

STAAT, STADT UND GESCHWINDIGKEIT

Spätestens seit der zweiten industriellen Revolution bahnt sich die Geschwindigkeit ihren Weg. Mit dem Ersten Weltkrieg und dem Übergang vom Stellungs- in den Bewegungskrieg setzt sie sich endgültig durch. Panzer überwinden Gräben. Flugzeuge fliegen über jede Front hinweg. In den urbanen Zentren setzt sich die tayloristische und später die **fordistische** Massenproduktion durch. Schnellstraßen und Transportnetze verbinden die aufkommenden Vorstädte, Arbeitsorte und Konsumzentren. »Modernes Geschäft – modernes Leben – kann keinen langsamen Transport dulden«[47], lautet eine der vielen Weisheiten von Henry Ford, die zwar oft äußerst platt sind und dennoch ungewollt treffende Zeitdiagnosen erstellen. Das Pendeln wird zum Bestandteil des Arbeitsalltags, die Einkaufsstraße zum zeitaufwendigen, aber beliebten Ausflugsziel, der Mensch zum zirkulierenden Massenpartikel. Zur Bausubstanz geronnenes Beispiel dieser Entwicklung und zugleich Synthese von Verkehr, städtischer Beschleunigung und Massenkonsum ist der 1929 umgebaute Berliner U-Bahnhof Hermannplatz, der erstmalig einen direkten Zugang zum eben eröffneten Karstadt-Warenhaus bietet und die Zirkulationswege von Konsum und Verkehr endgültig im Rahmen seiner verkehrstechnischen Beschleunigung miteinander verschränkt.

Mit der Etablierung der Geschwindigkeit setzt zugleich ihre staatliche Regulierung an ihren strategisch wichtigen Grundpfeilern ein. 1914 wird in den USA die erste elektrische Verkehrsampel der Welt errichtet. Der Verkehr wird zu einer politischen Angelegenheit. Verkehrskontrollen, Führerscheine, Nummernschilder und staatliche Geschwindigkeitsvorgaben regeln Straßen – in manchen Ländern und Städten bereits in der Zwischenkriegszeit, in anderen Regionen umfassend erst nach 1945. Konzessionen, Infrastrukturprojekte und neue Transportgesetze sorgen zeitgleich für den geregelten Betrieb auf den Schienen, dessen Verkehrsbetrieb spätestens mit der Durchsetzung umfassend geltender Zeitzonen

47 Ford, Henry: Das große Heute, das größere Morgen, Leipzig 1926, S. 143.

vor der Jahrhundertwende zum zweiten wichtigen Entwicklungsmotor der Industrie und der Warenzirkulation wird.

Während die staatliche Intervention in verkehrsstrategisch wichtigen Bereichen verhindert, dass der Geschwindigkeitsrausch unkontrolliert in alle Richtungen expandiert, bläst man anderswo zur freien Fahrt. Wer das Tempo nicht auf der Schnellstraße auslebt, tut dies auf der Sport- oder Rennbahn. Spätestens in den 1920er Jahren erreicht die sportliche Ertüchtigung die Massen. »[A]lle sporten sie jetzt«, meint Siegfried Kracauer in einem Essay 1927. Und: »Seit sie alle sporten, möchten sie erfahren warum.«[48] Erklärungen gibt es viele. Im Zeitalter der Rekorde drängt es den Menschen nach körperlicher Ertüchtigung. Das ›getting better at getting better‹ des Sportbetriebs hilft, sich in der kapitalistischen Konkurrenz auch anderswo zurechtzufinden. Es entsteht das bis heute wirkende spezielle Arzt-Patienten-Verhältnis der Leistungsgesellschaft:[49] Der/die SportlerIn analysiert sich nicht nur selbst, sondern heilt sich ebenso selbst durch den sportlichen Willen, die notwendigen Qualen zur körperlichen Formung zu ertragen. Man ist Arzt und Patient zugleich, wobei sowohl Heilungsmöglichkeiten wie auch das Verständnis von Defiziten durch die Gesellschaft vorgegeben werden. Wer sich dabei mit der natürlichen Formung seines Körpers nicht zufrieden gibt, der oder die setzt auf leistungssteigernde Mittel. Dazu gehört nicht nur die Potenzierung der eigenen Leistung durch Doping, sondern auch durch motorisierte Fahrzeuge. Mit Rennautos braust man entlang der Straße, mit Flugzeugen werden Temporekorde über dem Himmel erzeugt. Kein Tag vergeht, an dem nicht irgendwo ein Geschwindigkeitsrekord gebrochen wird. Stillstand wird zur lästigen Eigenschaft, Pausen und Warten werden zum negativ konnotierten Zustand einer erstmals umfassend in Bewegung versetzten Gesellschaft.

In den meisten westlichen Ländern setzt der Staat auch nach den 1970er Jahren die Grundlage für den Ausbau der Mobilität mit

48 Kracauer, Siegfried: Sie sporten, in: Kracauer, Siegfried: Schriften, Bd. 5.2 (Aufsätze 1927–1931), Frankfurt am Main 1990, S. 14.

49 Vgl. Greif, Mark: Against Exercice, in: N+1, Number one: Negation, New York 2004, S. 63–72.

höherer Geschwindigkeit. Außer in den USA entstehen in etlichen Industrienationen der **postfordistischen** Welt Hochgeschwindigkeitsnetze auf Schienen. In Japan sind es die Shinkansen, in Frankreich ist es der TGV, die Menschen dank staatlicher Subventionen rascher an entfernte Orte bringen. Die aufkommende Satellitenkommunikation verstärkt die Zerstörung des Raums zugunsten der Zeit – und bringt die Militarisierung des Weltraums mit sich –, ebenso wie die vereinfachte, vor allem auf den Weltmeeren internationalisiert stattfindende Containerisierung des globalisierten Warentransportes, der Abbau von Zollschranken oder die vergünstigten Lufttransportkosten den globalen Warenaustausch beschleunigen. Mit der Aufhebung des Goldstandards verliert der Raum auch im Finanzbereich seine ursprüngliche Bedeutung. Und mit der Concorde lassen sich alle Metropolen dieser Welt für jene kinetische Elite, die genügend bezahlen kann, in wenigen Stunden erreichen. Was in der Phase der Etablierung der postfordistischen Standards als neoliberaler Umsturz mit der Zerschlagung gewerkschaftlicher beziehungsweise staatlicher Macht und den darauf folgenden Wirtschaftsexperimenten in England und Chile noch regional begrenzt ist, dehnt sich nach dem Ende der Sowjetunion 1990 weiter aus. Deregulierung und Deindustrialisierung werden infolge der Integration in den Weltmarkt für weite Teile der Welt rasante Realität. Neue Konsumprodukte erreichen die integrierten Orte im Eiltempo. Neue Freihandelsabkommen sorgen dafür, dass dieser Zustand der ungleichen Vernetzung perpetuiert wird.

Im Massenverkehr stößt die Geschwindigkeit allerdings früh an ihre Grenzen. In den Lüften geht es beispielsweise abseits der Concorde nicht mehr um eine Steigerung der Geschwindigkeit, sondern um einen Ausbau der Flugkapazität und der dazugehörigen Infrastruktur sowie um die Entwicklung einer internationalen rechtlichen Grundlage des weltweiten Flugverkehrs für den (erst spät aufkommenden) globalen Massentourismus. Auch anderswo verlangsamt sich der staatlich unterstützte Geschwindigkeitsausbau. Der spätestens in den 1970er Jahren einsetzende Rückgang von Profiten und die damit einhergehenden Wirtschaftskrisen nach dem Nachkriegsboom fordern von Staaten neue Maßnahmen und Denkweisen. Neoliberale Deregulierungen und Privatisierungen treffen den öffentlichen Verkehr, dessen Infrastruktur nicht mehr gleich intensiv ausgebaut wird wie zuvor, während gleichzeitig das Verkehrsangebot auf dem Markt feilgeboten wird – im Paradebeispiel England mit begrenztem Erfolg, in anderen Ländern verzichtet man im Gegensatz zur Telekommunikation in verkehrsstrategischen Kernangeboten auf eine umfassende Privatisierung. Während die Geschwindigkeit der Verkehrsmittel und Straßen sich nur noch ansatzweise und in kleinen Schritten beschleunigt – das postfordistische Prestigeobjekt der Lüfte, die Concorde, muss schließlich gar beerdigt werden –, gelingt ein neuer qualitativer Umschlag der Geschwindigkeit an anderer Stelle.

Zentrales Beschleunigungsmoment sind nicht mehr die Straße und der Verkehr, sondern der Konsum und der Finanzmarkt. Erst computergestützt, dann computergeneriert beschleunigt sich die Umsatzgeschwindigkeit auf dem Finanzmarkt parallel zu den sich beschleunigenden Umlaufzeiten in der Konsumsphäre. Immer kürzere Modeerscheinungen, sich abwechselnde Produktpaletten, One-Hit-Wonders und werbeindustriell konstituierte Trends prägen das beschleunigte Konsumbedürfnis des Postfordismus. Der Staat leistet seinen Beitrag zum Gelingen dieser neuen Welt, indem er den öffentlichen Raum hierfür konfiguriert. Man weist dem Kapital und seinen VerkaufsagentInnen die Möglichkeit zu, an jeder freien Ecke Werbeplakate zu hissen und gigantische Einkaufszentren zu bauen. Die Stadt wird endgültig zur Ereignislandschaft – das heißt: zu einem Raum, in dem es mehr Ereignisse als Landschaft gibt.[50] Parallel hierzu sinkt die individuelle wie auch die staatliche Zeitsouveränität. Zum Taktgeber der Gesellschaft werden der Konsum und der Finanzmarkt, während Staaten und Individuen die notwendige Zeit abhandenkommt, die für gewisse Entscheide notwendig wäre.[51] Der bei der Diagnose eines Verlusts der Zeitsouveränität oft mitschwingende Demokratieglaube oder

50 Zum Begriff Ereignislandschaft vgl. Virilio, Paul; Petit, Philippe: Cyberwelt, die wissentlich schlimmste Politik. Ein Gespräch mit Philippe Petit, Berlin 2011, S. 122.

51 Die griechische Schuldenkrise von 2010 wurde beispielsweise im Eiltempo »gelöst«, d. h., aus der Sicht der europäischen Finanzgeber behoben, ohne dass Griechenland und andere betroffene periphere Staaten die nötige Zeit-

das Nachtrauern über vergangene Epochen ist allerdings zurückzuweisen: In jeder bisherigen kapitalistischen Ordnung galten Profit- vor Menscheninteressen. Sinnvoller ist es deswegen, von einer zunehmenden Spannung zwischen langfristigen und kurzfristigen Zielhorizonten zu sprechen.

In der **Dromokratie** lässt sich in Kombination mit umwelt- und verkehrspolitischen Fragen eine Rückkehr zur fordistischen Straßen- und Verkehrsbegeisterung unter neuen technologischen Vorzeichen beobachten. Intensiv wird von staatlicher Seite aus an den gesetzlichen wie infrastrukturellen Grundbausteinen der verkehrstechnisch veränderten Bestandteile der dromokratischen Gesellschaft gearbeitet. Während man in Telekommunikationsfragen die Entwicklung weiterhin Privaten überlässt, arbeitet man in Fragen der Logistik, der Mikromobilität und im Bereich des automatisierten Verkehrs eng mit Unternehmen zusammen. Dazu werden Forschungsgelder zugesprochen und Bewilligungen im Eilverfahren erteilt. Der Staat wird zum Geschwindigkeitsmanager. Er liefert den Pace, synchronisiert seine BewohnerInnen mit dem bevorzugten Tempo und sorgt für die besten Bedingungen des beschleunigten Warenverkehrs.

Das Verbessern und Überwachen einer entgrenzten Geschwindigkeit gehört zu den zentralen Aufgaben des dromokratischen Staates. Dies bedingt einerseits ein globales Handeln, um im weltweiten Güterverkehr und bei den internationalen Forschungsgemeinschaften mithalten zu können. Gleichzeitig vergisst der dromokratische Staat seine protektionistisch-imperialistische Funktion nicht, in der er zuallererst für das Wohl der eigenen Nation beziehungsweise deren Kapital sorgt. Angedeutet wird diese zweite Seite heute schon in der Diskussion, welche Rolle ausländische Mobilfunkanbieter im Ausbau des eigenen Netzes spielen dürfen. Der Staat löst sich im Übergang in die Dromokratie also nicht auf, sondern verstärkt und militarisiert seine Aktivitäten in zentralen Bereichen, während anderswo Leistungen abgebaut werden. Anders gesagt: Der Staat kehrt zu seinen grundlegenden Auf-

souveränität für einen selbstbestimmten Entscheid bekamen (vgl. Outhwaite, William: Critical theory and contemporary Europe, London 2012, S. 15).

gaben zurück und verstärkt diese, während er sich von anderen, bereits geleisteten Entwicklungen zurückzieht. Austeritätspolitik, insbesondere in den Peripherien, sowie staatliche Investitionen und Förderung verkehrspolitischer Initiativen schließen einander deshalb nicht aus. Viel makabrer noch versprechen die meisten staatlich geförderten Transportvisionen unserer Zeit eine bessere Zukunft, deren Grundlage in den letzten Jahrzehnten systematisch kaputtgespart wurde.

ARBEIT UND ZEIT

»Zeitverschwendung unterscheidet sich von Materialverschwendung nur dadurch, daß diese Verschwendung unwiederbringlich ist.«[52]
(Henry Ford: Das große Heute, das größere Morgen)

Unter Ford gilt es in jedem Arbeitsschritt die unwiederbringliche Verschwendung von Zeit zu mindern. Dieses zeitökonomische Arbeitsprinzip betrifft nicht nur den Raum der Fabrik, sondern weitet sich in alle Lebensbereiche aus. Davon zeugt die steigende Menge **fordistischer** Ratgeberliteratur. In Christine Fredericks 1919 publiziertem Werk *Household Engineering* findet man beispielsweise Hinweise, wie man in schlecht organisierten Küchen zu viel Zeit verliere und wie sich dies verhindern lässt.[53] *Sich selbst rationalisieren*, wie der Titel eines anderen fordistischen Ratgebers der Zwischenkriegszeit lautet, eröffnet den Weg in den »persönlichen und beruflichen Erfolg«[54]. Zum wichtigen frühen Symbol des fordistischen Zeitalters und seiner gesteigerten Zeiteffizienz wird die Stoppuhr. Sie löst die Stechuhr als Signet der tayloristischen Zeitdisziplin ab und wird zum Inbegriff der auf Effizienz getrimmten Synchronisierung der menschlichen Handlung an das Tempo der Maschine. In Fords Fabriken messen Zeitstudien-Beamte mit

52 Ford: Das große Heute, das größere Morgen, 1926, S. 143.

53 Vgl. Frederick, Christine: Household engineering; scientific management in the home, Chicago 1923. Online: <http://archive.org/details/householdengineoofredrich>, Stand: 25.09.2019.

54 Grossmann, Gustav: Sich selbst rationalisieren: Wesen und Praxis der Vorbereitung persönlicher u. beruflicher Erfolge, Stuttgart 1929.

Stoppuhren Arbeitsschritte, um sie später zu beschleunigen. Die »Beschleunigungsmeister«[55], wie die deutsche Soziologin Hilde Weiss 1927 den Begriff ›Speed-Boss‹ in ihrer Untersuchung zum fordistischen Betrieb ins Deutsche übersetzt, besitzen die Funktion, das Arbeitstempo zu überwachen, zu beschleunigen und gegebenenfalls Menschen zu entlassen, die mit dem vorgegebenen Tempo nicht mithalten können.

Die fordistische Arbeitsordnung betrifft zugleich das Arbeitstempo wie die Disziplinierungsmaßnahmen. Neben der Stoppuhr geben die Arbeitsschritte am Fließband nunmehr eigenständig vor, mit welchem Tempo und in welchem Takt gearbeitet werden soll – »Ford braucht weder das Sprechen noch das Austreten zu rationalisieren. Das alles besorgt das Laufband«[56], heißt es idealisierend dazu in einer Reportage von Karl Grünberg von 1926 zur ersten Ford-Fabrik in Deutschland. Im Gegensatz zu anderen Frühformen der neuen industriellen Produktion und im Gegensatz zum historischen Taylorismus, bei dem die erforderliche Zeitdisziplin am Fließband durch eine personalintensive Kontrolle vollzogen wurde, intensiviert die fordistische Ordnung die Kontrollformen durch selbstregulierende Mechanismen und kann so auf eine physische Ausdehnung der bisherigen Kontrollinstitutionen verzichten. Doch es findet nicht einfach eine Ablösung statt. Vielmehr gesellen sich zu den Mechanismen des Disziplinarstaates – beispielsweise Formen der externalisierten Überwachung durch Aufsichtspersonen, die Disziplinierung durch den Überwacher oder die Normung durch äußere Vorgaben – Methoden der Kontrollgesellschaft, beispielsweise durch eine zunehmende internalisierte Selbstüberwachung, selbstoptimierende Feedbackschleifen ohne primäre Überwachungsperson oder durch gegenseitige Überwachung.

Die Fließbänder setzen die fordistische Gesellschaft umfassend in Bewegung. Doch entgegen der Marx'schen Vorhersage, dass alles Stehende zu verdampfen beginnt, besitzt die fordistische

55 Weiss, Hilde: Abbe und Ford. Kapitalistische Utopien, Berlin 1927, S. 47.

56 Grünberg, Karl: Ford Motor Company, in: Kürbisch, Friedrich (Hg.): Dieses Land schläft einen unruhigen Schlaf. Sozialreportagen 1918–45, Berlin 1981, S. 75.

Epoche ebenso zahlreiche erstarrte Bereiche. Regelbiographien sind auf Langzeiterfolge und Karrieren in einem Unternehmen ausgelegt. Geregelte Normarbeitstage, strikte Zeitordnungen und Massenproduktion in großen und stabilen Fabrikhallen evozieren gerade im Vergleich zu späteren Zeiten einen äußerst starren Zustand. Home Office und ständige Erreichbarkeit sind in diesem System noch nicht vorgesehen. Große, unhandliche Maschinen verunmöglichen rasche Abtransporte und Ortsänderungen für das Kapital. Dieses ist im Vergleich zu späteren Epochen äußerst undynamisch an die Fabrikorte und Konsumzentren gebunden. Auch die ArbeiterInnen erleben eine Immobilität, gerade entgegen den neuen Möglichkeiten der Straßen und Transportnetze. Die relativen hohen Löhne in Fords Fabriken behalten Menschen an einem Ort. So räumlich konzentriert Arbeit und Kapital sind, so konzentriert findet auch die Auseinandersetzung zwischen beiden statt: Fabrikhallen und Arbeiterquartiere sind der räumlich starre Ort der gewerkschaftlichen Kämpfe und Organisierung.[57]

Die verschiedenen Kämpfe verhindern nicht, dass sich die leere Zeit in das Leben frisst und den Alltag kolonialisiert. »Ich bin nämlich eigentlich ganz anders, aber ich komme nur so selten dazu«[58], wie es in einem Ausruf von Ödön von Horváth heißt, zeugt exemplarisch vom Gefühl einer zunehmenden Verknappung der Zeitsouveränität. Rationalisierung lautet das Schlagwort, das hierfür verantwortlich gemacht wird. Dabei werden einer solchen selbst Teilbereiche des Lebens unterworfen, die bisher als natürlich wahrgenommene Umwelt funktionierten, beispielsweise die Nacht und der dazugehörige Schlaf, wie dies von Hannah Ahlheim in mehreren Beiträgen beispielhaft für die fordistische Rationalisierung beschrieben wurde.[59] Ein produktiv handelnder Mensch,

57 Diese verschiedenen Eigenschaften des starren Fordismus hat Zygmunt Bauman einst als ›schwere‹ Moderne im Gegensatz zur ›flüchtigen‹ Moderne beschrieben (vgl. Bauman, Zygmunt: Flüchtige Moderne, Frankfurt am Main 2003).

58 Horváth, Ödön von: Zur schönen Aussicht, in: Gesammelte Werke, Bd. 3, Frankfurt am Main 1978, S. 67.

59 Vgl. Ahlheim, Hannah: Die Vermessung des Schlafs und die Optimierung des Menschen. Eine deutsch-amerikanische Geschichte, 1930–1960, in:

so meinte Thomas Edison bereits 1914, habe seinen Schlaf möglichst zu reduzieren:

»In the old days, man went up and down with the sun. A million years from now, he won't go to bed at all. Really, sleep is an absurdity, a bad habit. We can't suddenly throw off the thralldom of the habit, but we can still throw it off. [...] Nothing in this world is more dangerous to the efficiency of humanity than too much sleep.«[60]

Edison behielt zwar nicht recht, doch seine Prophezeiung beinhaltet dennoch einen kulturdiagnostisch relevanten Punkt. Trotz Müdigkeit als epochalem Dauerzustand inklusive einer aufkommenden ›Verwissenschaftlichung des Schlafes‹[61] entschwindet dieser als nicht kommodifizierter Erholungsraum mehr und mehr zugunsten einer Ausdehnung des produktiven Tages. Dass parallel dazu weiterhin die traditionsreiche Vorstellung eines andauernden Schlafes der Masse existiert, der seinen bekanntesten Ausdruck im faschistischen Ausruf ›Deutschland erwache‹ findet, steht dem nicht entgegen, sondern entspricht vielmehr einer parallel dazu verlaufenden Kulturdiagnose. Als Vision manifestiert sich die aufgekündigte Nacht in der Hoffnung, eines Tages zeitökonomisch optimiert ganz auf den Schlaf verzichten zu können. Doch bereits in der fordistischen Gegenwart scheint der Befund durchaus zutreffend, dass der Mensch weniger zu Bett gehen muss, kann der Schlaf doch weder in den immer taghellen Sportarenen, in den beleuchteten Fabrikhallen noch in den mit Lichtreklamen erhellten und von Menschen durchdrungenen Nächten urbaner Metropolen eintreten. Freilich liegen die Anfänge dieser Entwicklung, wie

Zeithistorische Forschungen/Studies in Contemporary History 10 (1), 2013, S. 13–37; Ahlheim, Hannah: Von ›Eulen‹ und ›Lerchen‹. Der Schlaf zwischen Umwelt und Vererbung im 20. Jahrhundert, in: Goschler, Constantin; Kössler, Till (Hg.): Vererbung oder Umwelt? Ungleichheit zwischen Biologie und Gesellschaft seit 1945, Göttingen 2016, S. 153–178.

60 Edison, Thomas: Edison's Prophecy: A Duplex Sleepless, Dinnerless World, in: The Literary Digest (49), 1914, S. 967.

61 In den 1920er Jahren entstehen ebenso Ermüdungslabors, wie man parallel dazu auf leistungssteigernde – das heißt: letztlich die Müdigkeit überwindende – Mittel setzt (vgl. Gleichmann, Peter Reinhart: Einige soziale Wandlungen des Schlafens, in: Zeitschrift für Soziologie 9 [3], 01.07.1980, S. 5).

Wolfgang Schivelbusch in seiner mittlerweile bekannten *Geschichte der künstlichen Helligkeit im 19. Jahrhundert* nachgezeichnet hat, nicht in der Zwischenkriegszeit.[62] Spätestens ab den 1880er Jahren dehnte sich die nächtliche Beleuchtung von öffentlichen Orten oder Innenräumen rasant aus und ermöglichte die nach und nach einsetzende Verdrängung der Nacht. Flankiert wird die produktive Erhellung später durch den fordistischen Betrieb, der es auch arbeitsorganisatorisch vereinfacht, Produktionszyklen in Schicht- und Nachtarbeit auf 24 Stunden auszudehnen und dadurch die tote Zeit der unproduktiven Nacht zu verdrängen.

Die Expansion produktiver Zeiträume, wie sie sich in der Verdrängung des Schlafes zeigt, entspricht, wie nicht nur Marx, sondern auch AutorInnen der fordistischen Zwischenkriegszeit immer wieder betont haben, einem kapitalistischen Entwicklungsgesetz. So wird von Unternehmen und deren AgentInnen einerseits erwartet, so Werner Sombarts Beschreibung des Hochkapitalismus, die Arbeitszeit möglichst auszudehnen, andererseits sei aber auch »Sorge zu treffen, daß innerhalb der Arbeitszeit keine toten Zeiten entstehen durch Pausen in der Fabrikation, Wartezeiten im Transportwesen, Unbeschäftigtsein des Verkäuferpersonals u. dgl.«[63]. Die Abschaffung toter Zeit gehört zu den wesentlichen Entwicklungsmotoren kapitalistischer Entwicklung und macht, wie das Beispiel der Nacht zeigt, vor nichts Halt. Zwar ist dies keine besonders neue Erkenntnis, allerdings ist dies Grundlage einer Analyse, die auch ihre Gegenseite betont: Der Kapitalismus beinhaltet immer einen »harten und finsteren Kampf um die Zeit und die Nutzung der Zeit«[64], so Henri Lefebvre. Während das Kapital zeitökonomische Rationalisierung einfordert, wehren sich die Betroffenen und fordern ihrerseits eine Anpassung und progressive Auslegung der Arbeits- und Lebenszeit.

62 Vgl. Schivelbusch, Wolfgang: Lichtblicke. Zur Geschichte der künstlichen Helligkeit im 19. Jahrhundert, Frankfurt am Main 2004.

63 Sombart, Werner: Der moderne Kapitalismus. Das Wirtschaftsleben im Zeitalter des Hochkapitalismus, München 1927, S. 931.

64 Lefebvre, Henri: Rhythmanalysis: Space, time and everyday life, London 2004, S. 74, »bitter an dark struggle around time and the use of time«.

Das Beispiel des Schlafes und der Nacht veranschaulicht, dass im Kapitalismus immer mehr Lebensbereiche einem zeitökonomischen Rationalisierungsdruck unterworfen werden. Freilich gibt es bis heute kein Ende des Schlafes – die Wirtschaft weiß nach hundert Jahren Schlafforschung bestens um die Problematik, dass sich Arbeitszeit nicht unendlich ausdehnen lässt, und auch neuere Schlafexperimente des US-Militärs zur Verlängerung der soldatischen Dienstbereitschaft haben hiervon noch keine Abhilfe schaffen können.[65] Damit die Nacht überhaupt wegrationalisiert werden kann, muss sie historisch wandelbar sein. Der Schlaf mag zwar zu den biologischen Grundbedingungen des menschlichen Wesens gehören, er ist aber ebenso stark mit sozialisierten Normen und Lebensbedingungen verknüpft. Dazu gehören sowohl Vorstellungen und Normen der Schlafdauer – im **postfordistischen** Kapitalismus, so Jonathan Crary, hat sich die durchschnittliche Schlafdauer Amerikas merklich verkürzt[66] – als auch architektonische und kulturelle Voraussetzungen, beispielsweise die Trennung von Schlaf- und Arbeitsraum. Diese historisch gewachsene Seite des Schlafes zeigt sich eklatant im Markt für Produkte, die einen wach halten oder aber Schlaf in einer schlaflos gewordenen Welt ermöglichen. Solche Mittel sind nichts anderes als künstliche Scharniermittel zur Senkung von Reibungsenergien, die in Synchronsationsprozessen entstehen.[67] Auch die seit Jahrzehnten expandierende Nacht- und Ausgangskultur ist Teil einer Neudefinierung von Tagesrhythmen. Henri Lefebrvre hat diese kulturelle Dimension der Abschaffung der Nacht als ereignislosem Raum in einem popkulturellen Verweis einst als Ausbruch des ›Saturday Night Fever‹ bezeichnet: »Als

65 Zur Rolle des Militärs in der Schlafforschung vgl. Ahlheim: Die Vermessung des Schlafs und die Optimierung des Menschen. Eine deutsch-amerikanische Geschichte, 1930–1960, 2013.

66 Crary, Jonathan: 24/7. Late Capitalism and the Ends of Sleep, London 2013, S. 11.

67 Wie Hans Christian Dany beschreibt, lassen sich selbst in diesem durchrationalisierten Bereich noch Optimierungen vollziehen. So funktioniert die neueste Generation von Antischlafmitteln, wie beispielsweise das Medikament Provigil, in reiner Optimierungslust mittlerweile auch ohne die euphorisierende Wirkung von wachhaltenden Drogen (vgl. Dany, Hans-Christian: Speed: eine Gesellschaft auf Droge, Hamburg 2012, S. 170).

ob der Tag nicht ausreichen würde, um sich wiederholende Tätigkeiten zu erfüllen, frisst sich die soziale Praxis Stück für Stück in die Nacht. Am Ende der Woche bricht anstelle des traditionellen wöchentlichen Tages der Ruhe und Frömmigkeit das ›Saturday Night Fever‹ aus.«[68] Solche kleinen und größeren kulturellen Veränderungen der Temporalstrukturen besitzen eine qualitative Auswirkung, die mehr beinhaltet als ›nur‹ die quantitative Veränderung des Verhältnisses von produktiver zu unproduktiver Zeit. So führen die unterschiedlichen Phänomene einer schlaflosen Welt, so Jonathan Crarys zentraler Befund über den postfordistischen Kapitalismus, zu einem umfassenderen Problem: Wo der Zustand der ununterbrochenen Produktion und Helligkeit hegemonial wird, droht der Verlust von geschichtlichem Fortschritt: »Eine strahlende 24/7-Welt, die keine Schatten wirft, ist die kapitalistische Endzeitvision eines Posthistoire, einer Austreibung der Alterität als dem Motor geschichtlichen Wandels.«[69] Das Ende der Geschichte ist zugleich Trugbild wie Realität: real, weil es im rasenden Stillstand verwirklicht wird, ein Trugbild, weil die soziale Dynamik und Widersprüche der Klassengesellschaft ein solches Ende niemals zulassen werden.

Der geschichtliche Fortschritt entgleitet auch anderswo. Auf den Finanzmärkten sucht das Kapital nach neuen und rascheren Profitmöglichkeiten und defuturisiert dafür die Zukunft mehr und mehr, indem beispielsweise wie im Handel mit Futures zukünftige Preise bereits in der Gegenwart verhandelt werden oder indem die Kreditwirtschaft und damit die Hoffnung für zukünftige Einnahmen auch für Privathaushalte zur Überlebensstrategie wird – über die Finanzialisierung des Kreditwesens, beispielsweise bei Immobiliendarlehen, wandeln sich Schulden zeitgleich zu einem Anlagevermögen, Vergleichbares geschieht auch bei den Pensionskassen, bei denen (künftige) PensionärInnen unfreiwillig zu AkteurInnen auf dem Finanzmarkt werden. Gleichzeitig stagnieren die Reallöhne und entgegen den positiven Versprechen flexibilisierter Arbeit erlebt Generation um Generation mehr Tempo-

68 Lefebvre: Rhythmanalysis, 2004, S. 74.
69 Crary: 24/7, 2013, S. 9.

rär- oder Praktikumsarbeit sowie einen beständigen Stress durch Unsicherheiten und Zukunftsängste. Solche Bürden prägen insbesondere in der späten Phase der postfordistischen Epoche das Leben auch abseits des Arbeitsmarktes, beispielsweise indem durch die Integration verschiedener Lebensbereiche in die Marktlogik die zunehmende Selbstökonomisierung und Verbetrieblichung der Lebensführung zur Dauerbelastung des postfordistischen Individuums werden.[70]

Wesentliche Triebkraft postfordistischer Veränderungen in der Arbeitswelt ist die einsetzende Just-in-Time-Produktion. Durch die zeitgenaue Lieferung einzelner Bauteile für die Herstellung einer Ware entfallen Lagerkosten. An die Stelle des Materialpuffers tritt der menschliche Puffer, der dank flexibler Arbeitsverträge besser und günstiger gelagert und gebraucht werden kann.[71] Die Arbeit ist nicht mehr nur standardisiert, sondern auch automatisiert. Später weitet sich das Prinzip von der Verflechtung einzelner Produktionsschritte innerhalb einer Fabrik auf das Endprodukt selbst aus, das nunmehr gemäß vorhergesehener Auftragslage möglichst nah am Kauf vervollständigt wird. Zum wichtigen Ideengeber dieser Produktionsart wird das japanische Autounternehmen Toyota. Dieses weitet Ende der 1970er Jahre die Automatisierung aus, vermindert dadurch Zeit- und Materialverschwendung auf höherem Niveau und bindet die Angestellten auf eine doppelte Weise besser in den Produktionsprozess ein. Erstens sorgt die eingeführte Teamarbeit für eine verbesserte gegenseitige Kontrolle. In späterer Weiterentwicklung wirkt sich jene auch auf die Arbeitszeit aus. In nicht wenigen Unternehmen konkurrieren ArbeiterInnen untereinander als Teams, indem sie sich beispielsweise für Projekte bewerben müssen. Hierfür erstellen sie firmeninterne Business-Pläne, die sich in gegenseitiger Zeitoptimierung

70 Vgl. Voss, Guenter; Pongratz, Hans: Der Arbeitskraftunternehmer: Eine neue Grundform der Ware Arbeitskraft?, in: Kölner Zeitschrift für Soziologie und Sozialpsychologie 50 (1), 01.01.1998, S. 131–158.

71 Vgl. Lehndorff, Steffen: Der Mensch als Puffer: Zeitnot und Zeitsouveränität unter dem just-in-time-Regime in vier europäischen Ländern, in: Industrielle Beziehungen/The German Journal of Industrial Relations 3 (3), 1996, S. 237–261.

übertreffen – wohl wissend, dass eingereichte Termine nicht eingehalten werden können und zu Lasten der eigenen Freizeit gehen.[72] Zweitens fördert Toyota die Integration der MitarbeiterInnen in den kreativen Produktionsprozess, indem deren Vorschläge den Betrieb beständig verbessern sollen. Diese inkludierende Teilhabe an der Produktion findet auch an anderen Orten statt, beispielhaft in den sich durchsetzenden ›flachen Hierarchien‹, die – anders, als ihr Name verspricht – nicht Herrschaftsfreiheit, sondern verbesserte Leistung für das Unternehmen bedeuten. Was beim japanischen Autohersteller eingeführt wurde, nannte man später ›Lean Production‹ (schlanke Produktion). Im Gegensatz zu Taylor, dem es um die Beschleunigung der individuellen Arbeitsprozesse, und Ford, dem es um die Beschleunigung des Workflow ging, beschäftigt sich die Lean Production, so die These von Christoph Hermann, mit der umfassenden Beschleunigung der gesamten Fabrik.[73] Dafür wird nicht mehr nur die Arbeit am Fließband optimiert, sondern alle an der Herstellung einer Ware beteiligte Arbeit rationalisiert, indem der gesamte Fabrik- und Produktionsraum in einzelne Arbeitsschritte atomisiert wird, die optimiert und beschleunigt werden können. Zeitgleich löst (die im besten Falle selbst lernende) Software die fordistische Stoppuhr ab und berechnet nunmehr das optimale Zeitmanagement komplexer Prozesse – Zeitstudien-Software zur Optimierung von Arbeitsprozessen existierte schon bei frühen Computern: Der Epson HX-20 warb beispielsweise bereits 1985 damit, dass sich darauf ein ›time study program‹ anwenden ließ.

In der **Dromokratie** lösen sich stabile Arbeitsordnungen entlang fragmentierter Temporalitäten noch radikaler auf. Wir erleben eine Netzwerkzeit, die sich in den zahlreichen Applikationen formt und den Menschen die fragmentierten Rhythmen über die Gadgets gleich selbst vermittelt. Ein erstes Beispiel der arbeits-

72 Vgl. Siemens, Stephan; Bockenheimer, Eva: Arbeitszeit und indirekte Steuerung, in: Detje, Richard; Stamm, Sybille; Wilde, Florian (Hg.): Kämpfe um Zeit. Bausteine für eine neue (Arbeits-)zeitpolitische Offensive, Berlin 2014, S. 86.

73 Vgl. Hermann, Christoph: Capitalism and the Political Economy of Work Time, London 2015, S. 71.

organisatorischen Auswirkungen dieser Entwicklung bilden die sich täglich verändernden Arbeitszeiten im Fast-Food-Betrieb. Gearbeitet wird nicht mehr nach lang- oder mittelfristigen Plänen, sondern kurzfristig flexibel je nach Auftragslage, anhand derer man am Tag selbst die zu leistenden Arbeitsstunden berechnet. So kann es vorkommen, dass man bei McDonalds an einem Tag acht Stunden arbeitet und am nächsten Tag nur drei, ohne dass dies vorausgesehen werden könnte. An anderen Orten verkauft sich die Arbeitskraft über Plattformen. Auch hier wird nach Auftragslage gearbeitet – wie man auf Flauten reagiert, muss jede/r für sich selbst entscheiden. Ständige Erreichbarkeit wird zum obersten Gebot. Das Internet und seine Plattformen stellen die Infrastruktur dieser auf 24/7 ausgerichteten Gesellschaft dar. Hier kann man den ganzen Tag Waren kaufen oder seine eigene Arbeitskraft verkaufen. In ihrer gesellschaftlichen Relevanz werden digitale Plattformen zu öffentlichen Dienstleistungen, zumindest im verbreiteten Anspruch, Zugang darauf zu haben. Im Gegensatz zu öffentlichen Räumen und Angeboten sind Plattformen wie soziale Medien allerdings privatwirtschaftlich organisiert. Sie bilden, wie Timo Daum treffend bemerkt hat, den zu Ende gedachten Ort neoliberaler Ideologie:[74] der Glaube, dass die Privatwirtschaft auch öffentliche Dienste besser organisieren kann als der Staat, der allerdings in der Dromokratie Garant für den Schutz und Ausbau der materiellen Infrastruktur bleibt.

Dromokratische Arbeitsprozesse sind nicht mehr nur standardisiert und automatisiert, sondern werden zu adaptiven Prozessen.[75] Das heißt: Der Produktionsprozess soll sich mit hohem Tempo an Marktbedürfnisse und -veränderungen anpassen können. Dabei helfen neue Technologien. 3D-Drucker ermöglichen beispielsweise ein ›Rapid Prototyping‹, die raschere Herstellung neuer Prototypen, ein ›Rapid Tooling‹, die beschleunigte Herstellung von Werkzeugen für Maschinen, und ein ›Rapid Manufacturing‹, die

74 Vgl. Daum: Die künstliche Intelligenz des Kapitals, 2019, S. 41.

75 Vgl. Daugherty, Paul R.; Wilson, H. James: Human + Machine. Reimagining Work in the Age of AI, Boston 2018, S. 4f.

temporeiche Produktion von marktreifen Endprodukten.[76] Adaptive Prozesse manifestieren sich auch in der dromokratischen Logistik. »Größe, Kosten, Geschwindigkeit und Personalisierung«[77] gehören laut Alibabas Strategen Ming Zeng zu den vier Kernaufgaben jedes erfolgreichen zeitgenössischen Unternehmens. Zwischen Größe und Personalisierung entsteht allerdings ein spezielles dromokratisches Wechselverhältnis. Zwar expandiert die Massenproduktion auch in dromokratischer Ordnung. Sie nimmt allerdings wieder kleinteiligere Züge an. Aus der postfordistischen ›Just-in-Time Production‹ wird das personalisierte ›Just-in-Time Delivery‹. Dafür werden die massenhaft produzierten Waren in ihrem Transport wieder in einzelne Produkte zerlegt. Während sich die dromokratischen Transportvisionen globalisieren, fokussiert man in der Endlieferung auf Einzelwaren. Transportdrohnen und Auslieferroboter transportieren einzelne Pakete möglichst nah am Bestellungszeitraum, ohne zu einem einzigen Zeitpunkt alle Waren gleichzeitig auszuliefern. Dieses Prinzip scheint sich zumindest in den visionären Transportideen durchzuziehen. Hyperloop-Verbindungen bestehen aus kleinen, zusammenfügbaren Transportkapseln. Automatische Autos und nicht Busse bevölkern die Straßen der Zukunft. Auch Werbung wird personalisiert, genauso wie sich die Preise der Zukunft an den KonsumentInnen orientieren werden – Apps wie Tinder arbeiten schon heute erfolgreich damit, dass ihre Abos und Dienstleistungen für unterschiedliche Personen unterschiedlich viel kosten (Big Data und Statistik erlauben eine zielgenaue Antizipation, wie viel jeder einzelne Mensch bereit ist, für ein Angebot zu bezahlen). Der bereits im Fordismus zum Massenpartikel gewordene Mensch wird weiter atomisiert und individualisiert, zugleich erreicht seine massenhafte Entpersonalisierung als global verfügbare flexible Arbeitskraft einen neuen Höhepunkt.

76 Vgl. Eßig, Michael; Kronthaler, Stephan; Gutsmiedl, Josef u. a.: Geschäftsmodelle additiver Fertigungsverfahren, in: Schröder, Meike; Wegner, Kirsten (Hg.): Logistik im Wandel der Zeit – Von der Produktionssteuerung zu vernetzten Supply Chains: Festschrift für Wolfgang Kersten zum 60. Geburtstag, Wiesbaden 2019, S. 208.

77 Zeng, Ming: Smart Business: What Alibaba's Success Reveals about the Future of Strategy, Boston 2018, S. 32.

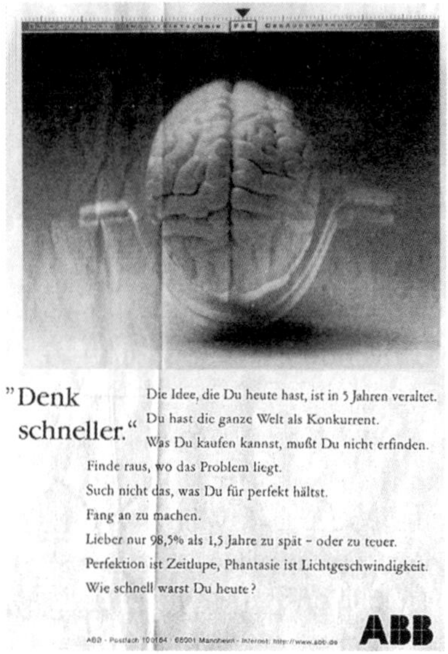

ABB-Werbung 1996[79]

Die den adaptiven dromokratischen Arbeitsprozessen zugrundeliegende Infrastruktur bildet die materialisierte Basis eines ökonomischen Grundprinzips: Geschwindigkeit ist ein wesentlicher Entwicklungsmotor und stellt mehr denn je einen entscheidenden Wettbewerbsvorteil dar: »Wenn man die Eigenschaften eines erfolgreichen Unternehmens betrachtet, wird man feststellen, dass Geschwindigkeit eine davon ist«[78], lässt beispielsweise ein Wirtschaftsratgeber aus dem Jahr 2013 verlauten. In der unternehmerischen Selbstdarstellung wurde diese dromokratische Entwicklung schon vor mehr als zwanzig Jahren angekündigt. Der Industriekonzern ABB versichert beispielsweise 1996 in einer Werbung, wie Geschwindigkeit zur zentralen Komponente der Wirtschaft als auch des individuellen Handelns geworden ist:

Geschwindigkeit wird wichtiger als Perfektion und daher zum eigentlichen Qualitätsmerkmal einer neuen kreativen Entwicklung. Die Forderung, schneller zu denken, scheint seit dem Erscheinen der Werbung verinnerlicht, erübrigt sich heute doch die am Ende gestellte rhetorische Frage, wenn wir uns mit unseren Gadgets und Arbeitsgeräten fast immer im rasenden Tempo der mobilen Datenübertragung bewegen und Geschwindigkeit sowohl in der Logistik

78 Baird, Robert: The Four Components of a Fast-Paced Organization: Going Beyond Lean Sigma Tools, London, New York 2013, S. XVII. Online: <https://www.crcpress.com/The-Four-Components-of-a-Fast-Paced-Organization-Going-Beyond-Lean-Sigma/Baird/p/book/9781482206005>, Stand: 25. 10. 2019.

79 Ein Abbild der Werbung findet sich bei Fürst, Rudolf: Was ist Imperialismus und warum führt Imperialismus zu Krieg?, Kommunistische Arbeiterzeitung, <https://www.kaz-online.de/artikel/was-ist-imperialismus-und-warum-fuehrt-imperialism>, Stand: 05. 10. 2019.

als auch in der Produktion zum wichtigsten Faktor geworden ist. Für das Leben in Lichtgeschwindigkeit muss der Mensch allerdings noch flexibler verfügbar sein als zuvor. Die Abwesenheitsnotiz als technische Errungenschaft des postfordistischen E-Mail-Verkehrs verliert in der Dromokratie endgültig ihre Gültigkeit. Sie ist nur noch leere Notifikation, dass das Gegenüber die E-Mail doch möglichst bald lesen und zur Verfügung stehen wird.

Das System einer erweiterten Flexibilisierung und deren digitale Grundlagen wurden in den letzten Jahren mehrfach als Plattformkapitalismus oder als kybernetischer Kapitalismus charakterisiert.[80] Die Begriffe sind nicht deckungsgleich, stimmen allerdings in der beobachteten Veränderung der Funktionsweise der Arbeitskraft überein: Diese wird mehr und mehr zum rationalisierbaren und zugleich seelenlosen Datenpaket. Wer seine Arbeitskraft online über Plattformdienste zur Verfügung stellt, verkauft sie in derart kurzen Zeitpaketen, dass der Mensch hinter den Angeboten unsichtbar wird.[81] Als reiner Zeitwert bewegt sich der dromokratische Mensch lethargisch entlang der neu geschaffenen Hubs, Arbeitsstädte und Vergnügungszentren. Die ökonomische Grundlage dieses Zustands basiert auf einer weitgehenden Zweiteilung der Welt. Damit sich das Heer frei arbeitender IngenieurInnen, GrafikerInnen und SoftwareentwicklerInnen in den urbanen Zentren überhaupt mehr schlecht als recht von Job zu Job schwingen und mit Feedbackschlaufen optimiert werden kann, braucht es günstige Reproduktionskosten. Diese entstehen daher, dass massenhaft proletarisierte Menschen mit billigen Lohnkosten in ärmeren Regionen (aber nicht nur dort) günstig Massenwaren herstellen. Die Ordnung dieser peripheren Produktionsstätten entspricht weniger postfordistischen oder dromokratischen Raumordnungen denn konzentrierten, schweren fordistischen Fabrikhallen, wenn auch

80 Vgl. Srnicek, Nick: Platform Capitalism, Cambridge 2017; Buckermann, Paul; Koppenburger, Anne; Schaupp, Simon: Kybernetik, Kapitalismus, Revolutionen: Emanzipatorische Perspektiven im technologischen Wandel, Münster 2017.

81 Vgl. Berardi, Franco: Arbeit Wissen Prekarität, european institute for progressive cultural policies, <https://eipcp.net/transversal/0704/bifo/de.html>, Stand: 24. 09. 2019.

angereichert durch neueste Kontrollmöglichkeiten. Das heißt nicht, dass sich die veränderte Produktionsordnung nicht überall auswirkt. Als sich der globale Markt auf die späte postfordistische Phase und intensivierte Just-in-Time-Produktion einzustellen hatte, musste sich auch die globale Produktionskette daran anpassen. Studien zeigen beispielsweise, wie Walmarts Expansion und die Veränderung seiner Produktionsabläufe zu einer Flexibilisierung an den Produktionsstandorten in China führten.[82] Weil man in den USA rascher auf Veränderungen und Nachfragen reagieren wollte, mussten sich auch die chinesischen Produzenten anpassen. Zur Folge hatte dies gleichzeitig vermehrt unbezahlte Arbeit und Kurzarbeit als auch zwischenzeitlich intensivierte Phasen mit Überstunden, da sich die Produktionsmenge immer wieder kurzfristig ändern konnte.

Die Globalisierung der Dromokratie und ihre Ungleichheit führen zu unterschiedlichem Zeitempfinden – je nach der Funktion, die Menschen im globalen Produktionsprozess einnehmen. In einer Studie von Shehzad Nadeem über die Auswirkungen temporaler Veränderungen in Indien aus dem Jahr 2009 lassen sich beispielsweise zwei Erfahrungen ausmachen.[83] Höhergestellte IT-Angestellte müssen sich in ihrer Arbeit an einem internationalen Zeitraum orientieren. Ihre erlebte Zeit erfährt eine Ausdehnung, da sie komplexe Arbeitsschritte in einem globalisierten Arbeitsumfeld mit global geltenden Deadlines zu vollenden haben. Konkret bedeutet dies Überstunden und eine Erweiterung des lokalen Lebensrhythmus durch eine Synchronisation mit einem globalen Produktionsrhythmus. Implementiert wird dies als Rationalisierung einer Bereitschaft, 24 Stunden für das Unternehmen verfügbar zu sein – das heißt beispielsweise, Anfragen auch zu beantworten, wenn man nicht offiziell am Arbeiten ist. Tiefergestellte Angestellte, etwa outgesourcte Call-Center-ArbeiterInnen, haben stärker mit einem von der Lean Production bekannten Zeitdruck zu kämpfen. In gegebener Zeit haben sie möglichst viele Anrufe abzuwickeln – Quoten und/oder Belohnungen erhöhen den Druck zur entsprechenden Leistung.

82 Vgl. Hope: Time, Communication and Global Capitalism, 2016, S. 119.
83 Vgl. Nadeem: The uses and abuses of time, 2009.

Ihre Arbeit wird bezüglich der Zeitoptimierung viel stärker im Sinne klassischer Zeitdisziplinierungsmechanismen überwacht, zum Beispiel indem Pausen streng reguliert und Verzögerungen und kleinste Phasen nicht genutzter Zeit harsch sanktioniert werden. Beide proletarischen Schichten teilen allerdings die Erfahrung, dass die Expansion globaler Produktionsverhältnisse und ihr Zeitsystem in verlängerter Arbeit, einem höheren Pace und in einer zeitlichen Verrückung mündet, die sich in Gesundheitsproblemen und Entfremdung von FreundInnen und Familie manifestiert.[84] Die Erfahrung indischer ArbeiterInnen trifft sich mit Beobachtungen hierzulande. Während sozial höher gewertete Arbeiten, beispielsweise Managementpositionen, sich einer globalen Zeit unterwerfen und eine Flexibilisierung ihres Arbeitstages erleben, beispielsweise durch ständige Verfügbarkeit und andauerndes Home Office, das sich über die reguläre Arbeitszeit hinauszieht, erleben tiefere Positionen eine verstärkte Disziplinierung. Pflegeberufe zum Beispiel müssen mehr und mehr zeitlich exakt arbeiten, um die Sparvorgaben zu erreichen. Mechanismen wie Fallpauschalen operationalisieren die medizinische Betreuung und unterwerfen sie einer stärkeren zeitlichen Disziplinierung.

WIDERSTAND

Keine Epoche vergeht ohne ihre eigenen Widerstandsformen. Im **Fordismus** zeigen sich diese vor allem im Kampf gegen die Rationalisierung der Zeit. So finden sich noch letzte Widerstandszellen gegen die leere Zeit selbst. Man begibt sich beispielsweise in die bewusste zeitliche Isolation und wählt Formen der Vagabondage als selbstbestimmte andere Lebens- und Zeitformen. Am ersten internationalen Vagabundenkongress nehmen 1929 gut 500 Menschen teil und rufen in der Tradition des Rechts auf Faulheit zum ›Generalstreik das Leben lang‹ auf.[85] In der Regel hat man sich aber mit der leeren Zeit abgefunden und kämpft nunmehr gegen deren

84 Vgl. ebd., S. 21.
85 Vgl. Fähnders, Walter; Zimpel, Henning (Hg.): Die Epoche der Vagabunden: Texte und Bilder 1900–1945, Essen 2009.

zeitökonomische Rationalisierung. Der Wunsch, dem mit »Stoppuhr und Rechenschieber« ausgerüsteten »Kalkulator«, dem »Mann, der die Zeit beherrscht«[86], mit dem Hammer den Schädel einzuschlagen, wie es in einer 1930 veröffentlichten Reportage heißt, zeugt beispielhaft vom aufgeladenen Kampf um die temporale Deutungshoheit, der sowohl in Form von Arbeitskämpfen als auch in Form von intellektuellen und kulturellen Kritiken ausgetragen wird.

Zum zentralen fordistischen Kampffeld wird die Deutungshoheit über den Normarbeitstag. Die Weimarer Republik wird gar entlang der Auseinandersetzung um den Achtstundentag und damit entlang der Frage um die angemessene Skandierung des Arbeitstags gegründet. Im schon zuvor schwelenden Konflikt um eine Grundforderung progressiver Kräfte – acht Stunden arbeiten, acht Stunden schlafen und acht Stunden Freizeit – mussten die Herrschenden angesichts neuer Kräfteverhältnisse Zugeständnisse machen. Infolge der Arbeiter- und Soldatenaufstände wurde am 15. November 1918 der Achtstundentag beziehungsweise die daraus resultierende 48-Stunden-Woche eingeführt – ein maßgeblicher Erfolg, wenn man bedenkt, dass die durchschnittliche Arbeitszeit 1913 noch bei 56 Stunden lag.[87] Aufgrund der Verringerung gewerkschaftlicher und progressiver Macht wurde dieser Erlass jedoch im Laufe der Jahre stetig ausgehöhlt und die Arbeitszeiten wurden teilweise wieder erhöht.[88] Dennoch blieb die Auseinandersetzung um den Normarbeitstag eines der wichtigsten gewerkschaftlichen Kampffelder der Weimarer Republik. Gemäß einer Rechnung von Ursula Büttner wurde beispielsweise 1924 ein Großteil der

86 Huhn, Kurt: Der Kalkulator, in: Kürbisch, Friedrich (Hg.): Dieses Land schläft einen unruhigen Schlaf. Sozialreportagen 1918–45, Berlin 1981, S. 111–114.

87 Spoerer, Mark; Streb, Jochen: Neue deutsche Wirtschaftsgeschichte des 20. Jahrhunderts, München 2013, S. 35.

88 Die zu Beginn infolge des Achtstundentags, aber auch infolge der Arbeitslosigkeit gesteigerte Freizeit kann gleichzeitig als Katalysator der neuen Konsumgesellschaft verstanden werden. Die Menschen hatten zwar infolge der Krisenjahre weniger Geld, aber mehr Zeit, was beispielsweise die Etablierung von Tanzlokalen (mit freien oder geringen Eintritten) vorantrieb und damit in der Folge eine kulturelle Konsumerwartung mitgenerierte (vgl. Torp, Claudius: Konsum und Politik in der Weimarer Republik, Göttingen 2011, S. 79).

Streiks in der Weimarer Republik zur Abwehr von Arbeitszeitverlängerungen geführt.[89]

Im **postfordistischen** Deutschland wird Ende der 1970er und Anfangs der 1980er Jahre der Kampf um verkürzte Arbeitszeiten wieder aufgenommen. Die Arbeitskämpfe um die 35-Stunden-Woche in der Metall- und Druckindustrie zeugen hiervon. Allerdings sind diese Kämpfe weniger Ausdruck einer neuen Stärke der Gewerkschaften, sondern der Versuch eines Auswegs aus der Defensive im Umgang mit der neuen Rationalisierungswelle und im Kampf gegen Entlassungen am Ende der fordistischen Phase. Seit Ende der 1990er Jahre verliert die Debatte um die zu leistende Arbeitszeit und den Normarbeitstag für einen längeren Zeitraum an gesellschaftspolitischer Relevanz. Mit der Diskussion um die Digitalisierung nimmt der Konflikt um die zu leistende Arbeitszeit in den letzten Jahren allerdings wieder an Fahrt auf.[90] Dieser Konflikt steht am Beginn einer politischen Auseinandersetzung, ob die Gesellschaft die rechtliche Basis für die dromokratische Auflösung fester Strukturen legt oder ob das Gesetz weiterhin verhindert, dass der Mensch zu jeder Zeit, an jedem Ort, so lange, wie ein Unternehmen es eben fordert, zur Arbeit gezwungen werden kann. Dass die Ausdehnung der Arbeitszeit mit dem Argument der Flexibilisierung aufgrund neuer Digitalisierung und veränderter gesellschaftlicher Bedingungen keine leere Drohung ist, zeigt der Blick auf die neueste Unternehmerkultur. Alibaba-CEO Jack Ma ließ mehrfach verlauten, er halte die 72-Stunden-Woche für angemessen. Mit der Aussage, dass mit 40 Stunden Arbeitszeit pro Woche noch nie jemand die Welt verändert habe, pflichtet dieser Idee auch Mas Seelenverwandter Elon Musk bei. Allerdings herrscht darüber keine Einheit unter den Besitzenden. Genauso finden sich jene Stimmen, die aufgrund der vergangenen Krisenerfahrungen positive Erfahrungen mit verkürzter Arbeitszeit gemacht haben, insbesondere dort, wo man möglichst große Flexibilität predigt.

89 Vgl. Büttner, Ursula: Weimar. Die überforderte Republik, Stuttgart 2008, S. 232.

90 Vgl. zum Beispiel die Broschüre der Rosa-Luxemburg-Stiftung: Benruzi, Daniel; Zeise, Fanny (Hg.): Individuelle Bedürfnisse, kollektive Aktionen, politische Alternativen. Beiträge zur neuen Arbeitszeitdebatte, 2019.

Abseits des Arbeitsmarktes entsteht im Postfordismus ein reichhaltiges Angebot subkultureller Ergänzungsleistungen beziehungsweise Fluchtmöglichkeiten. Es ist die Popkultur, die es schafft, die neueste Geschwindigkeit einzufangen und wiederzugeben, während die Hochkultur viel zu langsam reagiert, um die Beschleunigung kulturell erfassen zu können.[91] Popkultur wird gleichzeitig zum Widerstandsmoment wie zum affirmativen Träger der Beschleunigung, und dies auch in ihren Räumen. Die expandierende Kneipenkultur beispielsweise trägt mit ihrem Versprechen, immer länger aufzubleiben, zugleich dem Fortschrittspfeil und seinem Versprechen eines ›immer weiter‹ Rechnung[92], wie sich darin ebenso eine Gegenkultur konstituiert. Die Klubkultur, After Hours und 48-Stunden-Raves führen dieses Prinzip fort, ohne dass die Teilhabe daran ohne wach haltende Substanzen möglich wäre. Mit den 140 bpm des Technos lässt sich Geschwindigkeit genießen und zugleich von der Gesellschaft abkehren. Die 200 bpm des Gabbers steigern diesen Zustand an die Grenze der Belastbarkeit; wenn auch dies das Tempo der beschleunigten Gesellschaft perfekt wiedergibt, kann sich dieser Sound nie gänzlich durchsetzen – selbst dann nicht, als Diplo es nach 2010 mit einem kurzen Revival versucht. Die globalisierte Entgrenzung der Subkulturen löst zugleich ihr regionales Widerstandsprinzip auf. Subkulturen oszillierten zwar immer schon zwischen Widerstand und Anpassung, bewegten sich jedoch zunehmend auf letzterer Seite. TV als erstmals global erlebte gemeinsame Erfahrung ist Ausdruck wie Reproduktionsinstrument hiervon – Instagram erscheint als dessen Radikalisierung. Ein bestimmter modischer oder klanglicher Ausdruck wird immer weniger als Widerspruch gegen eine geltende Norm, sondern als reine Ästhetisierung eines Lebensstils gelesen, der, einmal ausgestrahlt oder ins Internet gestellt, überall auf der Welt imitiert werden kann.

Der Widerstand gegen die **Dromokratie** beschränkt sich bisher meist auf theoretische Hinweise, wie verletzlich eine immer

91 Vgl. Duffy, Enda: The Speed Handbook: Velocity, Pleasure, Modernism, Durham 2009, S. 60.

92 Vgl. Diederichsen, Diedrich: Sexbeat: 1972 bis heute, Köln 2010, S. 44.

vernetztere Gesellschaft in ihrer Infrastruktur ist. Zentrale Serverräume stehen in den Metropolen nahe unseren Handlungsräumen, und dies meist nicht einmal besonders gut bewacht. Während vor allem insurrektionalistische Kreise in den letzten Jahren die Möglichkeit entdeckten, die Bahn-Infrastruktur mit einfachen Kabelbränden lahmzulegen, blieben Angriffe auf andere zentrale Orte zeitgenössischer Waren-, Menschen- und Informationsverbindungen bisher weitgehend aus – wenn es auch mittlerweile in einigen deutschen Städten zu Brandangriffen auf Glasfaserkabel und Funkmasten gekommen ist.[93] Dass die Praxis der Theorie hinterherhinkt, hat wesentlich mit einem fehlenden Moment der Politisierung von Geschwindigkeit zu tun. Solange der Drang und die Infrastruktur eines Immer-Schneller nicht als Bestandteil kapitalistischer Gesellschaftsordnungen verstanden werden, hält sich die positive Resonanz auf den berechtigten Wunsch nach Sabotage-Momenten (als nur eine von mehreren Widerstandsformen) gegen das dromokratische Regime in Grenzen oder wird aufgrund fehlender Vermittlungsleistung vielmehr kritisiert. An anderen Stellen beschränkt sich der Widerstand auf technologiefeindliche, intuitive, mitunter reaktionäre Bewegungen, beispielsweise der esoterische Kampf gegen 5G.

IDEOLOGIE UND DROMOKRATISCHE VERSPRECHEN

Technische Errungenschaften der Geschwindigkeit wurden immer durch ein kulturelles Angebot flankiert.[94] Der fordistische Geschwindigkeitsrausch ging mit einer futuristischen Liebeserklärung an die »Schönheit der Geschwindigkeit«[95] einher, von der auch die Linke nicht befreit war – von der sowjetischen Liebe zum fordisti-

93 Vgl. dazu die Sammlung verschiedener Bekennerschreiben in Capulcu: Delete. Digitale Fremdbestimmung, 2018, S. 48ff. Online: <https://capulcu.blackblogs.org/neue-texte/band-iv>.

94 Vgl. Rosa: Beschleunigung, 2005, S. 82.

95 Marinetti, Filippo Tommaso: Gründung und Manifest des Futurismus, in: Appollonio, Umbro (Hg.): Der Futurismus. Manifeste und Dokumente einer künstlerischen Revolution 1909–1918, Köln 1972, S. 33.

schen Rationalisierungswahn ganz zu schweigen.[96] Die Architektur zog den Sog des Tempos ebenfalls auf. »Die Stadt der Geschwindigkeit ist die Stadt des Erfolges«[97], ließ Le Corbusier einst verlauten. Auch das Transportwesen kennt die kulturelle Inszenierung der Höchstgeschwindigkeit. Mit dem Aufkommen des Zuges enstand ein globaler Wettbewerb um die schnellste Geschwindigkeit und die kürzesten Fahrtzeiten. Rasante Verfolgungsjagden prägten den Inhalt des frühen Kinos. Der massenhafte Absatz von Fords Autos ging einher mit Werbeprodukten, Sportanlässen und RennfahrerInnen. Die Etablierung von Flugzeugen lebte von einsamen, heldenhaften PilotInnen, die neue Langstreckenrekorde erzielten. Ganz ähnlich wird die Durchsetzung dromokratischer Standards durch gamifizierte Großanlässe wie E-Sport-Events, Formel-E- oder Drohnenrennen ergänzt.

Die Ästhetisierung und kulturelle Integration von Geschwindigkeit ist zugleich Bestandteil von umfassenden Legitimationsmustern, die als dromokratische Versprechen verstanden werden können. Diese nehmen Geschwindigkeitsmuster ihrer Zeit auf, verkaufen sie in ihren positiven Aspekten und legitimieren damit gleichzeitig den weiteren Geschwindigkeitsausbau. Zu den leitenden Versprechen des **Fordismus** gehört, dass Geschwindigkeit nicht mehr nur den Herrschenden zugänglich ist, sondern dass man das neue Lebensgefühl auch privat konsumieren kann. Geschwindigkeit wird über den Konsum erstmals demokratisiert, wenn auch darin zugleich neue Unterschiede eingebaut werden. Das herausragende Symbol hiervon ist das Auto. Dieses bevölkert die Straßen als Fortbewegungsmittel und sorgt für den weiteren Ausbau des Straßennetzes. Zugleich dient es der persönlichen Befriedigung von Geschwindigkeitsgelüsten. Aldous Huxleys Bemerkung, dass die Geschwindigkeit das einzige genuin moderne Vergnügen sei, bringt die Integration der Geschwindigkeit als kommodifiziertes

96 Ironisch kritisiert wird die sowjetische Liebe zum Taylorismus und Fordismus im 1920 fertiggestellten dystopischen Roman *Wir* von Jewgeni Samjatin (vgl. in deutscher Übersetzung Samjatin, Jewgenij: Wir, Köln 2006.).

97 Le Corbusier: Leitsätze des Städtebaus, in: Conrads, Ulrich; Neitzke, Peter (Hg.): Programme und Manifeste zur Architektur des 20. Jahrhunderts, Basel 2001, S. 89.

Ereignis der Moderne auf den Punkt.[98] Die faschistische Auto- und Autobahnbegeisterung und die Anzahl der Toten auf den Straßen sind die zu Ende gebrachten Kehrseiten hiervon.

Autos enthalten ein doppeltes Mobilitätsversprechen. Einerseits versprechen sie, in verkürzter Zeit an neue Orte zu gelangen. Sie gewähren räumliche Mobilität. Andererseits symbolisieren sie als Konsumobjekt, dass man die Teilhabe an den gesellschaftlichen Genüssen erwerben kann (arbeitet und spart man genügend lange). Autos versprechen dadurch ebenso soziale Mobilität – mit dem bis heute geltenden Distinktionsmerkmal, dass, wer mehr Geld zur Verfügung hat, sich mehr PS und Geschwindigkeit leisten kann, und sei dies auch nur symbolisch. Beide Versprechen sind gebunden an den Besitz. So ist das Auto trotz öffentlicher Infrastruktur ein äußerst individuelles Objekt. Zwar gibt es mittlerweile funktionierende Sharing-Dienst-Anbieter, allerdings haben auch Millionen-Ausgaben, Bonifikationen, spezielle Verkehrsführungen oder Bildungsangebote nichts daran geändert, dass der Mensch sein Fahrzeug am liebsten alleine nutzt. Er teilt es vielleicht mit Familie oder engen Freunden, will es aber nicht als kollektiv nutzbares Transportmittel zur Verfügung stellen. Daher besitzen die weltweit knapp 1,3 Milliarden Autos eine weitaus höhere Transportkapazität, als sie tatsächlich Menschen transportieren. Autos verbringen den Großteil der Zeit damit, dass sie nichts tun. Sie stehen vor Ort und warten darauf, dass sie wieder jemand für eine Stunde benutzt. Anders formuliert, existieren Autos nicht, um Menschen zu transportieren, sondern um den ihnen zugeschriebenen Fähigkeiten zu entsprechen, will heißen: Geschwindigkeit zu erleben und auszubauen. Das Auto wirkt als »eine sich selbst antreibende Mobilitätsmaschine, die sich ihre Zwecke selbst schafft«[99], wie Weert Canzler es beschreibt. Damit ist das Auto nicht nur als fordistisches Konsumobjekt zentral, es ist zugleich Prototyp aller kommenden kommodifizierten Mobilitätsmaschinen.

98 Vgl. Duffy: The speed handbook, 2009, S. 17.

99 Weert Canzler zitiert nach Kröger, Fabian: Rennreiselimousine oder Telemobil?, heise online, <https://www.heise.de/tp/features/Rennreiselimousine-oder-Telemobil-3438827.html>, Stand: 19.09.2019.

Radikalisiert wird die fordistische Autobegeisterung im deutschen Faschismus. Hier wird die Straße zum »Wunder der Neubeseelung der deutschen Stadt«[100], wie es 1935 in einer faschistischen Publikation heißt. Grundbedingung hierfür ist ein Gefühl des selbstbestimmten Handelns, das dem Autofahrer in seiner Steuerungsfunktion zu eigen wird. Im Gegensatz zum/zur LokomotivführerIn glaubt der/die AutofahrerIn, sich auf freien Bahnen zu bewegen. Als Vergleich tritt der/die PilotIn in Erscheinung, der/die vermeintlich vergleichbar frei in den Lüften schwebt.[101] »Der Kraftwagen gehört seinem ganzen Wesen nach mehr zum Flugzeug als zur Eisenbahn«[102], erwähnte Hitler persönlich anlässlich der Automobilausstellung von 1933. Als »schwereloses Schweben, ganz ähnlich wie beim Fliegen«[103] beschreibt 1936 der deutsche Schriftsteller Heinrich Hauser eine Autofahrt auf der Reichsautobahn. Andere Vertreter des tempobegeisterten faschistischen Deutschlands erleben die Autobahnen als »weisses Band«[104], ganz im Sinne des Fließbands. Verstärkt wird dieser Eindruck durch die Ideologie der Mobilmachung des Volkes. Die Autobahn, so zeigt Erhard Schütz in mehreren Forschungsbeiträgen dazu auf, kann im deutschen Faschismus weder ökonomisch noch militärisch nutzbar gemacht werden, sie ist vor allem ideologischer Ausdruck eines Volks in Bewegung.[105] Sie wirkt in ihrem architektonischen Ensemble wie eine »gebaute Reklame, eine Art völkischer [sic] Disneyworld«[106], die die Bewegung wie auch die fordistische Naturbeherrschung in-

100 Loesch, Karl: Die Wiedergeburt der Straße aus dem Kraftwagen. In: Die Strasse 2/2 1935 zitiert nach Klose: Rasende Flaneure, 2003, S. 73.

101 Zum Diskurs der Gegenüberstellung Auto und Eisenbahn vgl. ebd., S. 89.

102 Schütz, Erhard: »… eine glückliche Zeitlosigkeit …«. Zeitreise zu den »Strassen des Führers«, in: Brenner, Peter (Hg.): Reisekultur in Deutschland, Tübingen 1997, S. 91.

103 Hauser, Heinrich: Autowandern, eine wachsende Bewegung, in: Die Strasse 3 (14), 1936, S. 455.

104 Lorenz, Hans: Die Mitarbeit der lebendigen Natur beim technischen Werk, in: Die Strasse 8 (17–18), 1941, S. 289.

105 Vgl. Schütz: »… eine glückliche Zeitlosigkeit …«. Zeitreise zu den »Strassen des Führers«, 1997; Schütz, Erhard: Faszination des Organischen. Konjunkturen einer Kategorie der Moderne, München 1995.

106 Schütz: Faszination des Organischen, 1995, S. 231.

szeniert. Eklatant sichtbar wird dies in der Person von Fritz Todt, Bauingenieur und Leiter der Reichsautobahn. Dieser versteht die neuen Straßen als Versuch, »die Enge des Raumes zu überwinden«, »wenigstens zur Erholung«, wie er als Ergänzung schreibt.[107] Sowohl die Bewegungsbegeisterung als auch der Drang nach Erholung sind hier als harmonische Synthese Ergebnis einer rationalisierten Steigerung der Arbeitsintensität, wie sie von Todt selbst beschrieben wird: »Die Verpflichtung, die Leistung auf allen Gebieten menschlicher Tätigkeit zu steigern, ist der Sinn unserer Zeit.«[108] Wie nahe sich fordistisches Fließband, Auto und Autobahn tatsächlich sind, wird drastisch sichtbar. Der deutsche Architekt und Hochschulprofessor Friedrich Tamms drückt später offen die Konsequenz einer solchen Weltanschauung aus: Die Autobahn erscheint ihm als »Ausdruck für eine höhere Ordnung, unter die sich alles eingliedert, was lebensfähig und lebensberechtigt ist«[109]. Wo die Rede einer Lebensfähigkeit und Lebensberechtigung historisch endet, ist ausreichend bekannt. Freilich führt die Transport- und Autobegeisterung der Zwischenkriegszeit nicht automatisch in den Faschismus und seine Vernichtungslager. Sie ist an dieser Stelle allerdings in ihrer Radikalisierung zu betonen, da die dromokratische Fahrbegeisterung mitunter ganz anders vollzogen wird und dennoch einen totalitären Kern in sich trägt.

Der **Postfordismus** ist das Zeitalter des Neoliberalismus. Das Credo, dass sich Leistung wieder lohnen soll, macht aus Menschen leistungswilligere und verwertbarere Subjekte. Stärker als zuvor suggeriert der Massenkonsum, dass man sich als Ware feilgebotene Geschwindigkeitsmomente individuell aneignen kann. In seiner Endphase sind es vor allem die Netzwerke und die Digitalisierung, die das neoliberale Leistungs-Versprechen aufnehmen

107 Todt, Fritz: Der nordische Mensch und der Verkehr. Vortrag des Generalinspektors für das deutsche Straßenwesen, in: Die Strasse 4 (14), 1937, S. 394–400.

108 Todt, Fritz: Die deutsche Rationalisierung zitiert nach Schütz: »... eine glückliche Zeitlosigkeit ...«. Zeitreise zu den »Strassen des Führers«, 1997, S. 95.

109 Tamms, Friedrich: Die Autobahn als architektonische Gesamterscheinung zitiert nach Durth, Werner: Deutsche Architekten. Biographische Verflechtungen 1900–1970, Wiesbaden 1986, S. 167.

und mit der Geschwindigkeit der Datenübertragung verknüpfen. Thomas Friedmans Ausspruch, dass die Erde flach sei, weil sie sich in eine Art globales digitales Netzwerk verwandelt habe, das neue Innovation durch Kollaboration ermögliche, ist exemplarischer Ausdruck hiervon.[110] Individuen sind zugleich Opfer wie ProfiteurInnen dieser Situation. Ausgerüstet und global vernetzt muss man zwar, so Friedmans Idee, in globaler Konkurrenz bestehen, allerdings habe nun jede/r die gleichen Chancen sich durchzusetzen. Zudem schwinde die Macht von Staaten wie Institutionen zugunsten informellerer Strukturen und Gruppen wie beispielsweise NGOs. Wie Stephen Papson und Robert Goldman 2011 analysiert haben, zeigt sich ein damit vergleichbares Narrativ in Werbungen im Informations- und Kommunikationsbereich, in denen immer wieder das Versprechen nach einer Einebnung verschiedener Diskriminierungserfahrungen durch eine freie, offene und rasche Kommunikation erhoben wird.[111] Mit dem sogenannten arabischen Frühling scheint sich dieser hoffnungsvolle Gedanke bewahrheitet zu haben, haben sich doch Menschen via Twitter und anderen sozialen Netzwerken scheinbar selbständig organisiert und für die Etablierung der Demokratie gekämpft. Allerdings ist dieser Einschätzung etliches an westlichem Wunschdenken über die Zaubertechnologie Internet enthalten. Mögen soziale Medien im besten Falle eine katalysierende Rolle gespielt haben, waren es letztlich doch militante (und mitunter reaktionäre) Organisationen, die sich auf der Straße behaupten und reale Organisations- wie Mobilisierungsarbeit leisten mussten.

Dennoch ist es kein Zufall, dass der Mensch glaubt, dass sein Datennetz zur Verbreitung seines westlichen Politikideals dient. Seit Jahrzehnten werden Geschwindigkeit und deren Technologien kulturell mit bestimmten Konzepten verbunden. Robert Goldman, Stephen Papson und Noah Kersey analysierten in einer früheren Studie mehr als 1.000 US-amerikanische TV-Werbungen, die zwi-

110 Vgl. Thomas L. Friedman: The world is flat: the globalized world in the twenty-first century, London 2006.

111 Vgl. Goldman, Robert; Papson, Stephen: Landscapes of Capital. Representing Time, Space, and Globalization in Corporate Advertising, Cambridge 2011, S. 170.

schen 1995 und 2005 liefen, und untersuchten diese nach ihrer Darstellung von Zeit, Geschwindigkeit und Beschleunigung. Was der/die ZuschauerIn zu sehen bekommt, ist nicht Geschwindigkeit oder beschleunigte Zeit an sich, sondern deren Simulation und mediale Repräsentation. Zeit oder Geschwindigkeit werden durch Symbole oder Narrative repräsentiert. Entsprechend können beide in ihrer Darstellung nicht neutral sein, sondern besitzen eine immanent ideologische Dimension.[112] Geschwindigkeit wird besonders oft mit Freiheitswerten verknüpft, insbesondere dort, wo sich Werbung an KonsumentInnen und nicht an ProduzentInnen richtet. Sind diese die anvisierte Zielgruppe, wird Geschwindigkeit vor allem mit Produktivität, Effizienz und Kontrolle verbunden. Geschwindigkeit erscheint dabei als populistische Lösung zu den Widersprüchen und Grenzen des Kapitals und macht zugleich Hierarchien zunichte (jedes Unternehmen kann davon profitieren), wie sie den Weg zum unbegrenzten Wachstum öffnet: »In diesem Sinne wirkt die Geschwindigkeit als Mittel zu einem herrlichen Ende – einem Himmel auf Erden«[113], so die These von Goldman, Papson und Kersey. Geschwindigkeit erscheint am Ende des Postfordismus als umfassendes Versprechen auf dem Weg zur kinetischen Utopie.

In der **Dromokratie** wiederholt sich das Versprechen, an der neuesten Geschwindigkeit teilhaben zu können, auf höherem Niveau. Auf den Straßen und in den Städten werben neue Verkehrsmittel damit, dass man mit ihnen am neuesten Bewegungsrausch teilnehmen kann, selbst wenn man bisher davon ausgeschlossen war. Ob jung oder alt, ob fahrtüchtig oder nicht, die Dromokratie integriert alle in ihren Bewegungskreislauf. Und wer doch außen vor bleibt, der oder die profitiert zumindest von den rasanten Lieferzeiten für bestellte Waren. An anderer Stelle übernimmt die Cloud die Rolle eines sagenumwobenen Versprechens. Die totale Vernetzung der Welt verspricht, das schöne Leben durch den

112 Vgl. Goldman, Robert; Papson, Stephen; Kersey, Noah: Speed: Through, Across, and In – The Landscapes of Capital, in: Fast Capitalism 1 (1), 2005, S. 12f.

113 Ebd., S. 1.

technologischen Fortschritt schon bald zu erreichen. Dies überblendet zugleich die negativen Vorzeichen der neuen Zeit. Wer beispielsweise glaubt, mit Flugtaxis oder E-Scootern städtische Verkehrsprobleme lösen zu können, der oder die ignoriert, dass die Infrastruktur zur Beseitigung der meisten Probleme schon längst bereit stehen würde, würde man sich als Gesellschaft dafür entscheiden, entsprechende Ressourcen dafür aufzuwenden. Im Zentrum dromokratischer Transportversprechen steht nicht eine kollektive Debatte um die Zukunft des Verkehrswesens oder um die Fragestellung, wieso der Verkehr nach Jahrzehnten an Sparprogrammen so funktioniert, wie er heute funktioniert, sondern der naive Glaube, dass es Staat und Kapital schon richten werden.

Als ebensolche Trugbilder gestalten sich dromokratische Versprechen in der Arbeitswelt, in der man sich dank digitaler Technologien eine Abkehr von verschiedenen Entfremdungserfahrungen erhofft. Tim Ferris beispielsweise, US-amerikanischer Autor des 2007 erschienenen Bestsellers *The 4-Hour Workweek*, hat die Lösung für bestehende Stressprobleme bereit.[114] Aufgrund ausufernder Arbeit hat er nach einer dreiwöchigen Auszeit den Beschluss gefasst, einfache Arbeitsschritte, beispielsweise das Beantworten von Mails oder das Versenden von Geburtstagskarten, künftig an eine/n virtuelle/n Assistierende/n auszulagern.[115] Diese Arbeit gibt es in ärmeren Ländern wie Indien für wenig Geld. Den liberalen Traum entspannter Arbeitswochen erwirbt man in Form von günstigen Arbeitskräften in anderen Kontinenten. Als Buch verkauft, wird die (nicht sehr innovative) Idee, Arbeit auf virtuelle Assistierende auszulagern, gar zur legitimen Grundlage westlicher Lebensentwürfe, die gerade aufgrund globalisierter und beschleunigter Netzwerke ein individuell entschleunigtes Leben versprechen. Beschleunigung erscheint in dieser Vorstellung als Grundlage erleichterter Lebensführung. Dieses Versprechen rea-

114 Vgl. Ferriss, Timothy: The 4-Hour Workweek: Escape 9–5, Live Anywhere, and Join the New Rich, New York 2007.

115 Vgl. die Kritiken von Day, Meagan: The Fraud and the Four-Hour Workweek, Jacobin Magazine, 27.03.2018, <https://jacobinmag.com/2018/03/four-hour-workweek-tim-ferriss-work>, Stand: 10.10.2019; Sharma, Sarah: In the Meantime. Temporality and Cultural Politics, Durham 2014, S. 17.

lisiert sich aber selbst im kulturellen Imaginären nur durch die Auslagerung der Arbeit beziehungsweise durch die rigide Zweiteilung der Welt.

LEITENDE WIDERSPRÜCHE

Mit der ersten **fordistischen** Expansionswelle der Beschleunigung entwickelt sich zugleich eine erste massenhafte Erfahrung der damit zusammenhängenden Paradoxien und Widersprüche. Wo beispielsweise in beschleunigter Produktion Autos hergestellt werden, erleben Menschen plötzlich Stau auf den Straßen. Als ›rasenden Stillstand‹ bezeichnet Virilio diese Dialektik der Beschleunigung, die zugleich Stillstand mit sich bringt. Dort, wo sich Ereignisse beschleunigen oder eine technologische Dynamik entfacht wird, lauern immer auch Momente der Stauung, der Überhitzung oder der Zerstörung. Das Gefühl, nicht vorwärtszukommen, obwohl sich alles schneller bewegt, wird kulturkritisch immer wieder sichtbar gemacht. In den 1920er Jahren erscheinen beispielsweise im deutschsprachigen Raum zahlreiche Reportagen über das Sechstagerennen, die ein Gefühl des rasenden Stillstands vermitteln. Das berühmteste Beispiel, Egon Erwin Kischs Reportage über die *Elliptische Tretmühle*, trägt das Paradox bereits im Titel. Das Sechstagerennen scheint das Lebensgefühl auf den Punkt zu bringen, fahren darin Menschen doch sechs Tage lang in Zweierteams ihre Runden, ohne tatsächlich vorwärtszukommen. Der rasende Stillstand ist allerdings nicht auf die Sportarena beschränkt. Kisch selbst weitet den wahrgenommenen Stillstand in seiner Reportage als kulturkritischen Befund auf die gesamte Menschheit aus: »Nur der Mensch dreht sich sinnlos und unregelmäßig beschleunigt in seiner willkürlichen, vollkommen willkürlichen Ekliptik, [sic] um nichts, sechs Tage und sechs Nächte lang.«[116] Der Mensch bewegt sich immer schneller, schuftet mehr und mehr und kommt doch nirgends hin. Auch im Journalismus werden in den 1920er und

116 Kisch, Egon Erwin: Elliptische Tretmühle, in: Der rasende Reporter. Hetzjagd durch die Zeit. Wagnisse in aller Welt. Kriminalistisches Reisebuch, Berlin 1986, S. 229.

1930er Jahren Klagen laut, die von einer ständigen Bewegung im Stillstand berichten: Robert Walser meint, dass ihm sein Artikelschreiben »nachgerade wie eine Tretmühle vor[kommt]«, und Joseph Roth schreibt seinem Feuilletonchef Benno Reifenberg, dass er in einer »ekelhaften Tretmühle« feststecke.[117]

Im **Postfordismus** weiten sich die Paradoxien der Beschleunigung aus. In einem ersten Schritt ist es vor allem die Angst vor der technologischen Raumvernichtung und der Echtzeit, die keine Geschichte mehr zulässt, die Kommentare hervorruft. Bereits 1970 sprechen Heidi und Alvin Toffler vom ›Future Shock‹, dem Zustand, in dem zu viel Veränderung in zu kurzer Zeit geschieht.[118] Virilio schreibt später intensiv darüber, wie die telekommunikative Beschleunigung Raum vernichtet und alles zum Interface macht. Der französische Soziologe Jean Baudrillard spricht 1990 davon, wie das Jahr 2000 nicht stattfinden werde, da es für Geschichte eine Zeit der Konsolidierung braucht, die im Leben der Echtzeit nicht mehr möglich ist.[119] Es ist dies ein Gedanke, der auf den ersten Blick merkwürdig erscheint. Der Ethnologe Thomas Hylland Eriksen hat zehn Jahre nach Baudrillard eine ähnliche These formuliert, die das Argument verdeutlicht. Eriksen spricht von einer ›Tyrannei des Augenblickes‹, bei der aufgrund einer »vertikalen Stapelung«[120] von Ereignissen in immer kürzer werdenden Zeitspannen damit begonnen wird, die Zeit zu vernichten. Der von Bill Martin geprägte Begriff der Stapelung entspringt einem historischen Vorbild einer solchen kulturellen Erstarrung:[121] Ausgehend von der zunehmenden Inflation der Musikdatenträger sahen sich

117 Beide zitiert nach Utz, Peter: ›Sichgehenlassen‹ unter dem Strich. Beobachtungen am Freigehege des Feuilletons, in: Kauffmann, Kai (Hg.): Die lange Geschichte der kleinen Form. Beiträge zur Feuilletonforschung, Berlin 2000, S. 153.

118 Vgl. Toffler, A.: Future shock, New York 1970.

119 Vgl. Baudrillard, Jean: Das Jahr 2000 findet nicht statt, Berlin 1990.

120 Eriksen, Thomas Hylland: Die Tyrannei des Augenblicks. Die Balance finden zwischen Schnelligkeit und Langsamkeit, Freiburg im Breisgau 2002, S. 156.

121 Martin, Bill: Listening to the Future. The Time of Progressive Rock, 1968–1978, Chicago 2015, S. 292; vgl. Bauman, Zygmunt: Leben in der flüchtigen Moderne, Frankfurt am Main 2007, S. 170.

LadenbesitzerInnen immer mehr genötigt, zusätzliche Regale anzulegen, um neue CDs stapeln zu können. Dadurch sanken jedoch die Laufzeit, die Authentizität und der Erinnerungswert einer jeweiligen CD. Die immer mehr werdenden Neuproduktionen tendierten zu ›Retro-Wellen‹, um zumindest kurzfristige Erfolge zu feiern, waren dadurch aber mehr und mehr austauschbar. Als Analogie zu dieser Entwicklung umschreibt die Stapelung jenen (im 20. Jahrhundert beschleunigten) Prozess der Ereignisverdichtung, der aufgrund der Verdichtung keine Konsolidierung, keine Entwicklung und kein Neues mehr zulässt. Zugleich allerdings entstehen Verschleierungsmechanismen, die einen solchen Stillstand zu überblenden vermögen. Beispielsweise mag die Zeit für eine geschichtliche Entwicklung abhandengekommen sein, nichtsdestotrotz existiert der Schein, wie dies beispielsweise Jean Baudrillard an anderer Stelle ausführt, als wäre Geschichte weiterhin vorhanden.[122] Diese Überblendung erscheint als dasjenige Moment einer Hyperrealität, das Guy Debord unter dem Begriff des Spektakels zu fassen versuchte. Darin ist vor dem Hintergrund der modernen Produktionsbedingungen »alles, was unmittelbar erlebt wurde, in eine Vorstellung entwichen«[123]. Das Spektakel ist, in der Funktion, die Kapitalakkumulation am Laufen zu erhalten, »ein durch Bilder vermitteltes gesellschaftliches Verhältnis zwischen Personen«[124]. Dabei wird es zum »Zeitplan«[125] der Gesellschaft, indem es deren Rhythmus mitbestimmt und deren durch die Warenästhetik geprägte Welt immer weiter beschleunigt, ohne dadurch allerdings noch einen Fortschritt auszulösen. Die Menschen erleben eine »pseudozyklische Zeit«, die die lineare Zeit im Sinne einer »allgemeinen Zeit der menschlichen Nichtentwicklung«[126] abgelöst hat. In dieser Gesellschaft des Spektakels hat die Welt zwar nicht aufgehört, sich zu drehen, und auch die Dinge verändern sich durchaus weiter. »Aber sie entwickeln sich

122 Vgl. Baudrillard, Jean: Die Illusion des Endes oder der Streik der Ereignisse, Berlin 1994, S. 46.

123 Debord, Guy: Die Gesellschaft des Spektakels, Berlin 1996, S. 13.

124 Ebd., S. 14.

125 Ebd., S. 17.

126 Ebd., S. 133.

nicht«, so Hartmut Rosa in seiner Paraphrase des rasenden Stillstandes: »[E]s gibt unerschöpfliche Optionenräume, aber, da sie beständig ihre Gestalt verändern, keine langfristigen Strategien, sie kumulativ zu nutzen. Die Bewegung wird ziellos und kontingent, ja erratisch [...].«[127]

Parallel dazu wird auch die postfordistische Ausdehnung einer Perspektivenlosigkeit kritisiert.[128] Fredric Jamesons Diktum, dass es leichter sei, sich das Ende der Welt vorzustellen als das Ende des Kapitalismus, fasst den ›kapitalistischen Realismus‹ zusammen, der als Weiterführung des Beschleunigungsgebots verstanden werden kann. Unter dem kapitalistischen Realismus versteht der britische Kulturwissenschaftler Mark Fisher ein Denken, das »sich eine kohärente Alternative«[129] zum herrschenden System nicht mehr vorstellen kann: »Der Kapitalismus bestimmt nahtlos den Horizont des Denkbaren.«[130] Gerade in der Popkultur zeige sich, so meint Fisher in *Ghosts of My Life*, dass nichts Neues mehr entstehe und nur noch leblose Imitate des bereits Vorhandenen produziert werden.[131] Dieser Befund entspricht einer Ausdehnung der fordistischen Erfahrung. Walter Benjamins Bemerkung über die Mode als eine »ewige Wiederkehr des Neuen«[132] hat sich zur totalitären Erfahrung verdichtet. Fisher geht nämlich davon aus, dass nicht mehr nur einzelne Phänomene wie die Mode in diesem Modus funktionieren, sondern dass sich dieser Zustand derart ausgedehnt hat und chronisch geworden ist, dass nunmehr die gesamte Gesellschaft davon betroffen ist. Der Warenverkehr rast, während wir perspektivlos erstarren.

127 Rosa: Weltbeziehungen im Zeitalter der Beschleunigung, 2012, S. 218.

128 Wie sich der rasende Stillstand bis in die heutige Zeit ausdehnt, hat Hans Christian Dany in einem lesenswerten Essay zusammengefasst (vgl. Dany, Hans-Christian: Schneller als die Sonne. Aus dem rasenden Stillstand in eine unbekannte Zukunft, Hamburg 2015).

129 Fisher, Mark: Kapitalistischer Realismus ohne Alternative?, Hamburg 2013, S. 8.

130 Ebd., S. 13.

131 Vgl. Fisher, Mark: Ghosts of My Life: Writings on Depression, Hauntology and Lost Futures, Winchester 2014.

132 Benjamin, Walter: Gesammelte Schriften, Bd. V. 2, Frankfurt am Main 1991, S. 679.

Welche Paradoxien und Spannungen sich in der **Dromokratie** ergeben werden, lässt sich nur schwer voraussagen. Die Keime innerer Widersprüche lassen sich jedoch bereits erkennen. So besitzt die Dromokratie eine neue Krisenanfälligkeit, die aus ihrem eigenen Geschwindigkeitsglauben entsteht. Wo Beschleunigung und Echtzeit zum leitenden Versprechen einer Gesellschaft werden, muss beides irgendwann realisiert oder zumindest das Versprechen glaubhaft erneuert werden. Jedoch lässt sich dies nicht ansatzweise immer erreichen. Sowohl bezüglich Investitionskosten als auch bezüglich Geschwindigkeit gibt es Grenzen. Auf dem Finanzmarkt entstehen Widersprüche zwischen Transaktionen in Echtzeit und den chronologischen Notwendigkeiten der Kapitalakkumulation beziehungsweise der Realisierung von Kapital entlang zeitlichen Intervallen, vergleichbar mit den Widersprüchen zwischen der Echtzeit und den beispielsweise in Derivaten als Zukunftsversprechen enthaltenen Temporalitäten.[133] Dass die dromokratische Welt ihre Krisenanfälligkeit erhöht, scheint nur folgerichtig. Jede technische Erfindung ist zugleich die Erfindung ihres Unfalls. Auch davon zeugt der Hochgeschwindigkeitshandel an den Börsen. Während Crashs früher Ausnahmen waren, geschehen sie heute täglich – bisher allerdings meist ohne die gleichen Auswirkungen wie bei den bekannten Börsen-Crashs des Fordismus und Postfordismus. Die dromokratische Krisentendenz hat auch Auswirkungen auf die Politik. Die Anzahl sozialer Auseinandersetzungen steigt und eine neue Welle der Militarisierung löst die im Vergleich dazu fast schon stabile geopolitische Konstellation nach dem Kalten Krieg ab. Schon heute nehmen Konflikte zu. In einer schrumpfenden Welt der verknappten Ressourcen werden zwischenstaatliche militärische Konflikte nicht mehr Ausnahmen sein. Ob sich dies stoppen lässt oder ob die Beschleunigung militärischer Konflikte zu einem globalen Zerstörungsdrang führen wird, ist schwer vorhersehbar. Der twitternde Präsident, der die Eskalationsgeschwindigkeit militärischer Konflikte in neue Sphären hievt, scheint eher ein Indiz dafür, dass die Entwicklung in eine dystopische Richtung zeigt.

133 Vgl. Hope: Time, Communication and Global Capitalism, 2016, S. 174.

Die Herrschaft des Schnelleren

»We have one simple rule to support this Gospel of Speed: Don't launch features that slow us down.«[134]
(Urs Hölzle: The Google Gospel of Speed)

»Move fast and break things. Unless you are breaking stuff, you are not moving fast enough.«[135]
(Mark Zuckerberg)

Wie jedes Unternehmen, das etwas auf sich hält, veröffentlichte auch Google vor einigen Jahren seine unternehmerphilosophischen Leitplanken. Unter dem Listicle *Ten things we know to be true* fasste das Unternehmen seine Grundsätze zusammen.[136] Neben den pseudodemokratischen Allgemeinplätzen findet sich unter Punkt 3 auch ein entscheidender Ansatz dromokratischen Wirtschaftens: »Fast is better than slow«. Googles leitender Software-Ingenieur Urs Hölzle beschrieb das hinter dieser Prämisse stehende Konzept 2012 in einem Blogbeitrag mit dem Titel *The Google Gospel of Speed.*[137] Erstens bringe Geschwindigkeit einen wirtschaftlichen Vorteil. Bereits bei einem Bruchteil einer Verzögerung beginnen UserInnen ihr Suchverhalten einzustellen. Weil jede Verringerung des Suchvolumens die Werbeeinnahmen des Unternehmens senkt, ist Hölzle an einer Verhinderung jeder Verzögerung interessiert, zumal Geschwindigkeit zum Qualitätsmerkmal wird: »Geschwindigkeit ist nicht nur ein Feature, es ist *das* Feature.«[138] Für einzelne Applikationen oder Programmbestandteile gibt es ein ›fixed la-

134 Hölzle, Urs: The Google Gospel of Speed, Think with Google, <https://www.thinkwithgoogle.com/marketing-resources/the-google-gospel-of-speed-urs-hoelzle>, Stand: 19.09.2019.
135 Interview with Mark Zuckerberg: Moving Fast And Breaking Things, Business Insider, <https://www.businessinsider.com/mark-zuckerberg-2010-10>, Stand: 24.09.2019.
136 Google: Ten things we know to be true, <https://www.google.com/about/philosophy.html>, Stand: 19.09.2019.
137 Vgl. Hölzle: The Google Gospel of Speed.
138 Ebd.

tency budget‹, eine maximal erlaubte Zeitspanne, innerhalb derer die UserInnen die angeforderten Daten erhalten müssen. Google leidet allerdings unter dem Problem, dass sie abhängig von anderen Webseiten und deren technischer Infrastruktur sind. Googles Angebot kann noch so schnell sein – wenn eine Website langsam lädt, nützt die eigene Technologie nicht. Dagegen helfen nur Zuckerbrot und Peitsche: Zuckerbrot, indem Google mit *Google Analytics* beziehungsweise *PageSpeed Insights* seit Jahren die Geschwindigkeit einer Website misst und damit eine Unterstützung zur Beschleunigung anbietet; Peitsche, indem langsame Webseiten im eigenen Suchranking zurückfallen

Hilfeleistung zur Beschleunigung gibt es bei Google auch als Angebot für Shopping-Plattformen. Hier zählt Geschwindigkeit, so Hölzle weiter, mehr als alles andere: »Wenn man den Service beschleunigt, werden die Menschen mehr eingebunden – und wenn sich die Menschen mehr einbinden, klicken und kaufen sie mehr.«[139] Geschwindigkeit führt zu Interaktionen, Interaktionen führen zu Käufen und Käufe zu Gewinn, so lautet die einfache Rechnung. Und dem unterwirft sich Google wie kein zweites Unternehmen. Beispielsweise gibt es bei Google wie im Militär verschiedene Codes. ›Rot‹ bedeutet volle Aufmerksamkeit auf ein dringendes Problem, ›Gelb‹ bedeutet zumindest noch eine dringende Angelegenheit. Als vor einigen Jahren die Geschwindigkeit verschiedener Anwendungen sank, rief Google den ›Code Yellow‹ aus, sprich: Verschiedene EntwicklerInnen mussten ihre aktuellen Projekte stoppen, um sich dem Problem fallender Geschwindigkeit zu widmen. Geschwindigkeit ist allerdings mehr als nur wirtschaftlicher Vorteil, sie ist, so die zweite Lektion von Hölzles Beitrag, ebenso Ideologie in Form eines bei den MitarbeiterInnen implementierten Wunsches nach einem Immer-Schneller: »Geschwindigkeit ist einfach Teil unserer Ingenieurskultur.«[140] Dieser Kult um Geschwindigkeit nimmt mitunter absurde Züge an. So ist zum Beispiel das mit dem Internet Explorer, Safari und Firefox ausgetragene Rennen um die schnellste Browsergeschwindigkeit

139 Ebd.
140 Ebd.

längst nicht mehr nur ein Rennen um die wirtschaftlichste Leistung. Es ist ein ideologisches Spektakel, wer die geringste Latenzzeit erreicht. Dabei ist es völlig egal, wie stark UserInnen oder der Konzern davon überhaupt profitieren können.

Hölzles erklärtes Endziel des Rennens um die höchste Geschwindigkeit ist die Echtzeit: »Bei Google hören wir nicht auf, bis das Web im Jetzt verfügbar ist.«[141] Voller Freude und zugleich äußerst planlos steuert man dorthin: »Welche erstaunlichen Dinge könnten dann passieren? Ich weiß es nicht. Alles, was ich mit Sicherheit sagen kann, ist, dass wir in diese Zukunft kommen wollen, schnell.«[142] Die Verbindung einer Ahnungslosigkeit, wofür die beschleunigte Geschwindigkeit überhaupt gut ist, mit dem erklärten Ziel, alles für deren Erreichen tun zu wollen, bringt den Doppelcharakter der Herrschaft des Schnelleren auf den Punkt: Wie in anderen Bestandteilen der Dromokratie auch ist Geschwindigkeit zugleich empirisch nachweisbarer Machtzuwachs durch Profitsteigerung wie auch Selbstzweck oder ein ausgedehntes ideologisches Versprechen, das mehr Macht und Profit verspricht, ohne den Beweis antreten zu müssen, woraus sich diese weitere Steigerung ergeben soll und was sie abseits ihrer technologischen Komponente mit sich bringen wird.

Ein vergleichbarer Kult um Geschwindigkeit findet sich auch bei anderen Unternehmen. Als Facebook 2012 eine Milliarde UserInnen erreichte, gab es für die Mitarbeitenden ein hübsch designtes Buch, gefüllt mit Pseudoweisheiten und vermeintlich inspirierenden Kalendersprüchen. In Facebooks *Little Red Book*, wie das Werbegeschenk in historischer Anspielung an die Verbreitung von Maos Büchlein heißt, spielt Geschwindigkeit ebenfalls eine Rolle. Eine Weisheit nimmt gar Googles dritten Punkt wortgenau auf, um sie dann im letzten Satz nochmals explizit mit dem Renncharakter der Geschwindigkeit zu verbinden. Auch hier hat man es mit einer speziellen Mischung zu tun. Einerseits herrscht ein sozialdarwinistischer Speed-Kult, der in seiner Aufmachung unglaublich billig daherkommt. Einzig das vermutlich teure typografische

141 Ebd.
142 Ebd.

Design der Weisheiten unterscheidet die Sätze von x-beliebigen Kalendersprüchen. Nicht anders verhält es sich bei Mark Zuckerbergs Lebensweisheit »Move fast and break things«[143], was ebenfalls den Speed-Kult aufnimmt und zugleich sonderbar nichtssagend ist. Andererseits spielt Geschwindigkeit bei Facebook tatsächlich eine wichtige Rolle im unternehmerischen Alltag. Beispielsweise arbeitet Facebook seit Jahren an der Veränderung seines News-Feeds. Was auf der Startseite zu sehen ist, soll an das jeweilige Verhalten und Interesse der NutzerInnen angepasst werden. Weil sich Facebook auf Studien bezieht, die nahelegen, dass 40 Prozent der UserInnen eine verlinkte Website verlassen, die mehr als drei Sekunden Ladezeit benötigt, wurde der Feed entsprechend angepasst.[144] Webseiten, die schneller laden (unter der Berücksichtigung der Internetgeschwindigkeit der NutzerInnen), werden nun weiter oben angezeigt. Weil Facebook wie auch Google will, dass sich fremde Webseiten entsprechend um die Beschleunigung ihrer Geschwindigkeiten kümmern sollen, hat Facebook mit dem Update gleich noch zehn Tipps veröffentlicht, wie Webseiten ihre Geschwindigkeit optimieren können. Wer sich jedoch nicht um seine Geschwindigkeit kümmert, so die implizite Drohung, fällt aus dem Newsfeed und verliert dadurch potenziell eine größere Kundschaft.

Auch bei einem dritten großen Tech-Unternehmen finden sich solche Vorstellungen über die Verbindung von Geschwindigkeit und Wirtschaftserfolg. Bei Microsoft beziehungsweise Bill Gates ist es die Idee eines *Business @ the Speed of Thought* (1999), wie der Buchtitel eines von Gates' Werken heißt, das, wie der dazugehörige Untertitel erklärt, für einen »Erfolg in der digitalen Wirtschaft« sorge. Die Computertechnologien, speziell das Internet, haben für eine rasante Entwicklung gesorgt – »mit einem schnelleren Tempo, als selbst er [Bill Gates. Anm. d. Ver.] es erwartet

143 Interview with Mark Zuckerberg: Moving Fast And Breaking Things.

144 Vgl. Wen, Jiayi; Guo, Shengbo: Showing You Stories That Link to Faster Loading Webpages, Facebook, 02.08.2017, <https://newsroom.fb.com/news/2017/08/news-feed-fyi-showing-you-stories-that-link-to-faster-loading-webpages>, Stand: 30.09.2019.

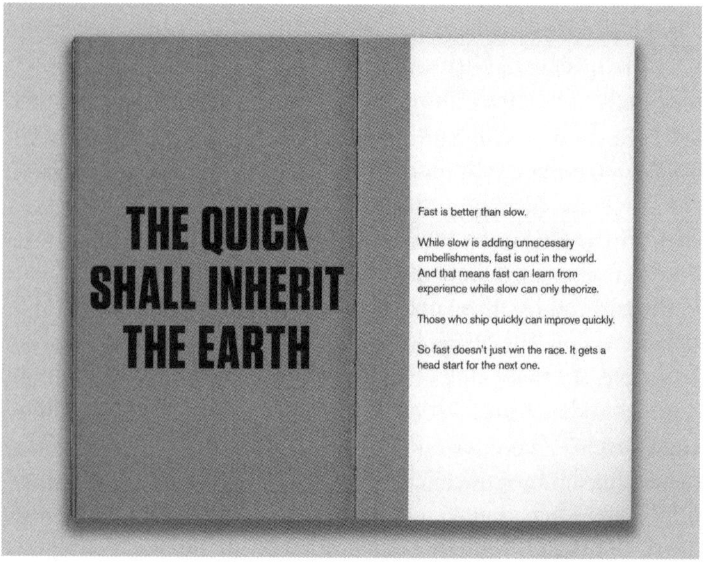

Auszug aus Ben Barrys »Facebook's Little Red Book«[145]

hatte«[146], wie es in einem Werbetext zu Gates' anderem Werk *The Road Ahead* heißt. Nur eine vergleichbar rasche Denk- wie Organisationsleistung kann den zukünftigen wirtschaftlichen Erfolg garantieren. Dafür müssen sich die MitarbeiterInnen den Geschwindigkeitsansprüchen unterwerfen beziehungsweise sich mit der anvisierten Höchstgeschwindigkeit synchronisieren. Oder wie es in einer Business-Lektion aus Gates' Werk heißt: »Das wichtigste ›Speed‹-Thema ist oft nicht technischer, sondern kultureller Natur. Es ist das Überzeugen aller, dass das Überleben des Unternehmens davon abhängt, dass alle so schnell wie möglich handeln.«[147] Als ›Ecomomies of Speed‹ oder als ›Speed-Management‹ wird dieser auch bei Gates vorzufindende Glaubensgrundsatz, dass

145 Barry, Ben: Facebook's Little Red Book | Office of Ben Barry, <http://v1.ben-barry.com/project/facebooks-little-red-book>, Stand: 30.09.2019.

146 Vgl. The Road Ahead: Bill Gates, Book Depository, <https://www.bookdepository.com/Road-Ahead-Bill-Gates/9780140260403>, Stand: 06.10.2019.

147 Vgl. die online publizierten Auszüge aus dem Buch in Gates, Bill: Bill Gates' New Rules, in: Time, 19.04.1999. Online: <http://content.time.com/time/world/article/0,8599,2053895,00.html>, Stand: 30.09.2019.

Geschwindigkeitsvorteile zugleich Wettbewerbsvorteile sind, in der Wirtschaftswissenschaft und Ratgeberliteratur wohlwollend bezeichnet:[148] Als ›Chronotopia‹ beziehungsweise ›Chronodystopia‹ beschreiben John Armitage und Joanne Roberts im Gegensatz dazu die Korrelation von kapitalistischer Utopie und Geschwindigkeit, die als soziales Imaginäres bei Großunternehmen und in der neueren Wirtschaftsliteratur immer wieder auftaucht beziehungsweise von Menschen als Qual erlebt wird.[149]

Was für Google, Facebook und Microsoft die Datengeschwindigkeit ist, ist für Retailer und industrielle Warenproduzenten die Transportgeschwindigkeit, deren Beschleunigung von Unternehmen vergleichbar mit Googles oder Facebooks Mantra gepflegt und inszeniert wird. So verbinden beispielsweise Elon Musk und Jack Ma nicht nur ihre gemeinsamen Forderungen nach verlängerter Arbeitszeit, sondern auch ihre Inszenierung der Beschleunigung als technisch-philanthropische Vision der globalen Warenzirkulation und Transportkanäle. Musk baut an seinem Hyperloop, während Ma bei Tech-Konferenzen nicht müde wird zu verlauten, dass er künftig weltweit in 72 Stunden liefern möchte – aktuell dauert die globale Transportzeit für Massenprodukte mindestens zehn Tage. Für ihre Visionen sind sowohl Ma als auch Musk bereit, einen gigantischen Betrag zu investieren. Auch andere Unternehmer treiben Transportversprechen voran. Richard Branson will auf den Mond, Jeff Bezos in den Weltraum. Beide investieren dafür ihr privates Vermögen. Die kulturelle Flankierung der beschleunigten Warenzirkulation durch visionäre Projekte – es sind nebenbei bemerkt fast immer männliche Unternehmer, die den abenteuerlustigen, kolonialistischen Pioniergeist vergangener Zeiten im dromokra-

148 Vgl. zum Beispiel Berend, Patrik: Economies of Speed: Wettbewerbsvorteile durch höhere Geschwindigkeit, experto.de, 03. 03. 2010, <https://www.experto.de/businesstipps/economies-of-speed-wettbewerbsvorteile-durch-hoehere-geschwindigkeit.html>, Stand: 04. 10. 2019; Leder, Thomas; Hirzel, Matthias (Hg.): Speed-Management: Geschwindigkeit zum Wettbewerbsvorteil machen, Wiesbaden 1992.

149 Vgl. Armitage, John; Roberts, Joanne: Chronotopia, in: Armitage, John; Roberts, Joanne (Hg.): Living with cyberspace: technology & society in the 21st century, New York 2002, S. 43–54.

tischen Gewand neu ausleben – verbirgt die damit korrelierenden knallharten Machtinteressen: Wer es schafft, Transportzeiten zu verkürzen und damit schneller als die anderen zu sein, kreiert neue Macht für sein Kapital. Und wer den dromokratischen Geschwindigkeitsrausch mittels waghalsiger Abenteuer kulturell legitimiert, erschafft die gesellschaftlichen Voraussetzungen hierfür. Genau wie in Googles Ideologie der Geschwindigkeit zeigt sich auch hier deren Doppelcharakter. Rasende Transportvisionen nehmen die Suche nach der Macht der Geschwindigkeit auf, genauso wie die daran beteiligten Unternehmer den wirtschaftlichen Drang nach größerer Geschwindigkeit in ihre kulturelle Interessen implementiert haben und danach auch abseits reiner Verwertungslogik streben.

Die Herrschaft des Schnelleren kennt verschiedene Temporalitäten. Während in der Produktionssphäre und im Transportwesen noch immer mit relativ großen Zeiteinheiten gearbeitet wird, ist das Internet etliche Schritte weiter. Ein noch höheres Tempo ist einzig an den Finanzmärkten zu finden. Hier spielt sich die Macht der Geschwindigkeit nicht mehr in Tagen, Stunden oder Sekunden ab, sondern in Sekundenbruchteilen. Der an den Börsen mehr und mehr dominierende Hochfrequenzhandel arbeitet in Zeitintervallen, die fast nicht mehr wahrnehmbar sind. Dafür sind Börsen und HändlerInnen bereit, Milliarden zu investieren. Nahe der Lichtgeschwindigkeit nähert sich die Übertragungsgeschwindigkeit von Daten der Echtzeit an. Bereits dort angekommen sieht sich die gegenwärtige Unternehmerphilosophie. Ständig im ersten Tag des Unternehmens zu verbleiben und deshalb nicht mehr altern zu müssen, lauten beispielsweise die Prämissen von Amazon. Dafür sind Entscheide nicht nur in Höchstgeschwindigkeit zu fällen, sondern ist auch die Zukunft in der Gegenwart vorwegzunehmen.

HOCHFREQUENZHANDEL

Für einen jährlichen Beitrag von 2.040.000 Dollar erhält man an den drei großen US-Börsen NASDAQ, NYSE und BATS einen Zugang zu den Co-Locations. Nahe an den Rechenzentren der Börsen gibt es Marktdaten zum schnellstmöglichen Tempo. In der Schweiz sind die begehrten Plätze günstiger. Bereits für 20.000 Franken pro Monat gibt es in Zürich Zugang zum Co-Location-Service des Swiss Exchange (SIX). Wer an einem der mehreren Standorte sein Rechenmaterial nahe dem Schweizer Börsenzentrum aufstellt, kann seine Latenz – das heißt: die Zeit, die zwischen Eingabe und Empfang einer Order oder zwischen Eingabe und Empfang von Kursänderungen vergeht – auf 14 Mikrosekunden verringern. Damit erhält man Marktinformationen einige Sekundenbruchteile rascher als andere Marktteilnehmende. Wieso aber bezahlen immer mehr BörsenhändlerInnen derart hohe Beträge für den Zugang zu Daten, die sie wenige Sekundenbruchteile später auch gratis haben könnten? Die Antwort ist einfach: Im globalen Finanzmarkt ist Hochgeschwindigkeit zum wichtigsten Wettbewerbsvorteil mutiert. ExpertInnen gehen davon aus, dass eine Millisekunde Vorsprung auf das Jahr gerechnet einen Mehrgewinn von bis zu 100 Millionen Dollar mit sich bringen kann.[150] Wenn auch diese Zahl nie bestätigt werden konnte und die Bedeutung des Hochfrequenzhandels in den letzten Jahren nicht mehr so stark stieg, ist man noch immer mehr als bereit, Millionenbeträge für die beste Technologie und die schnellsten Anschlüsse zu bezahlen. Dies führt zugleich zu einem dromokratischen Paradox: In der entgrenzten und rasenden Bewegung des Kapitals verliert der Raum jede Bedeutung, wie er durch die Notwendigkeit eines nahe an den Börsen gelegenen Standortes und dem möglichen Wettbewerbsvorteil durch jeden Zentimeter Kabellänge an neuer Bedeutung gewinnt.

Freilich gibt es seit jeher eine organische Verbindung von Geschwindigkeit und Finanzmärkten. An jedem bisherigen Börsenplatz war jemand, der oder die schneller als seine KonkurrentInnen auf eine Kursveränderung reagieren konnte, im Vorteil. Seit einigen Jahren ermöglicht die technologische Entwicklung aber, dass mit einer Geschwindigkeit gehandelt wird, die über die menschliche Vorstellungskraft hinausgeht. Heute sind es nicht mehr Minuten oder Sekunden, die zählen, sondern Milli-, Mikro-

150 Vgl. Kalhammer, Barbara: Wertvolle Millisekunden, Punkt Magazin, 11.09.2014, <http://www.punktmagazin.ch/investierbares/wertvolle-millisekunden>, Stand: 24.09.2019.

oder gar Nanosekunden. Eine Millisekunde sind 10^{-3} Sekunden, eine Mikrosekunde entspricht 10^{-6} Sekunden, eine Nanosekunde 10^{-9} Sekunden. Den per Software gesteuerten Börsenhandel, der in diesen winzigen Zeitbereichen automatisch mit Wertpapieren handelt, nennt man Hochfrequenzhandel. An den großen US-Börsen NASDAQ und NYSE macht dieser zu gewissen Handelszeiten bereits 90 % der Aktivitäten aus und trägt dadurch – so auch die Selbstlegitimierung – wesentlich zur Liquidität der Märkte bei. Auch an der Deutschen Börse und am Swiss Exchange liegt der Anteil des Hochfrequenzhandels bei über 50 %, wenn auch in allen Fällen der Anteil in den letzten Jahren nicht mehr gleichermaßen stieg.[151] Der messbare Geschwindigkeitsvorsprung jener, die dank schnellerem Zugang im Mikrosekundenbereich arbeiten, ist gegenüber klassischen TraderInnen oder gar PrivatanlegerInnen enorm. Wer Sekunden – oder wie KundInnen von Online-Banking-Accounts am Heimcomputer gar Minuten – warten muss, bis Kursentwicklungen auf dem Bildschirm auftauchen, befindet sich in einem immensen Zeit- und Möglichkeitsrückstand gegenüber jenen HändlerInnen, die in gleicher Zeit Zehntausende Orders platzieren und auf kleinste Kursschwankungen reagieren können.

Das von den Börsen ausgetragene Hochgeschwindigkeitsrennen tangiert nicht nur den Finanzmarkt, sondern auch verschiedene Lebensbereiche abseits hiervon, und dies nicht nur, weil sich die Krisen der Börse auch auf den Alltag auswirken. Die rasende Zeit der Börse wird zum Taktgeber der dromokratischen Gesellschaft, analog dazu, wie sich auch das bisherige Finanzwesen auf verschiedene Lebensbereiche auswirkte, beispielsweise in der Finanzialisierung des Alltags oder in der Übernahme des Wunsches nach Echtzeit als verbreitete Unternehmerphilosophie.[152] Der an den Börsen mitausgerufene Drang nach Echtzeit bestimmt die Erforschung neuer

151 Vgl. Gresser, Uwe: Hochfrequenzhandel, Dubai 2018, S. VII.

152 Vgl. Vollmer, Hendrik: Signaturen der Finanzialisierung. Von Finanzmärkten zu Organisationen, zu sozialen Situationen und (von dort) zu allem anderen, in: Kalthoff, Herbert; Vormbusch, Uwe (Hg.): Soziologie der Finanzmärkte, Bielefeld 2012, S. 87–111. Online: <https://pub.uni-bielefeld.de/record/2460022>, Stand: 25.09.2019; Martin, Randy: Financialization of daily life, Philadelphia 2002 (Labor in crisis).

Technologien, und dies nicht nur bezüglich der Entwicklung rascherer Leitungen, sondern auch in der Frage, mit welchen Zielsetzungen Telekommunikationstechnologien überhaupt entwickelt werden.[153] Der Hochfrequenzhandel verwandelt den Planeten dank umfassender digitaler Verbindungen in »ein beschleunigendes Medium der Kapitalzirkulation«[154], wie es Achim Szepanski jüngst formulierte. Sichtbar wird diese Entwicklung sowohl in dem Finanzplatz nahestehenden Folgetechnologien, beispielsweise in der Entwicklung neuer digitalen Währungen, die Grenzen und dazugehörige Geschwindigkeitshindernisse überwinden, als auch in entfernteren Bereichen wie etwa in der Entwicklung der Telekommunikationsinfrastruktur oder in der Entwicklung von Software zur rationalisierten Arbeitsorganisation, die Feedbackloops nahe der Echtzeit zu integrieren versucht.

Finanzhandel als militarisierter Cyberkrieg

HochfrequenzhändlerInnen nutzen ihren Geschwindigkeitsvorsprung für eine Vielzahl verschiedener Strategien.[155] Einige davon sind neu, andere gehören zum bewährten Börseninventar, erhalten aber unter Geschwindigkeitszunahme neue Qualität. Zu den bekannteren Strategien gehören legale wie illegale Manipulationsstrategien, etwa die verschiedenen ›Spoofing‹-Methoden. Der Kurs kann manipuliert werden, indem Angebote oder Nachfrage suggeriert werden, die eigentlich gar nicht vorhanden sind. Dafür werden Aufträge platziert, die in Millisekunden wieder zurückgezogen werden. Damit lässt sich einerseits der Markt austesten, andererseits lassen sich so aber auch Kurse manipulieren, beispielsweise wenn andere HändlerInnen und Programme davon ausgehen, dass die ausgelösten Aktivitäten echte Markthandlungen sind, und darauf reagieren. Bei Arbitragestrategien profitieren HochfrequenzhändlerInnen von minimalen Preisunterschieden zwischen den verschiedenen Marktplätzen, indem sie beispielsweise Wert-

153 Vgl. Szepanski, Achim: Gilbert Simondon, Hochfrequenz-Handel und Ökotechnie, Non, 13. 11. 2015, <https://non.copyriot.com/gilbert-simondon-hochfrequenz-handel-und-oekotechnie>, Stand: 24. 09. 2019.

154 Ebd.

155 Vgl. Gresser: Hochfrequenzhandel, 2018, S. 20.

papiere an einem Börsenstandort kaufen und an einem anderen wieder verkaufen, bevor sich der Preis angeglichen hat und bevor die Konkurrenz Wind davon bekommen hat. Latenzstrategien nutzen technologische Möglichkeiten zur rascheren Datenverarbeitung. Bei den mittlerweile meist verbotenen oder zumindest weitgehend unterbundenen ›Flash Orders‹ erhielten HändlerInnen beispielsweise für einen Aufpreis die Möglichkeit, Orders bis zu 30 Millisekunden früher als die anderen MarktteilnehmerInnen zu sehen, um bei Nachfrage zuzuschlagen und dann innerhalb von Sekundenbruchteilen mit einem minimalen Aufschlag wieder zu verkaufen. Jede Verzögerung entspricht einem produktiven Zeitraum, in dem HändlerInnen Informationen verarbeiten konnten. Flash Orders gleichen damit in ihrer Funktionsweise dem ebenfalls unterbundenen ›Frontrunning‹, bei dem sich HändlerInnen Mehrwissen zunutze machen, indem man über Kauf- oder Verkaufsinteressen frühzeitig Bescheid weiß und darauf reagiert, beispielsweise indem man entsprechende Aktien kauft und im Wissen um die künftige Nachfrage später teurer verkauft. Allerdings gibt es im Hochfrequenzhandel auch legalisierte Formen des Frontrunning. In wenigen Millisekunden ist ein/e HochgeschwindigkeitshändlerIn zu mehr als 100 Transaktionen und damit zu zahlreichen Kurswechseln fähig. Wenn eine langsamere Transaktion einige Sekunden braucht, eine spezialisierte Software darauf aber in Millisekunden reagieren kann, vermag ein Programm zwischen Auftragseingabe und Kaufaktion zu intervenieren, indem es einen Kaufauftrag mit kürzerer Latenz auslöst und die gekauften Wertpapiere dann dem/der KäuferIn zum neuen Preis anbietet. Die Gewinnmarge solcher Transaktionen ist in der Regel minimal und beträgt nicht mehr als wenige Cents. Allerdings laufen derart viele Interaktionen in derart großer Menge zusammen, dass sich solche Geschäfte in ihrer Gesamtmenge lohnen. Mittlerweile gibt es auch zahlreiche Programme, die sich darauf spezialisiert haben, Muster zu erkennen und Marktverhalten automatisiert zu analysieren, um so anvisierten Käufen oder Verkäufen zuvorzukommen. Momentumstrategien schließlich interessieren sich für extrem kurzfristige Kursbewegungen. Man behält Wertpapiere für maximal einige Sekunden, in der Regel aber auch nur einige

Sekundenbruchteile, bevor sie wieder verkauft werden. Dabei versuchen Programme auf Schwankungen zu reagieren, die nicht Bestandteil von langfristigen Trends sind. All diese verschiedenen Strategien finden in unterschiedlicher Kombination Anwendung im automatisierten Hochfrequenzhandel und sind Teilelemente der sich beständig aktualisierenden Methoden zur Gewinngenerierung an den Finanzmärkten.

In vielen Fällen ist der Hochfrequenzhandel erfolgreich. Manchmal geht er jedoch auch schief. Am 6. Mai 2010 sank der Leitindex der US-Aktienmärkte innerhalb von sechs Minuten um sechs Prozent, erholte sich innerhalb der nächsten Minuten aber wieder. Das war die bisher größte Kursbewegung des US-Aktienindex Dow Jones in kurzer Zeit. Innerhalb von gut 10 Minuten wurden fast 1,3 Milliarden Aktien gehandelt. Dies entspricht dem Sechsfachen der durchschnittlichen Handelsaktivität. Lange Zeit war man sich nicht sicher, ob dieser ›Flash Crash‹ Ergebnis eines Hacking-Angriffs oder Teil einer Anlagestrategie war. Die Menge der in nur wenigen Minuten generierten Daten zu analysieren überstieg schlicht die Kapazität der Aufsichtsbehörden. Mittlerweile setzt man deswegen auch auf Seiten der Behörden auf automatisierte Programme, die Unregelmäßigkeiten frühzeitig erkennen beziehungsweise im Nachgang von Crashs Muster isolieren sollen. Nicht nur der Handel ist computergeneriert, auch die Überwachungsmechanismen sind es. Bezüglich des Flash Crash von 2010 brauchte es aber noch Jahre der Untersuchung, bis man den Schuldigen präsentieren konnte. Der Hochfrequenzhändler Navinder Singh Sarao soll die Kurse mit sofort wieder stornierten Aufträgen manipuliert haben. Mit dieser Strategie verdiente er in fünf Jahren bis zu 40 Millionen Dollar. Vor Gericht plädierte Sarao später bezüglich der Anwendung von Spoofing-Methoden für »schuldig«. Für die in Aussicht gestellte Verringerung des Strafmaßes sicherte er die Zusammenarbeit mit der US-amerikanischen Staatsanwaltschaft und Behörden zu, die so vom technischen Wissen Saraos profitieren wollten.

Wenn auch ein Verursacher gefunden ist: Die gestellte Frage, ob es sich beim Flash Crash von 2010 um einen Hacking-Angriff, um eine unlautere Strategie oder schlicht um die Fortsetzung legaler Methoden zur Gewinnmaximierung handelt, lässt sich längst nicht mehr beantworten. Die Unterschiede zwischen diesen verschiedenen Bereichen haben sich im Hochfrequenzhandel aufgelöst. Gewinne erwirtschaftet man durch Angriffe auf andere MarktteilnehmerInnnen. Und dafür macht man sich jene technischen Möglichkeiten zunutze, die auch anderswo funktionieren: den Cyberkrieg, den Krieg mit technologisch anderen Mitteln. So lesen sich die den Strategien entnommenen Methoden und Programme des Hochfrequenzhandels wahlweise wie ein Auszug aus einem militärischen Handbuch der Zukunft oder einem klischierten Hackerfilm. Mit ›Pinging‹ testet man zum Beispiel den Markt und sucht nach Liquidität, indem man kleinste Anfragen aussendet. Erst auskundschaften, danach angreifen, so lautet die militärische Devise. Und diese Angriffe können so ausfallen, wie man sie vom Cyberspace bereits kennt: Das ›Stuffing‹ etwa funktioniert ähnlich einer Ddos-Attacke. Durch eine Vielzahl an Transaktionen überhitzt man den Markt und hofft, dass dieser dadurch nicht mehr korrekt funktioniert. In der Regel will man die Börse damit nicht zum Absturz bringen. Die finanzielle Idee hinter dem Stuffing ist einfach: Heutige Börsen setzen auf Software, die dazu programmiert wurde, Marktverhalten zu analysieren. Wenn einer Software A beigebracht wird, innerhalb von Sekunden Tausende Orders auszusenden, sie aber gleich wieder zu löschen, muss dies von Software B verstanden werden. Es kann jedoch sein, dass Software B nicht merkt, dass sie getäuscht wird. Sie interpretiert die gemachten Aufträge von Software A als Marktaktivität und beginnt ebenfalls zu handeln. Software A weiß aber, dass sie all diese neuen Aufträge nicht berücksichtigen muss. Sie kann sich wieder dem Markt zuwenden und besitzt einen Zeitvorsprung gegenüber Software B, die damit beschäftigt ist, irrelevante Daten auszuwerten. Software B wird wie eine Gans gestopft und übersieht dadurch, was sie eigentlich zu interessieren braucht. Das Stuffing ist eine Strategie, die nebenbei bemerkt auch progressive Anwendung kennt. Dem Prinzip durchaus ähnlich reagierten AktivistInnen auf die automatische Wort-Erkennung der NSA: Werden Tausende SMS mit verdächtigen Wörtern umhergesendet, kann das automatisierte Anti-Terror-Programm irgendwann nicht mehr unterscheiden, von wo tatsächlich Gefahr für den Staat ausgeht und von wo nicht.

Auch die offiziellen Angebote der Banken und Börsenanbieter lesen sich wie die Produktpalette eines zukünftigen Cyberkrieges. *Guerilla*, ein Programm der Credit Suisse, stückelt Aufträge so auf, dass nicht sichtbar ist, wer hinter dem Auftrag steckt. Dies ist wichtig, um ›Sniffing‹-Programme zu täuschen, die automatisch die Auftragslage erkennen und vorhersagen wollen. Mit *Sniper* hat die Credit Suisse ein zweites militarisiertes Angebot bereit. Statt große Orders zu erteilen, durchforstet *Sniper* automatisiert den Markt und löst kleinste Aufträge aus, bis es seinen ursprünglichen Auftrag erledigt hat oder die Limits anderer HändlerInnen kennt. Es vermeidet dadurch, dass andere MarktteilnehmerInnen mit Kauf- oder Verkaufsinteressen sehen können, wo Marktaktivitäten geschehen. Die Deutsche Bank bietet ihren KundInnen ein Programm mit dem Namen *Stealth* an, das auf außerbörsliche Handelsplätze spezialisiert ist, sogenannte ›Dark Pools‹, und dort wie ein Tarnkappenbomber unerkannt handelt. Die Bank of America taufte ihren Algorithmus auf den Namen *Ambush*. Aus dem Hinterhalt sollen große Orders in Dark Pools mit minimalem Einfluss auf den Markt ausgeführt werden. Ganz ähnlich funktioniert das Programm *Nighthawk* der Wallstreet-Firma Instinet, das in den Dark Pools wie ein Nachtfalke nach seiner Beute sucht. So soll Liquidität erkannt und ausgenutzt werden, ohne dass es auffällt. Der Algorithmus *Raider* der Investment Technology Group sucht sich seine Beute wie ein Plünderer simultan in den Dark Pools als auch an den Börsen. *Dark Attack* heißt das vergleichbare Angebot bei der Citibank. Andere Firmen setzen wie Nachrichtendienste auf intelligente Auswertungsprogramme. Die Idee dahinter: Börsen reagieren auf Nachrichten und Ankündigungen. Wenn etwa die US-Regierung die Arbeitslosenzahlen veröffentlicht, dann hat dies Folgen für die Aktienkurse. Solche Meldungen werden heute in codierter Form vermittelt, sodass eine Software Medienmitteilungen selbständig auswerten und in Sekundenbruchteilen daraus abgeleitete Aufträge erteilen kann. Wer auf Nachrichten rascher reagiert als die Konkurrenz, ist im Vorteil.

Race to Zero

Die Geschichte des Hochfrequenzhandels ist eine Geschichte der technologischen Beschleunigung im Rahmen ihrer politischen Deregulierung.[156] Ihr politischer Beginn liegt im Übergang in die deregulierte Börsenordnung, ihr technischer Ursprung in der Computerisierung der Börse. 1976 ermöglichte die NYSE erstmals eine elektronische Orderübermittlung. Andere Börsen folgten dem Trend. Die Notwendigkeit einer personellen Anwesenheit und damit der klassische Raum der Börse lösten sich langsam auf. Allerdings blieb der Börsenhandel im Rahmen der elektronischen Orderübermittlung noch in Menschenhand. Mit neuen Rechnern entwickelte sich der Programmhandel, das heißt: der computergestützte Handel mit Marktanalyseprogrammen. Zu den einfachen Mechanismen gehörten erst automatische Verkaufsorders bei festgelegten Kursen. Solche Automatismen waren für den Börsen-Crash vom 19. Oktober 1987 mitverantwortlich, als der Dow Jones um fast 23 % einbrach. Es folgte eine erste Regulierung des Programmhandels, beispielsweise indem Börsen bessere Möglichkeiten erhielten, auf außergewöhnliche Preisstürze zu reagieren. Mit den zunehmenden Rechenkapazitäten wandelten sich die Möglichkeiten für die BörsenhändlerInnen. Der algorithmische Handel begann mit seiner Übernahme der Börsen. Börsenhandel war nun zunehmend nicht mehr nur computergestützt, sondern computergeneriert.[157] Um das Jahr 2000 herum beschleunigte die Dezimalisierung der Preisschritte die Möglichkeit beziehungsweise die Notwendigkeit, Gewinne aus massenhaften Transaktionen mit kleinsten Preisdifferenzen zu erzielen.[158] Hinzu kam eine neue Fragmentierung der Märkte. Das 2005 in den USA erlassene ›Regulation National Market System‹ (Reg. NMS) sollte im sich fragmentierenden Markt den KundInnen die besten Preise garantieren (›National Best Bid and Offer‹) und gleichzeitig den

156 Vgl. Contratto, Franca: Hochfrequenzhandel und systemische Risiken: Risikovorsorge im Finanzmarktrecht gestützt auf das Vorsorgeprinzip, in: Gesellschafts- und Kapitalmarktrecht 9 (2), 2014, S. 143–160.

157 Vgl. ebd., S. 145.

158 Vgl. Szepanski: Gilbert Simondon, Hochfrequenz-Handel und Ökotechnie, 2015.

Wettbewerb zwischen den Börsenbetreibern stärken. Zur Folge hatte dies eine Fragmentierung der Märkte, da nun andere – das heißt: insbesondere elektronische – Anbieter mit Internetplattformen durch die gesetzlich geforderte Synchronisierung mit den klassischen Börsen mithalten konnten. Ähnliches geschah in Europa mit der 2004 erlassenen ›Markets in Financial Instruments Directive‹ (MiFID), die aus vergleichbaren Gründen für eine Fragmentierung der europäischen Märkte sorgte.

Um mit den technischen Veränderungen mitzuhalten, investieren sowohl Börsen wie Unternehmen Milliarden in ihre technische Infrastruktur. Bereits 2013 wurde gemäß der Tabb Group, einem Finanzmarkt-Thinktank, weltweit eine Milliarde Euro für Börsentechnik ausgegeben, die das Handelstempo zu beschleunigen vermag.[159] Dies entspricht einer Verdoppelung der verfügbaren Zahlen von 2009. Zugleich stiegen (in Zeiten sinkender Einnahmen) die Einnahmen der Börsen durch die Bereitstellung von Technologien und Service-Angeboten an die HochfrequenzhändlerInnen. Dadurch entstand ein verknüpftes Interesse zwischen Börsenschauplätzen und HändlerInnen, das in einen gemeinsamen Beschleunigungsdruck mündete. Diese bis heute wirkende Verflechtung wird zum Problem. Börsen wurden bisher vor allem dort reguliert, wo sie ihre Selbstregulierung nicht wahrnehmen konnten. Freilich konnten sie dies noch nie. Das Konzept Selbstregulierung entspricht einer der Profitlogik entnommenen Definition, womit man an den Finanzmärkten Gewinn machen darf und womit nicht: Recht ist alles, was keine langfristige Krise auslöst. Lange Zeit ging man davon aus, dass die Börse selbst für die Einhaltung dieses Grundsatzes sorgen könnte, war sie doch an ihrer Fortexistenz interessiert.[160] Doch mit der neuesten Verschmelzung funktioniert dies selbst in der Theorie nicht mehr, da sowohl Börsen als auch HochfrequenzhändlerInnen ein immer stärkeres gemeinsames Interesse besitzen, weil die Börse selbst die Infrastruktur

159 Patterson, Scott: Hochfrequenzhändler rüsten mit Lasern auf, in: Wall Street Journal, 15. 02. 2014. Online: <https://www.wsj.com/articles/hochfrequenzh228ndler-r252sten-mit-lasern-auf-1392215907>, Stand: 24. 09. 2019.

160 Vgl. Contratto: Hochfrequenzhandel und systemische Risiken, 2014, S. 157.

für die Beschleunigung zur Verfügung stellt und davon mitunter mehr profitiert als vom Handel selbst. Allerdings lösen auch reformistische Ansätze und ihre Rufe nach einer stärkeren staatlichen Regulierung die geltenden Mechanismen der Geschwindigkeit und ihrer Herrschaft des Schnelleren nicht auf. Wo Börsenplätze wie AkteurInnen auf dem Finanzmarkt aufgrund von Profitaussichten um die größtmögliche Geschwindigkeit kämpfen, wird es zwangsläufig zu Krisen kommen – und die werden mitunter heftiger ausfallen als bisherige Krisen.

Die Handelsgeschwindigkeit muss weiter steigen, während gleichzeitig die Halbwertszeit der technischen Innovationen sinkt. Das 2015 für 300 Millionen Dollar zwischen New York und London gelegte Glasfaserkabel, das die optimale Latenz auf unter 60 Millisekunden gesenkt hat und damit einen Zeitgewinn von gut sechs Millisekunden erreichte, scheint beispielsweise bald wieder ausgedient zu haben. Geht es etwa nach einem deutschen Startup, sind Verbindungen per Glasfaserkabel zwar schnell, aber bei Weitem nicht schnell genug.[161] Von Frankfurt nach New York dauert die Verbindung per Glasfaserkabel knapp 40 Millisekunden. Eine Funkverbindung könnte, da sie sich weit mehr der Lichtgeschwindigkeit annähert, die Strecke in 20 Millisekunden zurücklegen. Allerdings gelingt dies nur auf direktem Weg. Führt die Verbindung über einen Satelliten, ist die Latenz bereits wieder zu hoch. Für direktere Verbindungen bräuchte es jedoch direkte Anschlüsse an den Börsen. Noch verweigern Behörden die Bewilligung neuer Antennen an den Börsenstandorten. Deswegen sendet aktuell eine in der Ukraine lizenzierte Kurzwellenfrequenz zwischen Daun in der Eifel und einem Standort in Maryland, von wo die Informationen jeweils per Glasfaserkabel an die Börsenzentren geleitet werden. Kurzwellen verhalten sich jedoch je nach Ausbreitungsbedingungen unterschiedlich, sodass diese innovative deutsche Anlage zwar Geld einspielt, allerdings nicht umfassend genutzt werden kann, da sie nicht ausreichend zuverlässig ist.

161 Mansmann, Urs: Börsenhandel beschert Kurzwellenfunk ein Comeback, heise online, <https://www.heise.de/newsticker/meldung/Boersenhandel-beschert-Kurzwellenfunk-ein-Comeback-4008891.html>, Stand: 24.09.2019.

Auch in den USA setzt man seit einiger Zeit auf neue Technologie im Bereich der Kurzwellen. Mit dem gleichen Problem: Deren Informationsvermittlung funktioniert zwar schneller als Glasfaserleitungen, kann aber durch Regen oder Sonnenaktivitäten gestört werden. Wie entwickelt man aber ein System, das auch unter Störeinflüssen einwandfrei und in Sekundenbruchteilen kommunizieren kann? Ein US-Startup fand die logische Antwort darauf. Mit Unterstützung einer großen Bank sicherte sich Anova Technologies eine Laser-Technologie, die bisher nur militärische Verwendung fand. Dort wurde sie entwickelt, damit Kampfflugzeuge auch unter Kampfbedingungen einwandfrei miteinander kommunizieren können. Als Michael Persicio, der CEO von Anova Technologies, zum ersten Mal von dieser Technologie hörte, schoss ihm gemäß Erzählung des *Wall Street Journal* eine einfache Frage in den Kopf: »Ich frage mich, ob sie die auf einen Turm setzen können?«[162] Man kann, lautet die Antwort auf die Frage, ob sich Militärtechnologie in den militarisierten Alltag der Börse integrieren lässt. Das Startup hat die Börse NYSE und die Datenzentrale der elektronischen Börse NASDAQ mittlerweile per Laser miteinander verbunden. Der Vorteil daran: Der Laser hat verstellbare Spiegel, die sich mehrere tausend Mal pro Sekunde anpassen. Im Gegensatz zu bisherigen Mikro- und Millimeterwellen lässt sich dadurch perfekt auf Veränderungen der Umwelt reagieren.

Sowohl Mikrowellen- als auch Laserverbindungen besitzen eine weitere wichtige Eigenschaft. Sie sind im Gegensatz zu anderen Telekommunikationsangeboten nicht oder nur in geringem Ausmaß an staatliche Infrastrukturen beziehungsweise Regulierungen gebunden. 2013 gab es beispielsweise alleine zwischen Chicago und New York 15 private Anbieter, die zwischen den beiden Städten im Mikrowellen-Bereich Daten transportierten – die durchschnittliche Latenz zwischen New York und Chicago konnte dadurch um fast fünf Millisekunden gesenkt werden.[163] Auch in Europa

162 Patterson: Hochfrequenzhändler rüsten mit Lasern auf, 2014.

163 Vgl. Anthony, Sebastian: The secret world of microwave networks, Ars Technica, 11. 03. 2016, <https://arstechnica.com/information-technology/2016/11/private-microwave-networks-financial-hft>, Stand: 24. 09. 2019.

gibt es solche Verbindungen. Die Zürcher Börse hat 2018 erstmals eine offizielle Verbindung auf Mikrowellen-Basis eröffnet, die Zürich mit London, Frankfurt und Mailand sowie Mailand mit Frankfurt verbindet. Schon zuvor gab es solche Angebote, die allerdings ohne großes Tamtam mehrheitlich im Verborgenen feilgeboten wurden.

Das Ende des Rennens um die Höchstgeschwindigkeit ist nicht absehbar. Das letzte große Problem stellt die Aufhebung der eben erst gelegten transatlantischen Glasfaserkabel dar. Diese sind zwar schnell, aber insgesamt immer doch furchtbar langsam. Zukunftsvisionen schweben bereits im Raum: zum Beispiel die Idee, Mikrowellenverbindungen mittels Schwebeballonen über die Ozeane zu spannen.[164] Die Latenz zwischen englischer und US-amerikanischer Küste bei New York könnte dadurch um zehn Millisekunden gesenkt werden. Die Verbindung zwischen New York und London gäbe es dann bereits in 25 Millisekunden. Doch im erklärten »Race to Zero«[165], wie es der britische Bankenchef Andrew Haldane nennt, also dem Wettrüsten um null Latenz, ist es nur eine Frage der Zeit, bis sowohl Laser als auch Mikrowellen wieder zu langsam sind und sich der Börsenhandel endgültig seiner natürlichen Grenze der Lichtgeschwindigkeit annähert. Doch je näher dem die Technologien kommen, desto höher steigen die Investitionskosten für jede Mikro- oder Nanosekunde Zeitgewinn. Zwar kann man parallel dazu noch immer versuchen, seine Software zu beschleunigen oder aber Infrastrukturkosten an den Staat auszulagern, allerdings funktioniert dies nicht unendlich weit, zumal die nationale Konkurrenz von den kollektiven Vorteilen gleichermaßen profitiert. Schon heute verhindern die steigenden Investitionskosten eine anhaltende Intensivierung des Hochfrequenzhandels. Steigende Kosten bei sinkendem Zeitgewinn werden zu den wichtigen Krisenmechanismen der Dromokratie gehören.

164 Vgl. zur Debatte Cumberland, Hugh: Can balloons really enable HFT, or is it just hot air?, FinTech Futures, 12.08.2013, <https://www.fintechfutures.com/2013/08/can-balloons-really-enable-hft-or-is-it-just-hot-air>, Stand: 25.09.2019.

165 Haldane, Andrew: The race to zero, Peking 08.07.2011. Online: <https://www.bis.org/review/r110720a.pdf>.

Eine Welt im Dauercrash

Im Flash Crash von 2010 wurden kurzzeitig 862 Milliarden US-Dollar an Börsenwert vernichtet. Was früher ein einschneidender Crash gewesen wäre, gehört heute zum Tagesgeschäft. Alleine auf den US-Aktienmärkten soll es gemäß Untersuchungen zwischen Januar 2006 und Februar 2011 18.520 ›ultrafast extreme Events‹ gegeben haben, das heißt: spezielle Kurssprünge, die sich in kleinsten Zeiträumen abspielen.[166] Der Hochfrequenzhandel hebt die potenzielle Eskalationsgeschwindigkeit in den Bereich von Millisekunden – das Pendant hierfür findet sich im staatlichen Cyberkrieg, der die Eskalationsgeschwindigkeit gegenüber trägen Waffensystemen vergleichbar steigert und dadurch kriegerische Handlungen abseits ausgesprochener Kriegszustände noch unkontrollierbarer werden lässt.[167] Dass neue Minicrashs mit der Beschleunigung der Geschwindigkeit auf dem Finanzmarkt zusammenhängen, zeigt deren historische Entwicklung. So lässt sich seit dem SEC-Reg NMS eine Zunahme solcher Ereignisse beobachten. Parallel dazu findet allerdings eine Verschleierung statt: Weil Ereignisse wie Flash Crashs heute derart regelmäßig auftauchen, filtern etliche Anbieter rasante Kurssprünge einfach aus ihren Graphen.

Nur wenige Crashs oder Störungen der letzten Jahre haben es zu Bekanntheit gebracht.[168] Beispielsweise sorgten sowohl der Börsengang von Facebook als auch jener von BATS Global Markets für Störungen. Bei Facebook brach der Handel wegen Systemüberlastung zusammen. Für die Panne musste NASDAQ 10 Millionen Dollar Strafe zahlen, weil sie technisch ungenügend darauf vorbereitet waren. Die Störungen sorgte unter anderem dafür,

166 Vgl. Johnson, Neil; Zhao, Guannan; Hunsader, Eric u. a.: Financial Black Swans Driven by Ultrafast Machine Ecology, in: SSRN Electronic Journal, 07. 02. 2012. Online: <https://doi.org/10.2139/ssrn.2003874>.

167 Vgl. Capulcu: Delete. Digitale Fremdbestimmung, 2018, S. 14f.

168 Vgl. Contratto: Hochfrequenzhandel und systemische Risiken, 2014; Hoyer, Niklas: Hochfrequenzhandel: Unkalkulierbares Risiko für Anleger, WirtschaftsWoche, 10. 12. 2014, <https://www.wiwo.de/finanzen/boerse/hochfrequenzhandel-unkalkulierbares-risiko-fuer-anleger/11077514.html>, Stand: 24. 09. 2019; Gresser: Hochfrequenzhandel, 2018.

dass von einigen Marktteilnehmenden zu viel Wertpapiere gekauft wurden. Die UBS soll dadurch gut 349 Millionen Franken verloren haben, weswegen sie vor Gericht ging. Später einigte man sich außergerichtlich mit NASDAQ. Beim Börsengang von BATS sank deren Handelspreis innerhalb von 900 Millisekunden von 15,25 Dollar auf weniger als 30 Cents und musste 600 Millisekunden später beim Preis von 0,0002 Dollar eingestellt werden. Gemeinhin geht man von einer Software-Panne aus. Allerdings gibt es auch Stimmen, die von einer gezielten Manipulation sprechen, hinter der andere Börsenanbieter stecken. Abschließendes lässt sich nicht sagen. Klar ist nur, dass immer wieder gezielte Angriffe wie auch Fehler passieren. 2012 vernichtete beispielsweise ein falsch programmierter Algorithmus der US-Investmentfirma Knight Capital innerhalb von 45 Minuten 440 Millionen Dollar. Die Software hatte Papiere weit weg vom Marktpreis gehandelt. Knight Capital konnte sich zwar knapp vor einem größeren Debakel retten, wurde aber einige Jahre später aufgekauft. Manchmal reichen schon kleinste Vertipper, Bestellfehler und Softwarepannen, um gigantische Beträge zu vernichten. Goldman Sachs kaufte am 21. August 2013 eine große Menge an Optionen auf Aktien, die mit den Buchstaben H bis L beginnen. Der Fehler ging auf einen Softwarefehler zurück, der ein bloßes Kaufinteresse als tatsächliche Orders platzierte. Goldman Sachs dementierte zwar einen dadurch entstandenen Verlust, allerdings wird es diesen, wie andere Beispiele zeigen, durchaus gegeben haben. 1999 kaufte die UBS zehn Millionen Roche-Aktien, wohl weil eine Null zu viel eingegeben wurde. 2001 passierte Lehman Brothers das Gegenteil, indem 100mal zu viele Aktien verkauft wurden. Innerhalb kurzer Zeit wurden so temporär bis zu 30 Milliarden Pfund an Börsenwert vernichtet. Lehmann Brothers bezahlte für den Fehler zwischen 5 und 10 Millionen Pfund, indem sie Papiere zurückkaufen mussten, die sie gar nicht verkaufen wollten. 2002 kaufte Bear Stearns Aktien im Wert von 4 Milliarden Dollar statt im Wert von vier Millionen Dollar – ein Geschäft, das den Dow Jones um 2,3 Prozent fallen ließ. Die meisten dieser Fehler klingen witzig, die Auswirkungen damit ausgelöster kleiner Krisen sind allerdings real. Bei dem 2013 bei NASDAQ durch eine Überlastung ausgelösten

›Flash Freeze‹ sanken auch die Titel an den Regionalbörsen. Der Handelsumsatz lag an diesem Tag weit unter dem Durchschnitt.

Die Zunahme von Krisen geht einher mit ihrer Eindämmung. Der computergenerierte Handel ist bemüht, Krisen zu entkommen, indem er Risiken für seine Software zu operationalisieren und dadurch zu minimieren versucht. Gleichzeitig jedoch verstärkt der computergenerierte Börsenhandel die Krisenmechanismen. Dies hat mit seiner grundlegenden Funktionsweise zu tun. Algorithmen, die in Börsensoftware Verwendung finden, sind nichts anderes als mehr oder weniger komplexe Anweisungen für eine Vorgehensweise, wie mit einem bestimmten Problem umgegangen werden soll. An der Börse programmiert man Programme mit Vorannahmen, was unter bestimmten Umständen geschehen soll, und verselbständigt dieses Verhalten. Anders gesagt: Ein vorausgesagtes menschliches Handeln wird zum Algorithmus formalisiert. Neue Algorithmen kommen hinzu und imitieren bisheriges Verhalten, was wiederum andere Algorithmen dazu zwingt, sich ebenfalls den gesetzten Vorgaben anzupassen. Die Simulation von Vorannahmen über ein angebrachtes Verhalten auf dem Finanzmarkt wird zum Selbstzweck eines gigantischen Krieges selbstreferentiell agierender Software, die die vorausgeahnten, alles andere als natürlich gegebenen Börsenmechanismen ins Unendliche perpetuiert. Ein einfaches Beispiel hierfür findet sich im Umgang mit fallenden Kursen. Kollektive Ängste und Verkäufe haben an den Börsen schon immer für Krisen gesorgt. Sinken Kurse, können Panikverkäufe entstehen. ›Hot-Potato-Trading‹ nennt sich dieses Problem, bei dem die fallende Aktie wie eine heiße Kartoffel immer weitergegeben wird, weil niemand der oder die Letzte sein will, der oder die sie behält. Dieses Problem kennen automatische Systeme umso mehr, wenn sie sich automatisch nach Kursen richten und vorprogrammierte Entscheide treffen, was im Falle fallender Kurse zu tun ist.

Regulation durch Geschwindigkeitsgrenzen?

Börsen und Staaten wissen durchaus um die neuen Gefahren und reagieren auf die neuen Herausforderungen mit Regulationsmechanismen. In Zeiten automatisierter Programme sind Regulationen allerdings vor allem ein automatisch zu umgehendes

Hindernis und kein Stoppsignal mehr. Verschiedene Börsen führten beispielsweise in den letzten Jahren eine Stornogebühr für Orders ein. Allerdings fällt diese in der Regel erst ab einer bestimmten Anzahl nicht ausgeführter Aufträge an. Programme wurden deswegen einfach so programmiert, dass diese Zahl nicht überschritten wird, ohne dazwischen einen realen Auftrag auszuführen.

Stornogebühren und andere regulative Mechanismen sind das Ergebnis einer größeren öffentlichen Thematisierung beziehungsweise einer medialen Verbreitung des Themas seit der Finanzkrise von 2007 und der damit verbundenen Angst, dass sich diese wiederholen könnte – was sie mit oder ohne Regulationen wird. Immer wieder werden seit einigen Jahren bessere Mechanismen gefordert, die auf Missbräuche und Krisenmechanismen reagieren sollen. Manche aufgestellten Forderungen würden durchaus zu heftigen Einschnitten führen. Eine ›Minimum-Order Resting Time‹, gemäß der man Aktien für mindestens 500 Millisekunden halten müsste – eine Art Geschwindigkeitslimit für Börsen –, wurde trotz Bejahung des EU-Parlaments nie umgesetzt. Unter anderem, weil damit die als dereguliert geltenden asiatischen Finanzmärkte noch attraktiver für den Hochfrequenzhandel und ein sich global bewegendes Kapital werden würden und man sich in Europa dann doch zu viele Sorgen um den Verlust des eigenen Finanzplatzes machte. Ein anderer Ansatz zur Regulierung dromokratischer Börsen besteht in verbesserten – das heißt: beschleunigten – ›circuit breakers‹, die Unregelmäßigkeiten erkennen und Kettenreaktionen vermeiden sollen, indem in bestimmten Situationen automatisch der Handel unterbrochen wird.[169] Ein dritter Ansatz liegt im Versuch, langfristige Investitionen wieder schmackhafter zu machen, damit die auf eine längerfristige Temporalität ausgelegte Kapitalakkumulation überhaupt noch aufrechterhalten werden kann. Seit 2019 gibt es beispielsweise den Long-Term Stock Exchange, der mit dem Ziel gegründet wurde, den Drang zu kurzen Zeiträumen, den ›short-termism‹, der US-Finanzmärkte zurückzudrängen. Startups oder Firmen sollen wieder langfristige Visionen

169 Vgl. Contratto: Hochfrequenzhandel und systemische Risiken, 2014, S. 157.

und Ziele anvisieren, statt sich an den kurzfristigen Zeiträumen des Finanzmarktes zu orientieren.[170]

Regulationsbestrebungen des Finanzmarktes funktionieren in der Regel jedoch nicht mit Geschwindigkeitsgrenzen. Man versucht Märkten nicht durch ein Aufhalten der Marktlogik oder zumindest von deren Geschwindigkeit, sondern durch die Verminderung der intrinsischen Krisenmechanismen beizukommen. Neue Offenlegungspflichten sollen beispielsweise den Aufsichtsbehörden zu verstehen helfen, welche Programme welche Strategie mit welchen Auswirkungen anwenden, um diese Programme gegebenenfalls einer Bewilligungspflicht zu unterwerfen. Dieses Vorgehen besitzt eine nicht unironische Komponente: Mit den Erfordernissen einer verbesserten Aufsicht wird diese gleichzeitig wieder privatisiert, indem vor allem private Prüfgesellschaften Algorithmen in von den Börsen zur Verfügung gestellten Testumgebungen testen und bewerten. Der Finanzmarkt und seine privaten wie staatlichen Institutionen wissen um die Krisenmechanismen, wie sie daraus gleichzeitig wieder Profit ziehen, indem sowohl Profite als auch Überwachungen privatisiert werden. Zugleich gibt es ein zweites Problem. Staatlichen Behörden fehlen das ausreichende Wissen und die Testumgebungen zur Überprüfung der Börsenprogramme. Wie dies zu einem grundlegenden Problem wird, zeigt als Analogie dazu das Problem des Bewilligungsmechanismus bei den abgestürzten Flugzeugen vom Typ Boeing 737 MAX: Flugzeuge werden immer komplexer. Den zusammengesparten staatlichen Aufsichtsbehörden fehlt es aber an ausreichendem Wissen, um die Sicherheit selbständig bewerten zu können. Notgedrungen gab man deshalb die Aufsicht mehr und mehr an Private zurück, die das technische Wissen besitzen. Im Flugverkehr sind dies die Hersteller selbst. Dies führte dazu, dass sich Boeing de facto selbst die technische Flugerlaubnis für ihre Flieger ausstellen konnte. Gleiches zeigt sich an den Börsen, wo es staatlichen Behörden an jenem Wissen mangelt, das nur privat verfügbar ist. Das Ergeb-

170 Vgl. Khoso, Mikal: Short-Termism in Capitalism and A New Social Contract for Shareholders, <https://mikalkhoso.com/2019/07/22/short-termism-in-capitalism-and-a-new-social-contract-for-shareholders>, Stand: 24.09.2019.

nis davon ist auch hier, dass die Kontrolle ausgelagert wird, und zwar an jene, die überhaupt erst das Wissen um die Programme mit sich bringen, und dies sind zugleich jene, die von den entsprechenden Programmen profitieren.

Vielleicht aber führt die Frage nach Regulierungen und Kontrollmechanismen in die Irre, da der dromokratische Staat gar kein Interesse daran hat. Der Historiker Sascha Engel beispielsweise geht in einem Aufsatz von einer aktivierenden Rolle des Staates aus. Dieser fördert implizit den Hochfrequenzhandel, indem er selbst als Akteur an den Finanzmärkten auftritt, wo er die Märkte über Staatsanleihen und Sicherheiten mit der notwendigen Liquidität versorgt. Dabei versteht Engel die Arbitrage als zentralen Modus Operandi dromokratischer Finanzmärkte, allerdings im umfassenderen Sinne mit Hyman Minsky gelesen als Zustand einer permanenten finanziellen Instabilität.[171] So kann jede Arbitrage einen Welleneffekt auslösen, der sich dank globaler Vernetzung verschiedenster Finanzplattformen auf andere Arbitragen auswirkt. Dies sorgt zugleich für immer neue Investitionsanreize. Der Staat wirkt dabei als Vermögensproduzent, etwa indem Staatsanleihen und Sicherheiten als Kernkapital für Finanzportfolios wie auch als Quelle von (Banken-)Rettungsfonds dienen können. In beiden Fällen produziere der Staat Liquidität und dadurch Stabilität. Dies muss er in der Geschwindigkeit dromokratischer Finanzmärkte tun, will er nicht ebenfalls zum Opfer von Arbitragen werden – ein zeitsouveräner Staat mit demokratischen Diskussionen reagiert stets zu langsam für Börsen; Regulierung und Kontrolle bleiben deswegen immer ein äußerst technokratisches Unterfangen. In seiner Rolle gerät der Staat jedoch in einen Widerspruch. Insofern gerade turbulente oder instabile Märkte profitable Märkte sind – Engel sieht den dromokratischen Finanzmarkt in Form permanenter Krisen –, darf der Staat diese nicht zu stark beruhigen; zugleich darf die Krise nicht so stark sein, dass Liquidität

171 Vgl. Engel, Sascha: Engel – Dromocratic Arbitrage and Financial Bailouts, in: Fast Capitalism 13 (1), o. D. Online: <http://www.uta.edu/huma/agger/fastcapitalism/13_1/Engel-Dromocratic-Arbitrage-Financial.htm>, Stand: 24. 09. 2019.

abhandenkommt. Die staatliche Funktion liegt in der Vermittlung einer Mindestsicherheit, die zur permanent funktionierenden Krise beiträgt. Dem dromokratischen Hochfrequenzhandel wird daher kein Einhalt geboten, sondern dieser wird als regulärer Bestandteil der Finanzmärkte institutionalisiert.

FOREVER YOUNG

»It remains Day 1.«[172]
(Jeff Bezos: Letter to Shareholders 2016)

»Im Wesentlichen ist ein permanentes Betastadium
ein lebenslanges Bemühen um ständiges Wachstum.«[173]
(Die Start up Strategie: So machen Sie Karriere)

Der Kapitalismus kennt zwei einander auf den ersten Blick widersprechende Richtungspfeile. Einerseits gibt es heute mehr Waren und Ereignisse als je zuvor. Kein Tag vergeht, an dem nicht irgendwer behauptet, ein neues, revolutionäres Produkt entwickelt zu haben, oder an dem nicht irgendein einschneidendes Ereignis verkündet wird. Als »Steigerung der Handlungs- und/oder Erlebnisepisoden pro Zeiteinheit«[174] definiert Hartmut Rosa diese Beschleunigung des Lebenstempos. Andererseits scheint sich alles immer wieder zu wiederholen. Sowohl in der Musik als auch in der Mode werden beständig Trends aus den 1980er und 1990er

172 Bezos, Jeff: Letter to Shareholders (2016), US Day One Blog, 17.04.2017, <https://blog.aboutamazon.com/company-news/2016-letter-to-shareholders>, Stand: 19.09.2019.

173 Hoffman, Reid; Casnocha, Ben: Die Start up Strategie. So machen Sie Karriere, Kulmbach 2012, S. 36.

174 Rosa: Beschleunigung, 2005, S. 135. Rosa unterscheidet dabei zwischen einer objektiven und einer subjektiven Komponente, die bei einer Messung dieser Beschleunigungsform eine Rolle spielen. Objektiv lässt sich »zumindest prinzipiell die Verdichtung von Handlungs- und/oder Erlebnisepisoden vermittels Zeitbudgetstudien messen, während subjektiv die Erfahrungen von Stress, Zeitdruck und ›rasender‹ Zeit empirisch erhebbare Indikatoren für die Wahrnehmung verknappter Zeitressourcen und eines akzelerierten Verstreichens der Zeit sind«. (Ebd., S. 198.)

Jahren rezykliert, ganz so, als gäbe es gar keine Möglichkeit mehr, überhaupt etwas Neues zu entwickeln. Folgt man Harry Harootunian, dann besitzen die beiden Tendenzen eine Analogie in der mehrdimensionalen Temporalität des Kapitals.[175] In der Produktion ist die Zeit des Kapitals abstrakt und linear, während sie in der Zirkulation – das heißt: in der Veränderung der Wertform – zirkulär oder zyklisch funktioniert. Die Reproduktion des Kapitals erscheint als Ergebnis dieser beiden Momente – das heißt: als repetitive Bewegung mit notwendiger Differenz. Zwischen den miteinander verknüpften Temporalitäten kann es Widersprüche und Spannungen geben, allerdings werden langfristig beide miteinander synchronisiert, was in letzter Instanz durch den Staat und seine Institutionen garantiert wird. Anders gesagt: Beständig wird Wert akkumuliert und neue Waren entstehen, und dennoch wiederholen sich gewisse Strukturen und Bewegungen immer wieder. Die einen (zyklischen) Stillstand erzwingende (abstrakte) Temporalität des Kapitals bedeutet nicht, wie William H. Sewell in seinem wertkritisch inspirierten Aufsatz *The temporalities of capitalism* die zweite Seite kapitalistischer Temporalität analysiert, dass Kapitalismus keine Ereignisse mehr kennt.[176] Ganz im Gegenteil davon ist dieser gar »hyper-eventful«[177]. Doch unterhalb seiner Ereignisoberfläche spielen sich seltsame Wiederholungsschleifen ab. Die Krisenzyklen und Konjunkturphasen wiederholen sich beispielsweise seit mittlerweile bald vierhundert Jahren. So war sowohl die Tulpenkrise 1635/36 als auch die Dotcom-Blase zu Beginn dieses Jahrhunderts eine Spekulationsblase nach demselben Muster. Hinter dem »Hyper-eventful«-Charakter des Kapitalismus und neben dem Klassenkampf als die Geschichte verändernde Kraft scheint sich eine zyklische Logik mit »kontinuierlichem, sich monoton wiederholendem Muster«[178] abzuspielen. Das heißt nicht, dass es

175 Vgl. Harootunian, Harry: Marx after Marx, New York 2017, S. 25. Vgl. dazu auch die Hinweise bei Suter, Mischa: Rechtstrieb. Schulden und Vollstreckung im liberalen Kapitalismus 1800–1900, Konstanz 2016, S. 41f.

176 Vgl. Sewell, William H.: The temporalities of capitalism, in: Socio-Economic Review 6 (3), 01.07.2008, S. 517–537.

177 Ebd., S. 521.

178 Ebd.

keine irreversiblen Ereignisse der weltgeschichtlichen Veränderung gab. Sewell weist auf einem Abstraktionslevel vielmehr darauf hin, dass, wenn man die abstrakte (Reproduktions-)Bewegung des Kapitals betrachtet, sich dieses in einer unendlichen, zyklischen Zirkulation befindet und mit ihm auch gewisse Strukturmerkmale, beispielsweise die genannten Krisen. Dadurch widersetzt sich das Kapital dem Fortschrittsgedanken der kapitalistischen Moderne: Seine Zeit ist reversibel. Als konkrete Zeit mag ein Ereignis für den einzelnen Kapitalisten oder Menschen irreversible Folgen haben – und geschichtsphilosophisch mag der Kapitalismus deswegen eng mit einem Fortschrittsnarrativ verbunden sein. Vom abstrakten Standpunkt des Kapitals her betrachtet gibt es diese Irreversibilität nicht, wie Sewell mit einem einfachen Beispiel erläutert: »Jeder Verlust ist gleichzeitig ein Gewinn: Der Bankrott einer Firma ist zugleich die Chance für einen Konkurrenten; Investitionsfehler sind Zeichen an das Kapital, anderswo zu investieren, wo die Erfolgsaussichten höher sind.«[179]

Implizit wurde dies in der Praxis des Kapitals längst erkannt, während man sich als EinzelunternehmerIn ideologisch immer davon distanzierte und Tradition wie Kontinuität propagierte. In der Zeit von Familiendynastien und langfristigen Plänen wollte kein/e KapitalbesitzerIn zugestehen, dass auch seine/ihre Zeit irgendwann ablaufen könnte. Mit dem Übergang in die Dromokratie scheint sich das Bewusstsein um die Kurzlebigkeit einzelner Firmen im Gegensatz zur Langlebigkeit des Kapitals auch in seiner positiven Bejahung durchzusetzen. Beispielsweise gab Jeff Bezos seinem Unternehmen einst 30 Jahre, bevor es wieder verschwinden würde und neue Unternehmen auftauchen würden.[180] Diesen anvisierten Zeitraum wird Amazon wohl überleben. Dafür kennt Bezos eine bestechend einfache Methode. Denn es geht ihm nicht darum, freiwillig auf sein Unternehmen zu verzichten, sondern um die überlebensnotwendige Bereitschaft, sich ganz den

179 Ebd., S. 527.

180 Vgl. Kestenbaum, Richard: Jeff Bezos Says »Amazon Is Not Too Big To Fail.« He's Right, Forbes, <https://www.forbes.com/sites/richardkestenbaum/2018/11/16/amazon-is-not-too-big-to-fail-bezos>, Stand: 27.09.2019.

dromokratischen Erfordernissen zu unterwerfen. Bei Amazon heißt dies, im Rennen um die Höchstgeschwindigkeit in unternehmerischer Echtzeit zu leben, damit der unausweichliche Ablöseprozess zeitlich gar nicht erst einsetzt. Als »Day 1«[181] bezeichnet Amazon-Besitzer Jeff Bezos seine unternehmerische Philosophie des 21. Jahrhunderts: Lebe als Unternehmer im Heute, denn schon ›Tag 2‹ bedeutet Stagnation und Rückgang. Und wenn man ständig am Tag 1 seiner Gründung steht, werden die anvisierten 30 Jahre Lebenszeit noch lange nicht erreicht.

Bezos hat einen regelrechten Kult um Tag 1 erschaffen. »Day 1« nennt er nicht nur seine Strategie, sondern auch Amazons Bürogebäude in Seattle, wo die Botschaft wiederum per Plaketten an den Wänden erscheint. »Day 1« heißt auch der offizielle Amazon-Blog, genauso wie man auf »Day 1« stößt, wenn man sich in Amazons Job-Angebot über das Unternehmen informieren will. Im unternehmerischen Alltag bedeutet Tag 1 maximale Entscheidungsgeschwindigkeit, um immer up to date zu bleiben. Dies unterscheide Amazon von anderen Betrieben. So lässt Bezos in seinem Brief an die Amazon-AktieninhaberInnen zum Geschäftsjahr 2016 verlauten, dass es zwar auch gute Unternehmen gibt, die altern und Tag 2 erreichen, allerdings fehle diesen die vitale Geschwindigkeit rasender Tag-1-Unternehmen:

> »Day 2 companies make high-*quality* decisions, but they make high-quality decisions *slowly*. To keep the energy and dynamism of Day 1, you have to somehow make high-quality, *high-velocity* decisions. Easy for start-ups and very challenging for large organizations. The senior team at Amazon is determined to keep our decision-making velocity high. Speed matters in business – plus a high-velocity decision making environment is more fun too.«[182]

Bezos' Wunsch nach Hochgeschwindigkeit gleicht dem Race to Zero des Hochfrequenzhandels. Geschwindigkeit wird zur wirtschaftlichen Ressource, von der im globalen Wettbewerb nur diejenigen profitieren, die am meisten davon anhäufen. Dafür notwendig scheint in erster Linie die Implementierung eines Ge-

181 Vgl. zum Beispiel Bezos: Letter to Shareholders (2016), 2017.
182 Ebd.

schwindigkeit-Mantras, das Tempo mit jugendlicher Vitalität und hoher Qualität verknüpft. Das kindliche Spielzimmer-Feeling ist es wohl auch, das in der Hochgeschwindigkeits-Entscheidungsumgebung Spaß generieren soll. Zumindest Bezos' Glaube an Tag 1 nimmt durchaus komische Züge an. Jeder Jahresbrief an die Amazon-AktionärInnen endet mit der Floskel, dass im Anhang wie immer der erste Brief von 1997 folge: »Wie immer füge ich eine Kopie unseres Originalbriefes von 1997 bei«[183], heißt es beispielsweise im Begleitbrief zum Geschäftsjahr 2016. Die Begründung hierfür ist einfach: »Unser Ansatz bleibt derselbe, und es ist immer noch Tag 1.«[184] Das infantile Festhalten am Tag 1, die Hoffnung eines unternehmerischen Forever Young dank Verweilen in der Gegenwart, wirkt als Grundlage der geschäftlichen Entwicklung im 21. Jahrhundert – das heißt: als unternehmerische Überlebensstrategie der Dromokratie, die längst nicht mehr nur im Hochfrequenzhandel von Bedeutung ist.

Bezos' Wirtschaftsphilosophie wird von Wirtschaftskolumnen freudig aufgenommen. »Ein Tag-1-Unternehmen besitzt einen CEO von morgen und nicht einen CEO von gestern«[185], lässt beispielsweise ein US-amerikanischer Wirtschaftsratgeber in einer Kolumne den zukunftsorientierten Elan jugendlicher Unternehmen lobpreisen. Tesla, Airbnb, UpTake Technologies und WeWork seien solche Tag-1-Unternehmen, im Gegensatz zu den scheiternden Tag-2-Firmen wie Sun Microsystems, Blockbuster oder Kodak, welche die geforderte »Entscheidungsfindung in Hochgeschwindigkeit«[186] nicht erbringen konnten. Auch andere Unternehmen finden Gefallen am Festhalten an einer ewigen, vitalen Jugend. Jeff Immelt, der Vorsitzende von General Electric, nannte sein Unternehmen 2017 ein »125-year-old start-up«[187], um zu signalisieren, wie man

183 Ebd.

184 Ebd.

185 Mauri, Terence: Want To Make Faster Decisions Like Amazon?, <https://www.inc.com/terence-mauri/want-to-make-faster-decisions-like-amazon-jeff-bezos-asks-one-simple-question.html>, Stand: 19.09.2019.

186 Ebd.

187 Vgl. Immelt, Jeffrey R.: How I Remade GE, in: Harvard Business Review, 01.09.2017. Online: <https://hbr.org/2017/09/inside-ges-transformation>, Stand: 25.09.2019.

sich trotz langer Firmengeschichte täglich erneuert und nicht träge wird. Auf den exakt gleichen Begriff kam das norwegische Schifffahrtsunternehmen Hurtigruten, das sich online ebenfalls als ein »125-year-old start-up« charakterisierte. Eine Bezeichnung, die angesichts des Durchschnittsalters europäischer TouristInnen auf den Schiffen eine durchaus witzige Komponente besitzt. Als »Permanent Beta«[188] findet sich der Wunsch nach stetiger Erneuerung durch lebenslanges Lernen auch in der Ratgeberliteratur, wo er als Erfolgsversprechen in einer sich immer rascher ändernden Welt verkauft wird.

HANDELN IN ECHTZEIT

»In the real-time economy prices are set second by second; companies compete on how fast they can be to develop, make and launch products. In the real-time world we live live.«[189]
(Jonas Ridderstråle & Kjell Nordström:
Funky Business Forever: How To Enjoy Capitalism)

Auch andere wirtschaftlich erfolgreiche Unternehmen haben sich dem dromokratischen Prinzip von Tag 1 unterworfen, ohne es in gleichem Ausmaß mit ihrem Gründungstag oder ihrem vermeintlichen Zustand als immerwährendes Startup zu verbinden. In der Regel lautet der kommunizierte Wunsch auch weniger, dass man am ewigen Beginn verharren will, sondern dass man sich der Echtzeit anzunähern versucht. Das heißt, dass Prozesse möglichst nahe ihrer Erscheinung verarbeitet und implementiert werden sollen, ohne dass lästige Verzögerungen auftreten. Alibabas Stratege Ming Zeng beispielsweise erklärt in einem seiner Ratgeber Echtzeit neben der Datafizierung und adaptiven Prozessen zur wichtigen geschäftlichen Grundlage – und zwar nicht nur in den Feedback-Schlaufen und in der Auswertung von Daten, sondern ebenso in der »strategischen Anpassung«[190] und in Entscheidungs-

188 Hoffman; Casnocha: Die Start up Strategie, 2012, S. 36.
189 Ridderstråle, Jonas; Nordström, Kjell: Funky business forever. How to enjoy capitalism, Harlow 2008, S. 81.
190 Zeng: Smart business, 2018, S. 139.

findungen. Management im Echtzeit-Modus bedeutet die umgehende Änderungsbereitschaft, dank der Prozesse immer weiter beschleunigt werden können.[191] Auch Wirtschaftsratgeber wie das 2011 erschienene *Business at the Speed of Now: Fire Up Your People, Thrill Your Customers, and Crush Your Competitors* oder wie das einleitend zitierte Werk *Funky Business Forever* preisen die Vorteile der Echtzeit-Gesellschaft, in der man Geschäfte im »MTV-Style«[192] regelt: We live live. Was bedeutet, dass auch die Wirtschaft rasche Schnitte, dauerhafte Verjüngungskuren und ein Leben im Up-to-date-Modus braucht, andernfalls wechseln die KundInnen zum nächsten Unternehmen, und dies wie per Fernbedienung nahe der Echtzeit.

Der Wunsch nach Echtzeit hängt technologisch mit der Entwicklung der Telekommunikationsgeschwindigkeit zusammen und korreliert mit dem Drang nach Hochgeschwindigkeit an den Finanzmärkten, er besitzt allerding eine eigene kulturelle Dimension und Geschichte. Insbesondere in der Mitte der 1990er Jahre lässt sich der Begriff Echtzeit vermehrt in Wirtschaftsratgebern und -magazinen nachweisen.[193] Schon 1995 verkündete Don Tapscott, der kanadische Vordenker der Digitalisierung: »Die New Economy ist eine Echtzeit-Wirtschaft. Der Handel wird elektronisch, Geschäftstransaktionen und Kommunikationen erfolgen mit Lichtgeschwindigkeit statt der Geschwindigkeit der Post.«[194] Auf diese Weisheit folgten Ratgeber mit reißerischen Titeln wie *Real Time: Preparing for the Age of the Never Satisfied Customer* (1997) oder *Das Prinzip Unschärfe. Managen in Echtzeit. Neue Spielregeln, neue Märkte, neue Chancen in einer vernetzten Welt* (1998). Der *Economist* zog nach der Jahrtausendwende nach und veröffentlichte 2002 unter dem Titel »How about now?« ein Feature über die »real-time

191 Vgl. Purser, Ronald: Exploring the Dynamic of Time in Organizational Change, in: Whipp, Richard; Adam, Barbara; Sabelis, Ida (Hg.): Making Time: Time and Management in Modern Organizations, Oxford 2002, S. 156.

192 Ridderstråle; Nordström: Funky business forever, 2008, S. 81.

193 Vgl. für den folgenden Abschnitt Hope: Time, Communication and Global Capitalism, 2016, S. 69ff.

194 Tapscott, Don: The Digital Economy: Rethinking Promise and Peril in the Age of Networked Intelligence, New York 2015, S. 79.

economy«.[195] Echtzeit erscheint darin als eine »Gegenrevolution zur Dotcom-Manie«[196], da diese weit mehr als ein weiteres ›Buzzword‹ sei und die Internetzeit dank mehr ernster Mathematik und weniger Hoffnung bald schon überhole. Echtzeit bedeutet in dieser Vorstellung weniger die Fähigkeit, mit einer realen Zeit mithalten zu können, sondern vor allem die rationalisierte Entwicklung der digitalisierten Finanzmärkte, die entgegen den Blasenbildungen der Dotcom-Manie eine langfristige, sich selbst erneuernde Wirtschaftsentwicklung erschaffe. Konkret bedeutet dies beispielsweise, dass auf Marktnachfragen möglichst rasch und angemessen reagiert werden kann. Dafür notwendig sind adaptive Fähigkeiten, damit im Herstellungsprozess weder Zeit noch Ressourcen durch fehlende Reaktionszeit beziehungsweise durch voreilige Herstellung verschwendet werden. Wirtschaftlich gesehen ist dies nichts anderes als eine qualitative Steigerung der postfordistischen Optimierung des Produktionsprozesses. Doch als umfassendes wirtschaftsphilosophisches Prinzip will Echtzeit nicht nur die Produktion optimieren oder Daten möglichst zeitnah ihrer Gewinnung analysieren, sondern auch strategische Entscheidungen und individuelles Handeln durch Feedback-Loops nahe der Echtzeit automatisieren: Der Mensch selbst wird zum adaptiven Wesen.

Die »nicht so sehr eine ›neue‹, sondern eine ›jetzt‹ Wirtschaft«[197] ermögliche gemäß *Ecomomist*, die technologischen Entwicklungen der Informationstechnologien umfassend zu nutzen – das heißt: endlich vorzustoßen zum »vollen Potenzial dessen, was die Informationstechnologien letztendlich bewirken könnten«[198]. Letztlich geht es dabei wie immer um eine Beschleunigung: »Die Echtzeit-Technologie könnte sich sogar als so wichtig erweisen wie der 1837 erfundene Telegraph, um den Informationsfluss in der Wirtschaft zu beschleunigen.«[199] So muss Echtzeit gar nicht real

195 Vgl. How about now?, in: The Economist, 02.02.2002. Online: <https://www.economist.com/special-report/2002/02/02/how-about-now>, Stand: 20.09.2019.

196 Vgl. ebd.

197 Vgl. ebd.

198 Vgl. ebd.

199 Vgl. ebd.

erreicht werden, es reicht schon, wenn die Maxime dahinter zu immer kürzeren Latenzzeiten drängt und dadurch einen immerwährenden Beschleunigungsdrang ausübt. Freilich, so muss der *Economist* eingestehen, gibt es dabei mögliche Probleme, allerdings sind diese nicht auf die Technik zurückzuführen, sondern auf die falsche Anwendung: »Die Schattenseiten liegen nicht in der Technologie selbst, sondern in der Art und Weise, wie sie eingesetzt wird.«[200] Die Rationalisierung technischer Entwicklung kennt nur eine Schwachstelle: den Menschen. Er ist es, der Informationen gegebenenfalls nicht richtig oder schnell genug entschlüsseln und einordnen kann, während die Technik und die Informationsstränge als vermeintlich neutrale Variablen immer korrekt zu sein scheinen. Echtzeit kann ihre Rolle als Motor künftiger Entwicklung deswegen nur unter der Bedingung perfektionieren, dass sich der Mensch mit der neuen Geschwindigkeit synchronisiert – das heißt, dass sich seine Entscheidungsgeschwindigkeit ebenfalls der Echtzeit annähert.

Die Implikation eines fehlerfreien Beschleunigungsangebots bei einem fehleranfälligen Menschen und daraus abgeleitet die Bereitstellung eines digitalen Kontrollangebots sind feste Bestandteile der Echtzeit-Ideologie. Robert Goldman, Stephen Papson und Noah Kersey haben beispielsweise 2005 in ihrer Analyse von TV-Werbungen bemerkt, wie das Versprechen von Echtzeit zugleich die damit einhergehenden Probleme einbezieht und sie kommodifiziert.[201] Echtzeit verstärkt den Wettbewerb um die schnellstmögliche Umlaufzeit. Als global agierender Mechanismus ist sie Heilsbringerin wie zugleich übermächtiger Faktor der Fremdbestimmung durch die Technik, mit der der Mensch nicht mehr mithalten kann. Software hingegen formt aus einer unkalkulierbaren Echtzeit-Geschwindigkeit eine kontrollierbare Temporalität, die sich in ihrem Selbstbild einer vermeintlich selbstbestimmten Gegenwartskontrolle gleich doppelt von der bisher hegemonialen leeren Zeit unterscheidet: erstens in ihrer Geschwindigkeit, zweitens in ihrer Kontrollierbarkeit dank entsprechender Software. An-

200 Vgl. ebd.
201 Goldman; Papson; Kersey: Speed, 2005, S. 4.

ders als der futuristische Geschwindigkeits- und Adrenalinrausch ist die Echtzeit dank zugehöriger digitaler Technologie ein steuerbarer Zustand, dem die Unfallgefahr entnommen wurde, solange sich der Mensch an seine Geräte und Applikationen hält. So heißt es beispielsweise in einer IBM-Werbung von 2001:

> »Tick, tick, tick. Tick, tick, tick. Time waits for no man or woman or business. Tick, tick, tick. Everything faster, faster, faster. Products to market, ideas to profits. When your assets are on the line, Real Time is the only time. How do you win? With powerful software that can start work now.«[202]

Immer schneller tickt die Uhr. Während sie erst noch in ihrer Linearität gefangen bleibt, wird sie zur Echtzeit, sobald die Investitionen zu Anlagen wurden und das Kapital in den Kreislauf der Hochgeschwindigkeit der Finanzmärkte geworfen wurde. Nur eine ausgeklügelte Software kann in dieser Situation den Überblick behalten und dem Menschen die Echtzeit als Mittel der Gewinnsteigerung versprechen. Kontrolle senkt das Risiko und unterstützt dadurch die Lebensqualität und das Freiheitsgefühl, mit den Außeneinflüssen zurechtzukommen; ganz ähnlich verkaufen sich, wie sich noch zeigen wird, auch automatische Fahrzeuge, die ausgebaute Kontrolle mit größerer Freiheit verknüpfen.

Natürlich leben wir trotz der immensen Verkürzung von Verzögerungen auch 20 Jahre nach dem Werbeversprechen von IBM nicht in der Echtzeit. Jede Software besitzt noch immer eine bestimmte Latenz, mit der sie realen Abläufen hinterherhinkt. Die Inszenierung von Software als Echtzeit-Programme, die Daten sofort auswerten, verstärkt allerdings den Echtzeit-Mythos in einer doppelten Art und Weise. Einerseits nennt man alles Echtzeit, was unmittelbar funktioniert, und kreiert so den Mythos, dass Echtzeit erreichbar sei. Andererseits inszeniert Echtzeit das Versprechen, dass sie einen kontrollierbaren und erstrebenswerten temporalen Zustand darstellt. So hält man am Begriff als Werbeversprechen fest, wie die Vielzahl von neueren Programmen bezeugt, die damit arbeiten. *ProRealTime* nennt sich beispielsweise eine führende Trading-Software, die ihre KundInnen mit einer möglichst gro-

202 Zitiert nach ebd.

ßen Kontrollierbarkeit der Märkte zu locken versucht. Google bietet mit *Real-time Content Insights* ein Programm für Verlage und News-Seiten an, das in Echtzeit analysiert, welche News trenden. Auch IBM bleibt dem Segment treu. Mit *IBM Watson Studio* liefert man beispielsweise eine Software, die Daten in Echtzeit analysiert und visualisiert, mit *Watson Real-Time Personalization* lassen sich Webseiten auf der Basis von Echtzeit-Interaktionen individualisieren, mit *IBM Dynamic Pricing* können Preise in Echtzeit angepasst und individualisiert werden. Das Versprechen bleibt stets dasselbe: Echtzeit entspricht der bereits existierenden Temporalität der Märkte, die nur durch entsprechende Software noch kontrolliert werden kann. Mehr als früher gehört zum Kernangebot von Echtzeit-Programmen, dass Vorgänge sichtbar gemacht werden müssen: Wie auf einem Radar soll man Bewegungen in Echtzeit erkennen. Die Visualisierung und Ästhetisierung von Datenströmen, KundInnenbewegungen oder Börsenkursen wird zum integralen Bestandteil der Echtzeit-Ideologie.

Echtzeit ist stets Ideologie wie realisierte Technologie – und ein Beispiel dafür, wie die rasende Geschwindigkeit der Finanzmärkte eine technologische Entwicklung modelliert, die Einfluss auf andere Lebensbereiche hat. Dies zeigt sich beispielsweise in der Person von Vivek Ranadivé, seines Zeichens CEO von TIBCO Software und Vorreiter von Echtzeit-Technologien. 1999 publizierte Ranadivé seine technologische Entdeckungsreise (wie so oft zugleich eine Geschichte des US-amerikanischen Aufstieges) in *The Power of Now: How Winning Companies Sense and Respond to Change Using Real-Time Technology*, von der *Economist*-Ausgabe zur Real-time Economy begeistert wiedergegeben. Der Ursprung von Ranadivés Entwicklung hin zur Echtzeit liegt in den Tradingbüros von Goldman Sachs der 1980er Jahre. Schon hier zählte jede Sekunde, allerdings wusste man nur begrenzt, wie man all die verschiedenen Informationen, die die TraderInnen vor sich sahen, möglichst effizient zusammenfügen sollte. Die Arbeitsdesks, die Ranadivé begutachtete, besaßen bis zu 18 Monitore, die kontinuierlich aus noch mehr Newskanälen Informationen lieferten, die dann von den TraderInnen selbst synthetisiert werden mussten – mitunter gar noch von Hand, so die Entwicklungsgeschichte. Ranadivés

Ziel lag darin, die verschiedenen eintreffenden News anhand eines Newsfeed auf einem einzigen Monitor sichtbar zu machen. Jede/r TraderIn sollte sich zukünftig bei den für ihn/sie interessanten Feeds einschreiben und dadurch eine für ihn/sie konzentrierte Synthese erhalten. Dadurch hat sich die Anzahl der Bildschirme rasant verringert.

Das Prinzip solcher Newsfeeds hat sich auch außerhalb der Börse durchgesetzt. Dass Finanznachrichten die Medienarbeit beschleunigen, gehört nebenbei bemerkt seit Paul Kulius Reuters, dem Gründer der Nachrichtenagentur Reuters, zu den medialen Entwicklungsmotoren. Reuters transferierte ab 1850 erst per Brieftauben und dann per Telegraph nicht nur Nachrichten, sondern auch Informationen der Pariser Börse in Rekordzeit nach Deutschland und legte so den Beginn des späteren Nachrichtenimperiums. Auch Ranadivés Unternehmnen TIBCO Software hat sein Produkt zahlreichen KundInnen außerhalb der Finanzmärkte verkauft. So gelten Newsfeeds heute als standardisierter Mechanismus, um Nachrichten in Echtzeit zu erhalten (ein Grundsatz, der freilich nicht alleine auf Ranadivé zurückzuführen ist). In zahlreichen Branchen spielt diese Entwicklung eine Rolle, beispielsweise bei Online-Reiseanbietern, die eine Mehrzahl von Diensten wie Flugreisen, Hotelbuchungen und Mietwagenreservationen verkaufen und dabei sowohl eine in Echtzeit erfolgende Vereinheitlichung der Daten brauchen als auch eine Preisgenerierung und Übersicht über freie Plätze benötigen, die möglichst nahe der Echtzeit erstellt werden. Nicht nur technisch, sondern ebenso ideologisch ist diese Entwicklung bei Ranadivé, indem dieser sie als teleologische Erfolgsgeschichte präsentiert, die die Entwicklung naturalisiert. Dabei ist es beispielsweise alles andere als selbstverständlich, dass Nachrichten in Echtzeit einem verbesserten Informationsfluss entsprechen. Informationen sind auch dann nicht ungefiltert, wenn sie in Echtzeit an anderen Orten auftauchen. Explizit zeigt sich dies in der alten Debatte um den Wert politischer Nachrichten.[203] Die weltweite Verbreitung von Kriegsnachrichten hat zwar bei-

203 Die Diskussion um Echtzeit und Medien ist schon älter, siehe zum Beispiel die Debatten um den Irak-Krieg und die Rolle der Medien und eingebetteten

spielsweise die Möglichkeit generiert, zu jeder Zeit live im syrischen Bürgerkrieg dabei zu sein; ob man damit allerdings tatsächlich besser informiert ist als zuvor, bleibt ungelüftetes Geheimnis. Es geht an dieser Stelle nicht um Sinn oder Unsinn dieser Entwicklung – die Bestürzung über die Ereignisse im kurdischen Kobane zeigt, dass es mobilisierende Momente der Echtzeittechnologie gibt –, sondern um die ideologische Zuschreibung der Echtzeit als Verheißungsmoment im Übergang in die Dromokratie. Und dieses kann jene gerade im Nachrichtenbereich nicht einhalten, schon deswegen nicht, weil die Anzahl relevanter News nicht dem geforderten 24/7-Kreislauf entspricht – sprich: die Qualität der Nachrichten im Zeitdruck hinter die Ereignisse zurückfällt oder aber Ereignisse im Drang zu füllenden Newsfeeds überschätzt werden, insbesondere dann, wenn nichts passiert, aber etwas zu passieren hätte.[204]

Als temporale Antwort auf die Geschwindigkeit des kybernetischen Kapitalismus hat Echtzeit auch Auswirkungen auf den Arbeitsalltag. Im Kapitel zur Historisierung der Dromokratie wurde schon darauf hingewiesen, dass der Drang zu Echtzeit beispielsweise zu einer zusätzlichen Flexibilisierung und gleichzeitig zu einer verstärkten globalen Synchronisierung der Arbeit beiträgt. Internationale Projekte erhalten weltweit geltende Deadlines, die zu einer Synchronisierung der Arbeitszeit führen, die keine Rücksicht auf lokale Zeitzonen nimmt. Im Rennen um Echtzeit müssen indische IT-MitarbeiterInnen, europäische ProjektleiterInnen und asiatische ManagerInnen miteinander kommunizieren, egal wann an welchem Ort die Sonne scheint. Gemäß Interviews der niederländischen Forscherin Ida Sabelis mit ManagerInnen gehört dieser Anspruch an rasante internationale Kommunikation mittlerweile zu den vorausgesetzten Charaktereigenschaften ›guter‹ ManagerInnen. Die beschleunigte Kommunikation, der Effizienzdruck, die sich global beschleunigende Konkurrenz und der ständige Drang,

JournalistInnen bei Baudrillard, Jean: The Gulf War Did Not Take Place, Bloomington 1995.

204 So die These von Rosenberg, Howard; Feldman, Charles S.: No Time To Think: The Menace Of Media Speed And The 24-Hour News Cycle, New York 2008, S. 172.

online zu sein, »kolonialisiert das private Leben der Manager und Führungskräfte«[205]. Das Mitleid hält sich in Grenzen, denn im Gegensatz zu den indischen IT-MitarbeiterInnen und den meisten anderen Menschen dieser Welt können sich ManagerInnen von dieser ›Kolonialisierung‹ durch die globale Echtzeit dank AssistentInnen, SekretärInnen, KinderbetreuerInnen oder auch durch gratis Reproduktionsarbeit durch die Familie freikaufen. Allerdings ist das Problem durchaus ernst zu nehmen, weil es künftig auch andere Schichten betreffen wird. Wo globale Zeit und ständige Verfügbarkeit zur notwendigen Job-Voraussetzung werden und wo der Drang nach Echtzeit als Charaktereigenschaft vorausgesetzt wird, implementiert der Mensch eine dromokratische Eigenschaft, die ihn wie andere Stress verursachende Phänomene langfristig krank machen wird – Burn-Outs und Erschöpfungszustände als Ergebnis der ›Beschleunigungsfalle‹, so lautet ein wiederkehrender Befund über die gesundheitlichen Folgen.[206]

DIE ERFINDUNG DER ZUKUNFT

»The best way to invent the future is to predict it.«[207]
(Palo Alto Research Center – PARC)

Erfolgreiche Unternehmen funktionieren in Hochgeschwindigkeit. Auf dem Weg dorthin treffen sie jedoch auf Hindernisse. Ein Störelement, so berichtet Jeff Bezos in seinem Brief an die Amazon-AktionärInnen weiter, können beispielsweise verlangsamende Außeneinflüsse sein. Diese gilt es durch Synchronisation mit der Höchstgeschwindigkeit zu überwinden: »Die Außenwelt kann

205 Sabelis, Ida: The Clock-Time Paradox, in: Hassan, Robert; Purser, Ronald (Hg.): 24/7: Time and temporality in the network society, Stanford 2007, S. 264.

206 Vgl. Bruch, Heike; Menges, Jochen: Motivation: Wege aus der Beschleunigungsfalle, Harvard Business Manager, 05.2010, <https://www.harvardbusinessmanager.de/heft/artikel/a-691441.html>, Stand: 04.10.2019.

207 PARC: The best way to invent the future is to predict it, 05.10.2010, <https://www.parc.com/blog/the-best-way-to-invent-the-future-is-to-predict-it-2>, Stand: 20.09.2019.

dich in den Tag 2 drängen, wenn du starke Trends nicht schnell annehmen willst oder kannst. Wenn du diese bekämpfst, kämpfst du wahrscheinlich gegen die Zukunft. Machst du dir diese jedoch zu eigen, erhältst du Rückenwind.«[208] Doch irgendwann lässt sich die Geschwindigkeit nur noch steigern, indem man die Zukunft in der Gegenwart vorwegnimmt. Wiederum ist das Prinzip dahinter nicht unbekannt. An den Börsen ist die defuturisierte Gegenwart längst Alltag. Gehandelt wird mit Terminkontrakten, etwa Futures und Optionen, das sind bindende oder nicht bindende Kontrakte über künftige Transaktionen anhand von Annahmen über kommende Kursentwicklungen. Zukunft wird für die Börse operationalisiert, sodass bereits vor ihrem Eintritt Profit aus ihr geschlagen werden kann. Wenn man nicht mehr warten muss, wie sich eine Entwicklung an den Handelsplätzen tatsächlich abspielen wird, kann der Gewinn daraus schon im Jetzt erzielt und gleich wieder investiert werden. Das Ergebnis davon ist eine weitere Verkürzung der Zirkulationszeit der Wertrealisation.

Das Antizipieren des zukünftigen (Markt-)Verhaltens prägt auch die Forschung. Testumgebungen nehmen nicht nur an der Börse eine wichtige Rolle ein, sondern auch in zahlreichen Forschungsbetrieben. Dort dienen sie als Zeitmaschinen, die die Zukunft möglichst realitätsgetreu simulieren, so zumindest beschrieb der Zukunftsforscher Mark Stefik des Palo Alto Research Center (PARC) vor einigen Jahren seine Arbeit:

> »One of the techniques for getting a research advantage is building or getting a time machine. A time machine is a privileged platform that creates for today an environment anticipating what will be widely available in the future. You become an early pioneer of the future. You can explore it first, map the territory, and harvest the first results.«[209]

Das im Silicon Valley angesiedelte PARC beschäftigt sich in unterschiedlichen Forschungsfeldern mit innovativen Zukunftstechnologien. Als Forschungsunternehmen besitzt es seit Jahrzehnten

208 Bezos: Letter to Shareholders (2016), 2017.

209 Stefik, Mark; Stefik, Barbara: Breakthrough. Stories and strategies of radical innovation, Cambridge 2004, S. 174.

Modellcharakter – vor allem weil es seine Forschungsergebnisse immer auch zu kommodifizieren weiß. So ist die Erforschung der Zukunft in den seltensten Fällen ein kollektivierter Zustand. Man argumentiert zwar gerne damit, dass die Zukunft vorhersagende Analysen auch in zivilisatorischen Prozessen eingesetzt werden können, beispielsweise wenn es darum geht, Epidemien vorherzusehen, allerdings ist es in der Regel gerade nicht so, dass solche Erkenntnisse einer Gesellschaft als Ganzes zugutekommen. Zu PionierInnen der Zukunft werden jene, die sich die Testumgebung leisten können, indem sie ihr Wissen um die Zukunft in der Gegenwart monetarisieren. Anders gesagt dienen Zeitmaschinen dazu, Firmen einen Vorteil zu verschaffen, dessen Resultate sie später ernten – das heißt: Profit daraus schlagen – können.

Auch in der staatlichen Repression wird die Vorwegnahme der Zukunft diskutiert. Als Kontrollinstrument dienen statistische Wahrscheinlichkeiten der zukünftigen Verbrechensaufklärung. Wo der Repressionsapparat ein Verbrechen erwartet, lassen sich präventiv Einheiten stationieren. Der vermeintliche Erfolg bestätigt dann die vorweggenommene Zukunft, ohne dass diese je eingetreten ist: Wo aufgrund von Prävention kein Verbrechen passiert ist, so argumentiert der Staat, konnte durch präemptive Polizeiarbeit etwas verhindert werden. Dies beinhaltet wiederum die Legitimationsgrundlage für weitere polizeiliche Maßnahmen – ohne dass jemals irgendjemand die Bestätigung dafür liefern muss, dass das vermeintlich verhinderte Ereignis tatsächlich eingetroffen wäre. Die präemptive Polizeiarbeit gibt es mittlerweile auch als privatwirtschaftliches Angebot. Das Berliner Startup AVA bietet beispielsweise anhand einer Vielzahl öffentlich zur Verfügung stehender Daten ein Warnsystem an, das sowohl von Privaten als auch von Unternehmen gekauft werden kann. Ob privat oder staatlich ausgeführt, ist die Diskussion wie auch die Kritik an dieser Art der staatlichen Kontrolle allerdings um einiges fortgeschrittener als die tatsächliche Umsetzung. Besonders ›intelligent‹ sind die meisten Programme zumindest noch nicht. In Zürich versucht die Polizei beispielsweise mittels Datenanalyse vorherzusagen, bei welchen Fußballspielen es zu Ausschreitungen oder zum Einsatz von Pyro-Mitteln kommen wird – bei zwei städtischen Vereinen mit einer überschaubaren Anzahl Rivalen stellt dies eine Analyse dar, für die es wahrlich keine Software braucht; diese wird im besten Falle das vorhersagen, was jeder Mensch mit einem gewissen Realitätssinn innert Sekunden ebenfalls zu Papier bringen könnte.

Auch Unternehmen wie Google oder Shopping-Plattformen wie Amazon versuchen sich in der Vorwegnahme der Zukunft. Wer den kommenden Kaufentscheid seiner KundInnen zu antizipieren vermag, beispielsweise indem per Werbeanzeige dasjenige Buch präsentiert wird, das jemand (bewusst oder unbewusst) erst beim nächsten Einkauf erwerben wollte, es bei Sichtung aber bereits jetzt dem Warenkorb hinzufügt, ist gegenüber seiner Konkurrenz im Vorteil. So inkludiert die Herrschaft des Schnelleren die Zukunft als zu beschleunigende Variable, die dank verbesserter Rechenleistung immer mehr operationalisiert werden kann.[210] ›Predictive analytics‹ heißt das unternehmerische Zauberwort, mit dem Amazon die Zukunft vorwegzunehmen versucht. Dazu werden alle möglichen Daten von UserInnen gesammelt und analysiert, um mit diesen in eine personalisierte Interaktion treten zu können. Im Idealfall erhält dann jeder und jede, der oder die regelmäßig auf Amazon oder bei einem Partnerunternehmen einkauft, personalisierte Angebote, Werbung oder eine individualisierte Startseite. Amazon profitiert gleichzeitig von sinkenden Lagerkosten, wenn es die Wünsche seiner KundInnen möglichst korrekt vorhersagen kann. Das ›pervasive computing‹, die Computerisierung des Alltags, nimmt in der Datenanalyse eine entscheidende Rolle ein. Wo mehr und mehr Gegenstände vernetzt sind, gibt es mehr Daten und dadurch Verhaltensweisen zu analysieren und vorauszusagen. UserInnen sind unentgeltlich arbeitender Bestandteil dieser Effizienzsteigerung. Je mehr sie von sich preisgeben, desto besser läuft es bei dem Unternehmen. Amazons nächstes Ziel ist das ›antizipierte Versenden‹. Wenn das Unternehmen anhand von Berechnungen bereits vor dem Kauf eines Produktes weiß, dass dieses gekauft werden wird, kann entsprechende Ware zum

210 Vgl. dazu auch Timo Daum: »Maschinen können nicht denken, aber sie können Prognosen treffen, und das ist für das Kapital interessant.« (Daum: Die künstliche Intelligenz des Kapitals, 2019, S. 158.)

nächstgelegenen Lagerhaus versendet werden, noch bevor sie dort bestellt wurde. Mit diesem Trick glaubt Amazon die Lieferzeiten weiter senken zu können, ohne hierfür auf schnellere Transportmittel oder Lieferdrohnen setzen zu müssen.

Auch eine Vielzahl anderer Unternehmen arbeitet mit Vorhersagen. Alibaba beispielsweise berechnet die KundInnenwünsche in Echtzeit (will heißen: ununterbrochen und nicht erst im Nachhinein) und unterbreitet potenziellen KundInnen individualisierte Angebote in unterschiedlicher Qualität. Hierfür propagiert man ein neues Consumer-to-Business-Modell, das möglichst »dynamisch, flüssig und reaktionsschnell«[211] funktionieren soll. Der leitende Gedanke lautet, dass man Käufe am besten vorhersehen kann, wenn die Kundschaft möglichst viele Informationen preisgibt. Tatsächlich hat jede/r KäuferIn etwas anzubieten, nämlich ein Review, ein potenzielles Kaufinteresse und verschiedenste Daten. Wie die Umsetzung aussehen kann, hat Alibaba 2018 mit seinem Shopping Event ›Double 12‹ getestet – der 12. Dezember als ein chinesisches Gegenprodukt zum Black Friday. Vor dem Event wurde HändlerInnen erlaubt, Werbung für ihre am Double 12 angebotenen Produkte zu machen. KundInnen konnten Waren betrachten und in ihren virtuellen Warenkorb legen, ohne allerdings bereits dafür bezahlen zu müssen. Alibaba wiederum meldete die verfügbaren Daten, etwa Klicks, Betrachtungszeit oder die Anzahl der sich in den Warenkörben befindenden Produkte, den HändlerInnen, die sich nun perfekt auf den Tag einstellen konnten – und durch exaktere Stückzahl möglichst kosteneffizient produzieren konnten. Der Preis selbst wurde dann am Double 12 veröffentlicht, ebenso wie die realisierten Transaktionen.

Die flexiblen Produktionsstandorte und der relativ große Zugang zu KundInnendaten – 2016 wurden auf Alibabas Plattform Tabao täglich bis zu 20 Millionen Reviews hinterlassen – machen China zum perfekten Experimentierfeld für solche Consumer-to-Business-Modelle. Zudem profitiert Alibaba beziehungsweise der chinesische Markt von seinen relativ wenigen, dafür umso größeren und nur online existierenden Plattformen und HändlerInnen, die

211 Zeng: Smart business, 2018, S. 111.

nicht auf lästige, die Verteilkette bremsende Läden zurückgreifen müssen. Doch Alibabas Prinzip wird sich, insbesondere dank größerer Datengewinnung, zukünftig auch anderswo durchsetzen. Hierfür hält Alizila, Alibabas Website für eigene News und Analysen, einen einfachen Tipp für Unternehmen im Westen bereit, die es den chinesischen Firmen gleichtun wollen: »Das Ziel heißt Geschwindigkeit: Produkte möglichst rasch auf den Markt bringen, Feedback einholen, Produkte, die nicht funktionieren, vom Markt nehmen (ohne das Team, das daran arbeitete, zu stigmatisieren) und die Produktion der erfolgreichen Produkte erhöhen.«[212] Eine große Geschwindigkeit in der Entwicklung, der Produktion, der Lieferung und der Datenauswertung – darin liegt das einfache Betriebsgeheimnis wirtschaftlichen Erfolgs im 21. Jahrhundert.

Unternehmen arbeiten mitunter mit Vorhersagen, die nicht immer besonders viel Sinn ergeben. Walmart hat zum Beispiel festgestellt, dass Erdbeer-Pop-Tarts vor angekündigten Hurricanes besonders großen Absatz finden. Wieso, weiß bis heute niemand. Andere Erkenntnisse scheinen leichter erklärbar. Auch Bier und toastbares Gebäck sind Hurricane-Bestseller. Beides lieferte man deswegen nach Unwetterwarnungen in Hurricane-Gebiete und erzielte damit einen satten Profit. Retailern wie Walmart, die vor allem über eine große Ladenfläche verfügen, stehen nicht dieselben Daten zur Verfügung wie Alibaba. Doch KundInnen lassen auch dort Informationen liegen, wo sie es vielleicht gar nicht bemerken. Walmart analysiert beispielsweise frei zur Verfügung stehende Daten aus sozialen Medien wie Facebook, Twitter oder Online-Foren. »Soziale Medien sind eine gratis zur Verfügung stehende, gigantische Fokusgruppe, die in Echtzeit stattfindet«[213], ließ Walmarts Marketing-Chef einst verlauten. Walmart sucht systematisch nach online über das Unternehmen und seine Waren abgegebenen Informationen und lässt diese in sein Geschäft einfließen.

Damit an dieser Stelle keine falschen moralischen Vorwürfe

212 Biggs, Chris: What China Reveals About the Future of Innovation, Alizila.com, 21.08.2017, <https://www.alizila.com/c2b-what-china-reveals-about-the-future-of-innovation>, Stand: 20.09.2019.

213 Roberts, Bryan R.; Berg, Natalie: Walmart: Key Insights and Practical Lessons from the World's Largest Retailer, London 2012, S. 179.

entstehen: Das Prinzip, KundInnenwünsche zu antizipieren, ist weder besonders innovativ noch verwerflicher als andere Geschäftspraktiken. Auch jeder kleine Buchhandel wird nach der Bekanntgabe des Nobelpreises Bücher des Preisträgers bzw. der Preisträgerin anhäufen. Amazon und andere Großhändler arbeiten zwar mit einem komplexeren Datensatz, aber vom Prinzip her vergleichbar damit. Der Unterschied zwischen einfachen Voraussagen im Buchhandel und komplexen Algorithmen liegt allerdings darin, dass das Erkennen von zukünftigen Wünschen der KundInnen nur den Rahmen bildet. Denn die Vorwegnahme der Zukunft verändert gleichzeitig deren Realisierung – ganz ähnlich wie der Börsenhandel mit Futures die zukünftige Produktion verändert. Oder anders gesagt: Wenn immer Tag 1 oder Echtzeit herrscht, tritt die sich der Gegenwart angenäherte Zukunft so ein, wie sie vorhergesehen wurde, und nicht so, wie sie vielleicht auch vonstatten gehen könnte – die Zukunft wird erfunden, indem sie vorhergesagt wird.

Dies ist bei manchen Plattformen längst Realität. Bereits 2013 realisierte Amazon 35 Prozent der Einkäufe anhand von algorithmisierten Kaufempfehlungen.[214] Bei Netflix waren es gemäß gleicher Studie von McKinsey 75 Prozent der gesehenen Filme und Serien, die auf Empfehlungen basieren. Solche Käufe und Klicks sind keine hilfsbereite Vorwegnahme individueller Zukunftspläne, sondern die im Sinne des Kapitals realisierte Zukunft im Jetzt der Konsumation. Ein anderes wirkungsmächtiges Beispiel einer per Software vorgenommenen Rahmensetzung findet sich in Google Maps. Dieses entscheidet automatisiert, wo eine Route entlangführt, und führt UserInnen mitunter durch solche Gegenden, in denen Geschäfte getätigt werden können. Zudem locken per Algorithmus als interessant markierte orange Gebäude und Gegenden UserInnen, während andere, grau erscheinende Gegenden wenig Interesse hervorrufen. Diese Präfigurierung von städtischen Laufwegen prägt vor allem den Städtetourismus, wo als interes-

214 McKinsey: How retailers can keep up with consumers, <https://www.mckinsey.com/industries/retail/our-insights/how-retailers-can-keep-up-with-consumers>, Stand: 20.09.2019.

sant definierte Gebiete TouristInnen anlocken und dadurch ihre Attraktivität selbstreferentiell reproduzieren. Auch in der Kultur, beispielsweise in der Musikindustrie, lassen sich vergleichbare Phänomene beobachten. Wo der zukünftige Geschmack antizipiert werden kann, wird investiert und damit zugleich die hegemoniale Musik der Gegenwart reproduziert. Dieses Prinzip verhält sich zirkulär, weil Neues darin nicht vorgesehen ist beziehungsweise sich dieses an den herrschenden Prinzipien orientiert.

KOMMODIFIZIERTE ENTSCHLEUNIGUNG

»The aim seems to be to go ever faster, but I often wonder how much faster can we all go? […] And I think it's terribly
important for any human being to have a time for silence really, and for things to slow down just a bit.«[215]
(Prince Charles)

»Für Slow Sex muss man sich Zeit nehmen«, so berichtet ein *Focus*-Artikel unter dem Schlagwort »Alltag entschleunigen«.[216] Bei Slow Sex geht es nicht um den Sex selbst, sondern um die Zeit, die man miteinander verbringt. Im Zeitalter von Tinder und anderen Dating Apps scheint dies bitter nötig, klicken wir uns doch durch unsere potenziellen PartnerInnen durch, als wären sie Waren. Slow Sex verspricht eine »tiefe Verbindung«[217]. Slow Sex ist Arbeit gegen Entfremdung dank bewusster Langsamkeit. Slow Sex ist das, was Menschen im Internet gerne lesen, wenn sie gestresst vom Arbeitsdruck auf belanglosen Newsseiten surfen. Dort treffen sie auch auf andere Entschleunigungsangebote. Auf Sommarøy zum Beispiel.

215 Tweedie, Neil: Let's slow everything down and enjoy the silence, says Charles, in: The Telegraph, 12. 09. 2005. Online: <https://www.telegraph.co.uk/news/uknews/3323617/Lets-slow-everything-down-and-enjoy-the-silence-says-Charles.html>, Stand: 20. 09. 2019.

216 Hast Du schon einmal Slow Sex ausprobiert?, 12. 04. 2019, <https://www.focus.de/familie/psychologie/einfach-besser-leben-grosse-sex-studie-zeigt-darauf-stehen-die-deutschen-wirklich-im-bett_id_8278164.html>, Stand: 20. 09. 2019.

217 Ebd.

Die kleine Insel in Norwegen will künftig die Zeit abschaffen. Da auf Sommarøy die Nacht aufgrund der Sommersonne für einige Zeit sowieso immer hell ist, mache die Uhrzeit keinen Sinn mehr. »Wir machen, was wir wollen, wann wir es wollen«[218], lautet die zugehörige Forderung, die wie perpetuierter Hedonismus klingt. Nicht länger will man sich vom Stress der Uhr lenken lassen. Damit bietet Sommarøy Slow Travel im besten Sinne. Ob Slow Sex oder die medial wirkungsvoll inszenierte Abschaffung der Zeit in einer Gegend, die nicht unfroh darüber ist, gestressten StädterInnen ein Ferienangebot anzubieten – der kulturdiagnostische Befund über ein Zeitalter der Beschleunigung wie die damit einhergehenden kommodifizierten Lösungsangebote prägen Zeitungsdebatten, Reisewerbungen, Prince Charles' Weisheiten und Ratgeberliteratur. *Entschleunigung: Mehr Zeit zum Leben*, *Entschleunigung: Dem Hamsterrad des Alltags entkommen*, *Entschleunigung: Abschied vom Turbokapitalismus*, *Die Kunst des Innehaltens: Ein Plädoyer für Entschleunigung* oder *In Praise of Slow*, so lauten die Titel einiger von vielen Ratgebern der letzten Jahre. *Slow Movement* oder *Society for the Deceleration of Time* nennen sich die dazugehörigen Vereine. Es gibt sogar Beziehungsratgeber, die eigene Kapitel zum Umgang mit Liebe in rasenden Zeiten haben und sich für ein langsameres Tempo einsetzen.[219] Und der Ruf nach mehr Achtsamkeit in schnelllebigen Zeiten erschallt nicht nur in Liebesfragen, sondern auch im Arbeitsumfeld, insbesondere in sozialen Berufen. Diese verschiedenen Beobachtungen lassen sich verallgemeinern: Wo Zeitnot und Beschleunigung zum akuten Problem werden, lassen Kommodifizierung, NGOisierung und diskursive Betonung der Langsamkeit und Entschleunigung nicht lange auf sich warten. Sie bilden den Gegenpart einer Herrschaft des Schnelleren – sei es, indem Abhilfe und Fluchtmöglichkeiten geschaffen werden, oder sei es, indem sie als temporärer Zustand versprechen, die eigenen

218 Wiesner, Maria: Eine Insel in Norwegen möchte die Uhrzeit abschaffen, 19.06.2019, <https://www.faz.net/aktuell/stil/drinnen-draussen/eine-insel-in-norwegen-moechte-die-uhrzeit-abschaffen-16244878.html>, Stand: 20.09.2019.

219 Vgl. Fraenkel, Peter: Sync Your Relationship, Save Your Marriage: Four Steps to Getting Back on Track, New York 2011, S. 61ff.

Batterien für die funktionierende Teilnahme an der Dromokratie wieder aufzuladen. Als systemimmanente Ergänzungsleistung sind die kommodifizierten, institutionalisierten oder diskursiven Entschleunigungsangebote allerdings keine Gegentendenz zur Herrschaft des Schnelleren, sondern ökonomisierte oder zivilgesellschaftliche Bestätigung der bisherigen Annahmen über die Beschleunigung.

Andere kommodifizierte Entschleunigungsprozesse setzen an den biologischen Grundbedingungen des menschlichen Lebens an. Die technische Überwachung der eigenen Lebensfunktionen und Leistungen zur Optimierung – das heißt: die Verlängerung der eigenen Lebenszeit – gehört für viele bereits heute zum Alltag. Andere nutzen Botox zur Umkehr manifester Alterungserscheinungen. Insbesondere Milliardäre haben zusätzlich dazu in den letzten Jahren Gefallen daran gefunden, den Alterungsprozess auch grundlegender zu stoppen. Hierfür sind sie bereit, Milliarden zu investieren. Der russische Millionär Dmitry Itskov will beispielsweise mit seiner Initiative 2045 dem Menschen durch die Übertragung seines Bewusstseins auf eine künstliche Intelligenz zur Unsterblichkeit verhelfen. Die beiden Google-Gründer Sergey Brin und Larry Page haben Milliarden in Calico investiert, eine Biotechfirma mit dem Ziel, den menschlichen Alterungsprozess zu stoppen. Jeff Bezos hat zusammen mit Paypal-Gründer Peter Thiel 2016 in Unity Biotechnology investiert, ein Unternehmen mit dem ebenfalls erklärten Ziel, den menschlichen Alterungsprozess zu stoppen. Die Herrschaft des Schnelleren nimmt in der Biotechnologie umgekehrte Vorzeichen an. Auch hier geht es zwar darum, schneller als die Konkurrenz entsprechende Produkte zu entwickeln. Allerdings stehen diese für ein umgekehrtes Prinzip: Körperliche Funktionen sollen möglichst entschleunigt werden, um dadurch den natürlichen Alterungsprozess aufzuhalten. Während man geistig die Unendlichkeit dank Annäherung an die Gegenwart erreichen will, indem man immer mehr Ereignisse und Aktivitäten in diese hineinpackt, erreicht man sie körperlich, indem man Zellprozesse bis zum Stillstand verlangsamt. Macht entspricht der umfassenden chronopolitischen Fähigkeit, den Rhythmus verschiedener Temporalitäten unabhängig voneinander bestimmen zu können. »Live fast, die young«, das Motto des beschleunigten Lebenstempos der unkontrollierten und adrenalingeladenen postfordistischen Geschwindigkeit, ist zu einem »Live fast, die never« (der Zusatztitel zum *Buffy*-Spin-off *Angel*) geworden, in dem Geschwindigkeit weiter den Ton angibt, allerdings eine solche, die möglichst kontrollierbar auf Markt, Technik und den menschlichen Körper einwirkt.

Fahrgesellschaft

»[T]he ultimate roller coaster is built when you send out
twenty-four people and they all come back dead.
This could be done, you know.«[220]
(Julijonas Urbonas: Euthanasia Coaster)

Die Fahrt auf dem *Euthanasia Coaster* beginnt mit einem zwei Minuten dauernden Aufstieg. Je höher man kommt, desto kleiner werden die Objekte. Man nutzt die Zeit, um nochmals nachzudenken. Man fährt alleine, ist ganz bei sich. Nur keine Angst. Nichts wird hier dem Zufall überlassen. Während man in die Höhe steigt, werden die Körperfunktionen überwacht. Verschiedene Sensoren messen die Herzfrequenz. Man soll bei klarem Verstand sein, wenn man seine letzte Entscheidung fällt. 510 Meter weiter oben steht sie an. Drückt man auf den Knopf, beginnt der Fall. Erst geht es 500 Meter fast senkrecht in die Tiefe. Dann folgt der erste Looping. Binnen zehn Sekunden wird der Wagen auf bis zu 360 Kilometer pro Stunde beschleunigt. Sieben immer kleiner werdende Loopings folgen. Für die Dauer von gut 60 Sekunden setzt man sich einer Belastung von 10G aus, das ist das Zehnfache des eigenen Körpergewichts. Während des Falls beginnt das Blut in die unteren Körperteile zu wandern. Das Gehirn verliert an Sauerstoff. Man verliert langsam sein Bewusstsein. Kurzträume und Gedankenströme durchfluten den Kopf. Man erlebt die beglückende und euphorisierende Wirkung der Sauerstoffknappheit, während man mit Höchstgeschwindigkeit durch die Loopings donnert. Spätestens auf dem letzten Looping sollte der Körper seinen Widerstand aufgegeben haben. Während der Wagen langsam zurück zum Startpunkt fährt, wird zur Sicherheit nochmals nachgemessen. Sollte man entgegen jeder Wahrscheinlichkeit doch noch am Leben sein, gibt es eine zweite Runde – umsonst, versteht sich. Ansonsten Gratulation. Nun gehört man zu jenen

220 Euthanasia Coaster, Julijonas, <http://julijonasurbonas.lt/euthanasia-coaster>, Stand: 20.09.2019.

glücklichen Menschen, die im Einklang mit der rasenden Geschwindigkeit gestorben sind. Man gehört zu den erfolgreichen KundInnen des *Euthanasia Coaster*.

Die Idee eines Selbstmordes, der den Geschwindigkeitsrausch der Achterbahnfahrt aufnimmt, ist faszinierend und makaber zugleich. Faszinierend, weil dies die expandierende Geschwindigkeitsbegeisterung aufnimmt und zu Ende denkt. Makaber, weil der Gedanke es wagt, auch den Tod dem dromokratischen Wettbewerb auszusetzen. Wer würde künftig auf reguläre Sterbehilfe oder natürliche Höhenunterschiede setzen, wenn er oder sie sich ebenso auf eine sagenumwobene letzte Fahrt begeben kann? Und ließe sich dieses Spektakel mit noch mehr Loopings nicht noch weiter steigern? Die für das 21. Jahrhundert perfektionierte Selbstmordmaschine ist eine Erfindung des litauischen Künstlers Julijonas Urbonas. Bisher existiert die Achterbahn des Todes erst als Modell. Schon jetzt haben sich aber Versuchspersonen bei Urbonas gemeldet. Einige davon mit Nachdruck. Auch Urbonas selbst meinte in Zeitungsberichten, dass er die von ihm erfundene Achterbahn zweifelsohne besteigen würde, sollte dafür der richtige Zeitpunkt in seinem Leben eintreten.[221] Doch vermutlich braucht es noch eine Weile, bis sich die Dromokratie ihr Wesen eingestehen und sich dazu entscheiden kann, auch den Tod als lustvolle Fahrt zu gestalten.

Es gehört zu den merkwürdigen Phänomenen des rasenden Stillstands, dass die anvisierte Zukunft zugleich ihrer Vergangenheit entspricht, dass die dromokratische Selbstmordmaschine, für die die Zeit noch nicht reif ist, letztlich einer einfachen Steigerung jenes Spaßes entspricht, mit dem auf Jahrmärkten schon früh der Gefallen an der Geschwindigkeit kultiviert wurde. Ebenso gehört es zu den zentralen Erfahrungen des letzten Jahrhunderts, dass Geschwindigkeit in ihrer Ekstase zugleich Tod wie euphorisches Glück mit sich bringen kann. Ob Autorennen, Rekordflüge oder waghalsige Sprünge von Klippen und Flugzeugen – auf dem Höhepunkt

221 Vgl. Trube, Corinna: Euthanasia Coaster: Per Achterbahn zum Suizid, 08.09.2017, <https://www.weltderwunder.de/artikel/euthanasia-coaster-per-achterbahn-zum-suizid>, Stand: 29.10.2019.

der Geschwindigkeit ist der Grat zwischen Euphorie und Tod oft schmal. Der Wettbewerb um die Steigerung des Geschwindigkeitsrausches mit neuen technischen Mitteln schmälert ihn noch weiter. Es wäre dennoch falsch, in ideologiekritischem Schematismus im *Euthanasia Coaster* einfach ein Abbild beziehungsweise eine Steigerung der rekordsüchtigen Barbarei zu sehen. Beschleunigung und Geschwindigkeit versprachen immer auch Selbstbestimmung. »Mit allen Mitteln, mit aller Intelligenz und Konsequenz den Zerfall dieser Ausbeuterkultur zu beschleunigen«[222], wie es John Heartfield und George Grosz einst beispielhaft schrieben, waren Beschleunigungsversprechen auch Bestandteil einer emanzipatorischen Perspektive. Franz Jung, um ein weniger bekanntes, aber umso interessanteres Beispiel einer solchen Beschleunigungseuphorie zu nennen, entwickelte vom Futurismus beeinflusst zwischen 1916 und 1923 in seinen beiden Veröffentlichungen *Die Technik des Glücks* und *Mehr Tempo! Mehr Glück! Mehr Macht!* gar eine klassenkämpferische (und alles andere als widerspruchsfreie) Philosophie der temporeichen Rhythmisierung und Beschleunigungsbejahung.[223] Auch der deutsche Journalist und Soziologe Siegfried Kracauer machte, wie von Petra Löffler ausführlich beschrieben, in den 1920er Jahren mit Bezug zu Karussell und Jahrmarkt mehrfach auf die Möglichkeiten zweckentfremdeter Beschleunigung aufmerksam, deren Eigenschaft zwischen Entfremdung und progressiver Erfahrung oszilliert.[224] Im Feuilleton-Artikel *Das Straßenvolk in Paris* merkte Kracauer beispielsweise an, dass die Karusselle zwar ärger auf die Raumvernichtung wirken als eine Flugreise (»kein Flugzeug frißt die Ferne wie sie«[225]), allerdings erschaffen sie nach einer ersten

222 Heartfield, John; Grosz, George: Der Kunstlump, in: Asholt, Wolfgang; Fähnders, Walter (Hg.): Manifeste und Proklamationen der europäischen Avantgarde (1909–1938), Stuttgart 2005, S. 205.

223 Vgl. Jung, Franz: Mehr Tempo! Mehr Glück! Mehr Macht!, in: Die Technik des Glücks, Hamburg 1987 (Werke in Einzelausgaben 6), S. 87–168; Jung, Franz: Die Technik des Glücks, in: Die Technik des Glücks, Hamburg 1987 (Werke in Einzelausgaben 6), S. 9–84.

224 Vgl. Löffler, Petra: Verteilte Aufmerksamkeit. Eine Mediengeschichte der Zerstreuung, Zürich 2014, S. 311.

225 Kracauer, Siegfried: Das Straßenvolk in Paris, in: Kracauer, Siegfried: Schriften, Bd. 5.2 (Aufsätze 1927–1931), Frankfurt am Main 1990, S. 42.

furchteinflößenden Beschleunigung zugleich neue Welten, die in ihrer Zerstreuungswirkung erfüllend wirken:

> »Die Kinder schon werden auf Lokomotiven und Ziegenböcken in die andere Welt geschickt, sie sehen nicht mehr Vater und Mutter, betäubt und furchtsam entfernen sie sich. Später einmal, im Zwielicht der Angst, steigen Gegenden um sie auf, die sie kennen, und sie wissen nicht, wann sie dort reisten. Wo er eigentlich gewesen ist, vermöchte auch von den Erwachsenen niemand zu sagen. Doch das Ziel muß verlockend sein, denn sie verlassen panikartig die bewohnten Orte und brechen mit sämtlichen verfügbaren Verkehrsmitteln zu ihm auf.«[226]

In der spielerischen Rauscherfahrung der rasenden Kreisbewegung vermag die Unklarheit des Ziels nicht beängstigend, sondern beglückend zu wirken – dies sowohl als individuelle Erfahrung als auch als umfassender kulturdiagnostischer Befund. In *Berg- und Talbahn*, worin Kracauer den Lunapark vom Halensee beschreibt, wird dieses progressive Moment zweckentfremdeter, beschleunigter Transportvehikel als Gegenstück zur Barbarei der Destruktion durch Geschwindigkeit noch deutlicher. Auf dem Höhepunkt der Fahrt entsteht ein kollektiver Schrei, der zugleich »primitiven Instinkten«[227] entspringt, wie darin elementare menschliche Eigenschaften zum Tragen kommen: »Fast scheint es, als schrien alle, weil sie sich endlich erlöst wähnen. Ein Triumphgeschrei: Wir sind da, wir schweben mitten im Glück, wir rasen, weiter und weiter. Das Rasen kann Tod bedeuten; es ist zugleich die Erfüllung.«[228] Diese Geschwindigkeitserfahrung auf der Vergnügungsbahn, die zugleich die drohende Katastrophe in sich trägt, ist mehr als ein affektiver Gefühlsausbruch. Sie wird zur existenziellen Erfahrung: »Die Geheimnisse finstrer Tunnels werden blitzschnell ergründet, verwischte Fronten brausen vorbei. Das sind nicht Arbeiter, kleine Leute und Angestellten mehr […]. Es sind Menschen, die im Augenblick sind, die, fliegenden Strichen gleich, von einem Pol

226 Ebd., S. 42f.

227 Kracauer, Siegfried: Berg- und Talbahn, in: Kracauer, Siegfried: Schriften, Bd. 5.2. (Aufsätze 1927–1931), Frankfurt am Main 1990, S. 118.

228 Ebd.

zum anderen sich dehnen.«[229] Der Rausch der spielerischen Bewegung, ein »Sturz oder Schweben im Raum, rapide Rotation, Gleiten, Geschwindigkeit, die Beschleunigung einer geradlinigen Bewegung oder ihre Kombination mit einer kreisförmigen«, die zu einer »seltsamen Erregung«[230] führt, von Roger Caillois einst mit dem Begriff ›Ilinx‹ beschrieben, löst eine egalitäre Erkenntnis- und keine Entfremdungserfahrung mehr aus. Die negativen Vorzeichen einer Gesellschaft in Bewegung werden umgedreht, sodass einzig der euphorisierende Gefallen an der Geschwindigkeit bleibt, der eine Abkehr von den zahlreicher werdenden Problemen verspricht.

Während Jahrmärkte mitsamt Karussellen oder Achterbahnen zu den jährlich wiederkehrenden Freuden gehörten, arbeitet die dromokratische Gesellschaft an der Perpetuierung und Ausdehnung der beglückenden Erfahrung der Geschwindigkeit und Bewegung im Alltag, zum Beispiel, indem Geschwindigkeit zum vermeintlich nicht entfremdeten Gebrauchswertversprechen erkoren wird – in dieser Eingliederung in das System mindert sich zugleich der mögliche progressive Gehalt der Beschleunigung. Dazu eine Grundannahme vorweg: Der Kapitalismus leidet seit seinem Bestehen unter dem Problem, dass sich Waren »als Werte realisieren [müssen], bevor sie sich als Gebrauchswerte realisieren können«, und sie sich zugleich »als Gebrauchswerte bewähren [müssen], bevor sie sich als Werte realisieren können«[231]. Die einer Ware enthaltenen Gebrauchswertversprechen sind notwendiges Element zur Verhinderung von Realisationsproblemen.[232] Kaufe ich eine Ware, gehe ich in der Regel von einem implizit oder explizit versprochenen Gebrauchswert aus, der mir erst später zugutekommt. Würde ich das nicht tun, bräche der Markt zusammen, da niemand mehr ein Produkt erwerben würde, das er oder sie nicht so-

229 Ebd.

230 Caillois, Roger: Die Spiele und die Menschen. Maske und Rausch, Frankfurt am Main 1982, S. 33. Vgl. dazu den Hinweis von Löffler: Verteilte Aufmerksamkeit, 2014, S. 310ff.

231 Marx: Das Kapital. Bd. I, 1968, S. 100.

232 Vgl. Haug, Wolfgang Fritz: Kritik der Warenästhetik. Gefolgt von Warenästhetik im High-Tech-Kapitalismus, Frankfurt am Main 2009.

fort zu konsumieren gedenkt. Zu den Gebrauchswertversprechen gehören allerdings nicht nur dem Produkt genuin zugeschriebene Eigenschaften, sondern auch all jenes, was die Werbung mitverspricht und umfassend ästhetisiert hat. Kaufe ich beispielsweise einen teuren Designerstuhl, will ich nicht nur eine Sitzgelegenheit erwerben, sondern auch ein Möbel, das mir eine weitreichende Veränderung des Erscheinungsbilds meiner Wohnung verspricht. Dies gilt auch für dromokratische Waren. Miete ich einen E-Scooter, dann verspricht mir das Produkt, nicht nur von A nach B zu gelangen, sondern ebenso die Stadt neu erfahren zu können. Und investiere ich in den Hyperloop, dann kriege ich im besten Falle nicht nur mehr Geld zurück als investiert, sondern bin ebenso Teil einer kinetischen Vision.

DIE ELEKTRIFIZIERUNG DES FUSSGÄNGERS

In einem beliebten Schweizer Online-Quiz war im Frühling 2019 die folgende Frage zu lesen: »Welches ist/war kein Verleiher von E-Trottinetts in der Schweiz?« Zur Antwort standen die fünf Möglichkeiten »Tier«, »Slick«, »Bird«, »Flash« und »Lime«.[233] Scheinbar fällt es nicht besonders schwer, Namen für Sharing-Dienst-Anbieter zu erfinden. Slick entspricht jenem Begriff, den bisher noch keine Firma rechtlich für sich beansprucht. Alle anderen Namen, die in ihrer anglisierten Einsilbigkeit dem temporeichen urbanen Leben nacheifern, sind eingetragene Firmennamen von Anbietern, die per App ihre elektronischen Fahrzeuge als Sharing-Dienst vermieten. Die beiden Startups Voi und Ride Conga haben ebenfalls ihren Markteintritt angekündigt. Die elektronische Beschleunigung der Städte boomt. Mikromobilität gehört zu den Versprechen der Zukunft. E-Scooter und Elektrofahrräder haben Segways, Elektro-Einräder und Hoverboards abgelöst. Andere Fahrzeuge werden hinzukommen und E-Scooter ebenfalls wieder überflüssig machen. Der Markt entwickelt sich derart rasch, dass

233 Quizz den Huber, Watson, 16.06.2019, <https://www.watson.ch/wissen/spass/541827066-huber-ist-auf-entzug-entzieht-ihm-das-auch-sein-wissen-spoiler-oh-ja>, Stand: 07.10.2019.

die Anbieter selbst nicht mehr mithalten könnten: Aus Goflash wurde Flash, das seit Juni 2019 Circ heißt, dessen Website lautete Stand Juli 2019 aber noch immer auf www.goflash.com. Fast im Wochentakt gründen sich Startups und verschwinden wieder. Was bleibt, sind die zum Verwechseln ähnlichen einsilbigen Namen, die gleich aussehenden Webseiten im Scroll-Down-Look und die zunehmende Anzahl elektronischer Geräte am Straßenrand.

Woher kommt dieser plötzliche Boom? Dass derart viele Unternehmen in den umkämpften Markt drängen, hat wirtschaftliche Gründe. Das Beraterunternehmen McKinsey rechnet in einer Studie zur Mikromobilität bis 2030 für Europa mit einem Marktpotenzial von 150 Milliarden Dollar.[234] Weltweit sollen es gar 500 Milliarden Dollar sein. Bis Januar 2019 wurden bereits 5,7 Milliarden Dollar in entsprechende Startups investiert, ein Großteil davon in China. Das Geschäft boomt, weil man an das Versprechen glaubt, dass sich die Investitionen rasch auszahlen könnten. Die Anschaffungskosten für einen E-Scooter liegen gemäß Rechnung von McKinsey bei gut 400 Dollar, Tendenz sinkend. Entsprechend rasch erreicht man bei passabler Auslastung die Gewinnzone. Allerdings bleibt dies bisher ein reines Versprechen. Die Profitzone erreicht (fast) kein Unternehmen. Nicht wenige Anbieter gingen wieder pleite. Im Vorteil sind jene Dienstleister, die mit genügend Kapital im Rücken die raue Startphase mit einer großen Anzahl an Konkurrenten überstehen und dafür einen aggressiven Expansionskurs fahren.

Mit marxistischen Wirtschaftsanalysen würde man den Boom der Mikromobilität wohl damit erklären, dass sich das Kapital auf der Suche nach Profit seine Wege bahnt. In Zeiten fallender Profitraten und ungelöster Überproduktionskrisen sucht brachliegendes Kapital nach Investitionsmöglichkeiten. Die Mikromobilität verspricht schwarze Zahlen und scheint damit sinnvolles Investitionsobjekt. Etliche Investitionen werden sich als Blase herausstellen, während sie sich in anderen Fällen langfristig tatsächlich lohnen werden – und sei es nur schon deswegen, weil man nicht nur Fahrten, sondern auch die Daten seiner BenutzerInnen

234 Vgl. Micromobility, McKinsey & Company, 30.01.2019, <https://www.mckinsey.de/news/presse/2019-01-30-micromobility>, Stand: 08.10.2019.

verkaufen kann. Welche Transport-Technologien und Firmen zu den erfolgreichen Investitionen gehören werden, kann niemand mit Sicherheit voraussagen. Solche Unsicherheiten sind nicht neu und entsprechen dem gängigen Mechanismus des Kapitals. Einerseits wird knallhart kalkuliert, wo und wie Profite möglich sind. Risiken werden minimiert, indem alle möglichen Faktoren zusammengetragen und ausgewertet werden. Andererseits werden aber auch subjektive Einschätzungen getroffen. Je nach Ansätzen und Möglichkeiten wird risikoreicher oder konservativer investiert. Den einen erscheinen neue Technologien als Fluch, den anderen als Segen. Wenn das alles wie immer läuft, wieso ist der Boom der Mikromobilität dann für die dromologische Fragestellung interessant? Mikromobilität ist nicht nur Investitionsobjekt in Zeiten fallender Profitraten, sondern sie steht auch für eine doppelte Charakteristik der dromokratischen Fahrgesellschaft. Einerseits wirkt darin eine umfassende Bewegungsideologie, die über die Kommodifizierung und das damit inszenierte Gebrauchswertversprechen reproduziert wird: Transportvisionen und in Bewegung versetzte Menschen gehören zu den zentralen Visionen beschleunigter Zeiten. VerbraucherInnen und InvestorInnen folgen ihr gleichermaßen, indem sie sich einen neuen Zugang zur beschleunigten Umwelt versprechen. Zweitens wird knallhart politisch daran gearbeitet, dass die dromokratischen Versprechen Realität werden. Hierfür appellieren Anbieter an den Staat, der möglichst rasch und widerstandslos die gesetzlichen und infrastrukturellen Grundsteine legen soll – was er mit Blick auf die globale Konkurrenz gerne tut. Die Symbiose von Transportvisionen und politischem Umsetzungsdruck ist wesentliche Eigenheit der Fahrgesellschaft.

ÜBER DAS DROMOKRATISCHE VERSPRECHEN DER MIKROMOBILITÄT

Jeder Schritt zu Fuß ist einer zu viel. So lautet die implizite Botschaft des motorisierten Fußgängers. E-Scooter und vergleichbare Geräte sind als Geräte der ›letzten Meile‹ konzipiert. Gemeint ist, dass sie hergestellt wurden, um den noch nicht gänzlich erschlossenen Raum am Beginn oder Ende der bestehenden Mobilitätskette einzunehmen. Mit einem E-Scooter soll man von zu Hause zum Bahnhof oder von der U-Bahn-Station zum Büro gelangen oder jene Strecken zurücklegen, für die man bisher kein anderes Transportmittel als das Fahrrad oder seine eigenen Füße in Anspruch nahm. Dass sich seit einigen Jahren zahlreiche Unternehmen auf die letzte Meile stürzen, mag erstaunen. Zwar war dieser Raum auch bis anhin durch technologische Möglichkeiten und städtebauliche Maßnahmen definiert, jedoch haben ihn Menschen bisher ohne viel Einspruch mit reiner Muskelkraft zurückgelegt. Dass es für die letzte Meile neue, elektrifizierte Transportgeräte braucht, ist also nicht selbstverständlich, insbesondere da das auf der Hand liegende Argument der Zeitersparnis nur bedingt zieht: McKinsey sieht in seiner Studie E-Scooter als taugliches und akzeptiertes Verkehrsmittel vor allem in Millionenstädten an. Dort ist die städtische Durchschnittsgeschwindigkeit aufgrund von Verkehrsstaus, Ampeln und komplexer Straßenführung oft nicht höher als 15 km/h. Ein E-Scooter kann damit gut mithalten. Gerechnet mit einem Kilometer Distanz für die letzte Meile spart man im Idealfall acht Minuten Zeit gegenüber einem gehenden Menschen, falls dieser mit einer Durchschnittsgeschwindigkeit von 5 km/h durch die Stadt wandert und es der E-Scooter auf 15 km/h bringen würde. Rechnet man jedoch die auch für den E-Scooter geltenden Ampeln und den Aufwand mit ein, die App zu starten, auszuführen, sein Fahrzeug zu finden und startklar zu machen, dann wird die optimale Zeitersparnis wohl bei etwa einer oder zwei Minuten pro Kilometer liegen. Dies scheint kein besonders großer Vorsprung, für den man Geld ausgeben will, zumal Fahrräder wohl einiges mehr an Zeitersparnis ermöglichen.

Diese Erfahrung ist nicht neu. Es gehört zu den wiederkehrenden Gesetzmäßigkeiten kapitalistischer Verkehrsentwicklung, dass eine erhöhte Geschwindigkeit nur selten zu Zeitgewinn führt, da sich der Aufwand für die Mobilität stets gleichermaßen erhöht[235] – diese Paradoxie manifestiert sich in faszinierenden Beispielen der Langsamkeit; so sollen Menschen in New York mehr als 100 Stunden

235 Vgl. Schörgi, Oliver: Dispersion. Struktur der Dromokratie, Graz 2014, S. 78.

pro Jahr mit der Suche nach Parkplätzen beschäftigt sein.[236] Dennoch verkaufen E-Scooter-Anbieter wie auch PolitikerInnen die neuen Mobilitäts-Gadgets als Lösung städtischer Verkehrsprobleme. In kapitalistischer Fantasielosigkeit, was fortschrittliche Verkehrsvisionen sein könnten, sollen E-Scooter nicht nur Spaß, sondern auch die Verkehrswende erzwingen. Die Nutzung von Angeboten der Mikromobilität beinhaltet allerdings mehr als eine versprochene höhere oder zumindest verbesserte Fortbewegungsgeschwindigkeit für gestresste StadtbewohnerInnen. E-Scooter-Anbieter arbeiten intensiv mit dem Gebrauchswertversprechen, dass man dank der motorisierten Geräte Teil einer neuen städtischen Lebenswelt und -erfahrung werden kann. Das Berliner Startup Tier rühmt sein Gerät beispielsweise mit einer verloren geglaubten anthropologischen Konstante, die mit seinem E-Scooter wieder herzustellen sei:

> »Unser Instinkt ist es, uns frei zu bewegen. Doch in unseren Städten sieht es oft ganz anders aus: Täglich halten uns Autos und andere Fahrzeuge davon ab, uns frei zu bewegen. Wir glauben, dass es höchste Zeit ist, den tatsächlichen Einwohnerinnen und Einwohnern der Stadt endlich wieder Platz zu machen, nämlich Euch!«[237]

In der dromokratischen Stadt verhindern die als eigenständige Subjekte agierenden Autos, dass wir uns frei bewegen können. Statt diese allerdings abzuschaffen, entsteht neuer Platz und Lebensqualität durch eine weitere Verdichtung des Verkehrs. Dies wird als Bewältigungsstrategie für urbane Überforderungszustände verkauft: Der Mensch wird mit einem elektronischen Gerät ausgestattet, das ihn wieder zum Menschen macht. »Unlock Life« lautet der passende Slogan von Lime dazu, die fast gleiches wie Tier predigen:

> »Einen Lime Scooter fahren ist nicht einfach nur Ankommen. Es ist Neues entdecken, Bewegung erleben, deine Stadt hören, neue Wege erkunden, die Atmosphäre einatmen. Und dabei

236 Vgl. INRIX: Searching for Parking Costs Americans $73 Billion a Year, Inrix, <http://inrix.com/press-releases/parking-pain-us>, Stand: 24.10.2019. Die Zahl ist allerdings zugleich Werbebotschaft: Apps für Parkplatzsuche und städtische Zeitoptimierung werben seit Jahren mit ihrem Marktpotenzial.

237 Tier, <https://www.tier.app/de>, Stand: 23.09.2019.

kommst du sicher und umweltfreundlich an dein Ziel. Steig auf, öffne deine Augen, erlebe.«[238]

Die Nutzung eines E-Scooters verspricht einen neuen affektiven Zugang zur Stadt. Dank diesem soll man die Bewegung wieder erleben können. Ein neues Freiheitsgefühl entsteht: »Mikromobilität ist die Freiheit, kleine Entfernungen zu überwinden«[239], wird dieser Zustand bei einer US-Konferenz zur Mikromobilität beschrieben. Freilich entsprechen all die verschiedenen Aussagen der Sharing-Dienst-Industrie bester Werbeprosa, die seit jeher auf verkaufsfördernde Gebrauchswertversprechen abzielt. Dennoch ist man geneigt, die Sätze als ideologisches Versprechen ernst zu nehmen, und dies nicht nur auf Seiten der VerbraucherInnen. Es manifestiert sich erneut eine merkwürdige Symbiose von Technologie, Kapitalinteressen und Geschwindigkeits- und Bewegungsideologie. So ist man sich nicht sicher, ob hinter solchen dromokratischen Versprechen wirklich nur eine ausgeklügelte PR-Maschinerie steckt oder ob da nicht gerade fünf urbane junge Männer im Kurzarmhemd ein Startup gegründet haben, an dessen verkündete Mission sie tatsächlich glauben. Man stellt sich vor, wie jene jeden Morgen mit ihrem E-Scooter ihr Büro in Berlin oder Stockholm betreten und sich einbilden, mit ihrem Mobilitätsangebot gerade die Welt zu verändern. Sie sind es, die am Ende ihres Lebens den *Euthanasia Coaster* besteigen werden und selbst dann noch an das von ihnen veräußerte dromokratische Mobilitätsversprechen glauben.

Wie in zahlreichen anderen Bereichen ist auch die urbane Begeisterung für die Gadgets der letzten Meile neu und zugleich sonderbar bekannt. Zwar gehört es zum guten Ton urbaner Lebensgeister, sich über die als Proleten gebrandmarkten AutoliebhaberInnen lustig zu machen. Wer sein Gefährt wie einen Menschen behandelt, wer die PS seines Autos visualisiert und intonisiert, beispielsweise indem man das Motorengeräusch künstlich erhöht, gilt

238 Lime: Lime, <http://v1.li.me/de>, Stand: 23.09.2019.

239 Dediu, Horace: Where Does the Word »Micromobility« Come From?, Micromobility Industries, 01.08.2019, <https://micromobility.io/blog/2019/8/1/where-does-the-word-micromobility-come-from>, Stand: 09.10.2019.

rasch als etwas dümmliches Abbild vergangener Zeiten. Doch der Geschwindigkeitsgenuss und das Gefühl, dank Auto individualisiert am Verkehrsstrom teilnehmen zu können, ist in der Mikromobilität alles andere als abgeschafft, sondern kleidet sich nun einfach in progressives Gewand. Der E-Scooter-Anbieter Voi verkauft sein Gefährt beispielsweise mit der Betonung eines durch sein Gerät erbrachten Glücksgefühls:

> »Städte sind zum Leben da – ohne Lärm und Emissionen. Es sollte eine einfache Wahl sein, kein Auto zu besitzen. Und keine kurzen Taxifahrten zu unternehmen. Diese Entscheidungen sollten dich glücklich machen.«[240]

Das Gerät ist neu[241], doch das Versprechen, freiheitlichen Genuss durch motorisierte Transportmittel zu erlangen, ist bekannt. Vergleichbare Freiheitsversprechen wurden schon bei den ersten Autos erhoben, indem das selbst steuerbare Gerät im Gegensatz zur Schiene stets eine selbstbestimmte Freiheit der Bewegung versprach. Auch in der Geschichte der Autowerbung gibt es eine Kontinuität von vergleichbaren Aussagen. Das Werbeversprechen von Voi liest sich nicht viel anders als eine Werbung für einen Chevrolet Chevette, der 1976 mit dem Slogan »It will drive you happy« angepriesen wurde. Vois Versprechen bewegen sich auch inhaltlich nicht weit weg von einer 1969 entstandenen Werbung für den Datsun 1300, »2000 pounds of drive-happy pleasure!«, oder einem Slogan für den Lincoln Capri aus dem Jahr 1952, »Lincoln – puts life in modern living«. Noch näher ist Voi an der Werbung für das ›Autoped‹, einen 1915 entstandenen E-Scooter. Dieser wurde bei seiner Entstehung vor mehr als 100 Jahren in einer Anzeige als »sicher und unterhaltsam« angepriesen: Alle, die »Geld, Zeit und Energie« sparen wollen, werden mit dem Gerät »Komfort«, »Genuss« und »Spaß« erleben.[242] Die Geschichte wiederholt sich. Ein Fahrzeug, ob in Form eines Autos oder eines E-Scooters, ver-

240 Voi, Voi, <https://www.voiscooters.com/de>, Stand: 23.09.2019.

241 Zumindest in dieser Form. Vorläufer von E-Scootern gibt es mittlerweile seit bald 100 Jahren.

242 Siehe die Anzeige unter The original 100 year-old motorscooter up for sale, New Atlas, 05.10.2016, <https://newatlas.com/original-scooter-eveready-autoped/45714>, Stand: 28.10.2019.

spricht, angepasst an die neuesten ideologischen Moden, Leben und kaufbaren Genuss durch eine selbstbestimmte Synchronisation mit der zeitgenössischen Umgebung. Neu und der heutigen Bedeutung von Wahlfreiheit angepasst ist einzig, dass Voi die Entscheidung, die die Werbung einem eben gerade abgenommen hat – das heißt in diesem Falle: die Nutzung eines E-Scooters –, als freie Wahl verkauft. Dabei ist es freilich keine Wahl, die sich hier auftut: Glück vs. Unglück, Leben vs. Tod oder Lärm und Emissionen vs. Umwelt sind keine ernsthaft wählbaren Parameter, deren Entscheidungen je nach Laune unterschiedlich ausfallen könnten, sondern vorgegebene Entscheidungshilfen.

Es geht an dieser Stelle um einen Überblick über die Gebrauchswertversprechen der Mikromobilität und nicht um eine ideologiekritische Dekonstruktion jeder einzelnen Werbebeteuerung. Ein Punkt sei dennoch gesondert betont: Was, wie in der Selbstdarstellung oft verkündet, an der Mikromobilität besonders umweltfreundlich sein soll, konnte bisher noch niemand beantworten. Gemäß einer Untersuchung aus den USA halten E-Scooter in einigen Städten durchschnittlich knapp 29 Tage.[243] Andere Anbieter sprechen hinter vorgehaltener Hand von ein bis zwei Monaten, bis die Roller ersetzt werden müssen. Beides liegt unter jener Zeit, die von McKinsey berechnet eine sichere Gewinnphase verspricht – dies gehört ebenfalls zu den Gründen fehlender Profite. Neuere Modelle und Geräte sollen zumindest ein Jahr halten, bevor sie wieder verschrottet werden müssen. Doch selbst wenn sie robuster werden, ist weder die Produktion der Batterien noch die Energiegewinnung in irgendeiner Weise positiv für die Umwelt, schon gar nicht im Vergleich zur Fortbewegung auf zwei Beinen. Doch in der Implikation einer Umweltfreundlichkeit liegt ein entscheidender Punkt dromokratischer Ideologeme. Freilich gehört es zu den beliebten PR-Strategien in Zeiten aufkommender Umweltbewegungen und urbaner Naturliebe, sein Produkt als besonders umweltfreundlich zu verkaufen – ›Greenwashing‹ nennt

243 Vgl. Griswold, Alison: Shared scooters don't last long, Quartz, <https://qz.com/1561654/how-long-does-a-scooter-last-less-than-a-month-louisville-data-suggests>, Stand: 23.09.2019.

man dieses Vorgehen. Doch es ist mehr als nur das. Die Anbieter der Mikromobilität haben eine dromokratische Prämisse in sich aufgesogen: In Konkurrenz zu den Autos braucht der Mensch motorisierte Fahrzeuge, um konkurrenz- und lebensfähig zu bleiben. Ohne Zusatz scheint er machtlos gegen die zahlreich werdenden Transportvehikel. In diesem Verhältnis ist ein E-Scooter tatsächlich umweltschonend, weil er vermutlich weniger Ressourcen verbraucht als ein Auto. Nur ist damit die Frage, wieso man überhaupt ein Gerät für die letzte Meile braucht, längst schon implizit beantwortet worden.

Damit kein Missverständnis entsteht: Die Kommodifizierung der letzten Meile bedingt nicht zwingend deren Motorisierung durch E-Scooter, die vermutlich selbst schon bald wieder überholt sein werden. Für die urbanen KonsumentInnen gibt es eine wachsende Anzahl verschiedenster Fahrzeuge, darunter auch solche, die mit muskelbetriebenem Antritt Bewegung neu erlebbar machen wollen. Zum Beispiel die teuren Singlespeed-Fahrräder wie das *FIXIE Inc.*, »die erste Wahl für urbane Radfans mit sportlichem Anspruch und dein erster fahrbarer Einrichtungsgegenstand«[244]. Dieses ist nicht nur Statussymbol, das man öffentlich präsentiert, sondern ermöglicht wie auch die E-Scooter, Bewegung endlich wieder zu spüren, wie der zugehörige Werbetext weiter weiß: »Befreit von der Schaltung offenbart sich beim echten FIXIE Inc. die Essenz des Radfahrens. […] Schnell, leichtfüßig und mit direktem Feedback lässt dich das Singlespeed Bike Radfahren neu entdecken und macht dazu eine unerhört gute Figur.«[245] Weil in der Dromokratie alles in Bewegung zu sein hat, wird jede Bewegung, die aktiv erlebt werden kann (ob motorisiert oder nicht), zum verkaufsfördernden Distinktionsmerkmal. Wer dasjenige, was einen umgibt, affektiv erfährt, sieht sich in größerer Selbstbestimmung gegenüber jenen, die nur passiv beschleunigt werden – und täuscht sich damit selbst.

244 FIXIE Inc, <https://www.cycles-for-heroes.com/produkt/fixie-inc-floater-black-2>, Stand: 23.09.2019.

245 Ebd.

DIE LETZTE MEILE: DIE BESCHLEUNIGUNGSLEISTUNG DER LOGISTIK

Das Versandhaus Zalando konnte Jahr für Jahr Wachstumszahlen präsentieren, weil fast alle KundInnen für einige Minuten zu unfreiwilligen WerbebotschafterInnen wurden, wenn sie ihre Pakete mit leuchtendem Zalando-Logo durch die Straßen trugen. Mit neuen Heimlieferoptionen und Zustellrobotern könnte dies bald der Vergangenheit angehören. So beteiligen sich nicht nur Sharing-Dienst-Anbieter, sondern auch Logistikunternehmen am Rennen um die letzte Meile. Es ist dies ein dromokratischer Wettkampf mit zwei unterschiedlichen Richtungspfeilen. Einerseits kämpfen Mikromobilitäts-Anbieter und Logistikunternehmen gemeinsam um die Beschlagnahmung des öffentlichen Raums. Andererseits wetteifern die beiden Branchen miteinander in der Frage, ob der Mensch elektrifiziert werden soll oder ob nicht viel einfacher der Warentransport um ihn herum beschleunigt werden kann, sodass der Mensch sich selbst gar nicht mehr bewegen muss. Wer ein Paket per Drohne oder Roboter bei sich zu Hause abholen kann, muss künftig weder zum Postschalter noch in den Supermarkt gehen. Wie der Warentransport in diesem dromokratischen Geschwindigkeitswettbewerb die Nase meist vorne hat, dazu später mehr.

Der Bedeutungszuwachs der letzten Meile hängt mit einem Wandel des Konsumverhaltens zusammen. Statt kontinuierlicher Akkumulation und Gefallen am Besitz geht es heute vielmehr um die unmittelbare und wiederholte Aneignung von neuen Waren.[246] Dadurch wird Geschwindigkeit nicht nur für Unternehmen, sondern auch für die KonsumentInnen zu einem wichtigen Qualitätsmerkmal. KundInnen sind mehr und mehr bereit, die Beschleunigung der Warenzirkulation in sich aufzusaugen und, so berichtet es zumindest eine wohlwollende DHL-Studie, Geld für eine beschleunigte Paketzustellung auszugeben.[247] Wichtiger als

246 Vgl. Tomlinson: The Culture of Speed, 2007, S. 137.

247 DHL: Shortening the last Mile: Winning logistics strategies in the race to the urban consumer. A custom report compiled by Euromonitor International for Deutsche Post DHL Group, 2018. Online: <https://www.dpdhl.com/content/dam/dpdhl/en/media-center/media-relations/documents/2018/dhl-whitepaper-shortening-the-last-mile.pdf>.

die Huhn-Ei-Frage, ob der Wunsch nach Geschwindigkeit bei den KonsumentInnen vor dem Drang der Unternehmen kam, dies als Qualitätsmerkmal zu propagieren, ist die Beobachtung, dass sich beides beständig reproduziert. Wo Werbung die raschere Lieferzeit als Distinktionsmerkmal verkauft und andere darauf einsteigen, reproduziert sich ein bestehender Wunsch nach Geschwindigkeit, der wiederum von der Kundschaft durch Kaufverhalten oder Bewertungen reproduziert wird.

Alles gibt es direkt zu Hause. Das klingt wunderbar visionär – und zugleich erneut sonderbar altbacken. Was als große Neuheit angepriesen wird, ist zumindest alles andere als eine neue Idee: PostbotInnen kamen auch bisher mit Briefen und Paketen nach Hause, der Milchmann brachte früher schon Lebensmittel zur eigenen Wohnung. Im Gegensatz zur Transportvision von morgen geschahen diese Lieferungen allerdings zu festgelegten Uhrzeiten (oder zumindest zu festgelegten Zeitabschnitten) und nicht zu jeder beliebigen Tageszeit. Der versprochene Vorteil dromokratischer Heimlieferung liegt im Zeitgewinn einer dauergestressten Gesellschaft, die glaubt, durch zusätzliche Transportgeschwindigkeit und technologischen Fortschritt ihrem Elend der fragmentierten Zeit zu entkommen. Mit dem Slogan »Für geschenkte Zeit!« wirbt beispielsweise eine große Schweizer Supermarktkette für ihren Home-Delivery-Service. »Gute Dinge kommen zu denen, die warten. Aber große Dinge kommen mit einer gut genutzten Zeit«[248], lautet der Slogan des schwedischen Logistikunternehmens Budbee. Ein verbessertes Zeitmanagement hilft bei der Beschleunigung des Warentransports. Während es für die KundInnen um eine versprochene Verkürzung der Lieferzeit und um das Versprechen einer ständigen Verfügbarkeit des Warenstroms geht, ist das Kapital an einer Beschleunigung des Warenumsatzes interessiert: Immer schneller soll die Ware abgesetzt und dadurch Wert realisiert werden.

Die Logistik übernimmt die Verantwortung, dieses Versprechen auch umzusetzen. Weltweit arbeiten Unternehmen an Möglichkeiten zur Kommodifizierung der letzten Meile. Alle großen Ver-

248 Vgl. Budbee, <https://budbee.com/en>, Stand: 28.10.2019.

sandhäuser – wie Google, Alibaba oder eBay – haben in den letzten Jahren in verschiedenste Startups investiert, die in der Logistik arbeiten und forschen und beispielsweise automatische Fahrzeuge, Roboterzustellungen oder verbesserte Trackingmethoden entwickeln. Selbst Google wollte vor einigen Jahren in den Kampf um den wachsenden Geschäftszweig einsteigen. Bereits bestehenden Versandhäusern geht es mit ihren Investitionen vor allem um den Ausbau der Gewinnmargen. Amazon ist beispielsweise seit Jahren bemüht, an allen Wertschöpfungsbereichen beteiligt zu sein. Dazu wurde in Lieferketten investiert, aber auch in neue Zustelllösungen, darunter Paketstationen und Same-Day-Delivery-Angebote. Auch hier gilt: Wer mehr bezahlt (und wer dem Unternehmen zugleich mehr Informationen bereitstellt), kriegt den rascheren Service – Transportgeschwindigkeit ist eine erwerbbare Qualität. Dabei setzt man bei Amazon auf eine Vernetzung verschiedenster Angebote. Wer beispielsweise einen Amazon Key (ein elektronisches Türschloss) mit der dazugehörigen Amazon Cloud Cam verknüpft, kann Amazon-PostbotInnen oder den ReinigungsmitarbeiterInnen den Zugang zur eigenen Wohnung von jedem Standort aus gewähren, so verspricht es eine Werbung des Unternehmens – dies ermöglicht es zugleich, die Arbeitenden in ihren Handlungen zu überwachen und nachträglich zu bewerten. Andere Warenhäuser setzen auf weniger komplexe und vernetzte Heimlieferoptionen. Von solchen Möglichkeiten profitieren allerdings vor allem die urbanen Zentren, die in ihrer städtischen Verdichtung eine gigantische letzte Meile darstellen. Dörfer und abgelegene Orte werden die bestehende Vernachlässigung in den kommenden Jahren weiter zu spüren bekommen – dass in den meisten Regionen dieser Welt überhaupt noch in abgelegene Gebiete geliefert wird, hängt mit staatlichen Interventionen und der ideologischen Aufladung des Post-Services als breit abgestütztes Public Service zusammen (die Verschmelzung von nationaler Identität und dem Transportwesen als zivilisatorische Errungenschaft wurde von *The Postman* bis *Cast Away* filmisch immer wieder kitschig inszeniert). Ginge es alleine nach dem Markt, wären die Lieferketten für periphere Regionen wohl schon längst zusammengebrochen.

Um mit den neuen Geschwindigkeitsansprüchen mitzuhalten,

forschen Transportunternehmen seit einigen Jahren nicht nur technisch, sondern auch konzeptuell daran, wie die letzte Meile für die Logistik in Beschlag genommen werden kann. Das deutsche Transportunternehmen DHL hat 2018 beispielsweise eine Studie mit dem Titel *Shortening the Last Mile: Winning Logistics Strategies in the Race to the Urban Consumer* veröffentlicht, die sich dieser Frage annimmt. Bis 2030 rechnet der Lieferant mit 600 Millionen Menschen, die zusätzlich zu der bisherigen Bevölkerung in Ballungsräumen leben werden. Sie alle sind potenzielle KundInnen. Als zukünftige Kernpunkte erachtet die Studie »lokalisierte Lieferung, flexible Zustellnetze, die saisonale Logistik und neue Technologien«[249]. Oder wie es der Titel dromologisch perfekt anspricht: Im Kampf um die größte Geschwindigkeit ist die letzte Meile ein elastischer Raum. Wer ihn durch höhere Transportgeschwindigkeit zu verkürzen mag, gewinnt das Rennen um die urbanen KonsumentInnen. Dafür notwendig sind in einem ersten Schritt flexible Abholstationen, Kooperationen mit Verkaufsstellen und die Fähigkeit, auf spezielle Ereignisse wie die neuen Superverkaufstage, beispielsweise den Black Friday, reagieren zu können. Erst in einem zukünftigen Schritt geht es um die heute noch visionär wirkenden Möglichkeiten von Drohnenpost und Zustellrobotern.

Die Kommodifizierung der letzten Meile reagiert allerdings nicht nur auf ein neues KundInnenbedürfnis. Sie setzt dort an, wo im ständig wachsenden und sich verbessernden Logistikbereich überhaupt noch Optimierungsschritte getätigt werden können. Ein wichtiger Prozentsatz der Zustellkosten für ein Paket entsteht auf der letzten Meile. Hier kann eine Ware nicht mehr als Teil von günstigen Massenladungen per Container geliefert werden, sondern muss individuell zugestellt werden. Im schlimmsten, allerdings durchaus regelmäßigen Fall erfolgt hier ein Zustellungsversuch mehrmals, weil beim ersten Mal niemand zu Hause war, der oder die das Paket in Empfang nehmen konnte. Die letzte Meile ist bisher entsprechend personalintensiv und teuer. Steigt die Anzahl an Paketen in den kommenden Jahren weiter, braucht

249 Vgl. DHL: Shortening the last Mile, 2018.

es noch mehr FahrerInnen. Die Transportindustrie fürchtet sich davor, geht sie doch davon aus, dass sie dafür den dazugehörigen Beruf attraktiver machen – das heißt: höhere Löhne bezahlen – müsste. Ein personalintensiver Bereich bedeutet allerdings zugleich, dass sich darin größere Optimierungsangebote finden. Es liegt auf der Hand, dass Logistikunternehmen gerade deswegen in die letzte Meile investieren, weil sie hier das größte Spar- und Rationalisierungspotenzial erkennen. Die rationalisierte Zukunft liegt deswegen darin, der Kundschaft die gerade erst als Vision propagierten Heimlieferoptionen wieder garstiger zu machen und stattdessen auf dezentralisierte, personallose Abholstationen zu setzen. Die Liefergeschwindigkeit ist damit noch immer erhöht, wie sich gleichzeitig Personalkosten sparen lassen, da die KundInnen den letzten Schritt selbst gehen müssen, indem sie ihr Paket an entsprechenden Standorten abholen, sei dies in Partnerschaften mit bestehenden Verkaufsräumen oder als frei stehende Paketstationen – und wer bereit ist, mehr zu bezahlen, bekommt das Paket trotzdem noch bis zu sich nach Hause geliefert.

KOMMODIFIZIERUNG MIT STAATLICHER UNTERSTÜTZUNG

Ein Großteil der letzten Meile befindet sich auf öffentlichem Grund. Öffentliche Institutionen wirken als Bewilligungsinstanzen für technische Innovationen, gerade was Straßenzulassungen oder Bauabsichten betrifft. Notwendig ist deshalb neben der privatwirtschaftlichen Initiative eine breite öffentliche Unterstützung der Logistikindustrie wie der Mikromobilität. Jene beschränkt sich nicht nur auf den gesetzlichen Rahmen, sondern dehnt sich auf die Forschung und Verbesserung des Logistikangebots aus. So gibt es zahlreiche Forschungsabkommen zwischen privaten Unternehmen und Universitäten, die sich – ausgestattet mit staatlichen Fördergeldern – Fragen der Logistik und Mikromobilität im 21. Jahrhundert widmen. Im von der EU finanzierten Forschungsnetzwerk CIVITAS forschen beispielsweise Universitäten, Städte und private Unternehmen an umweltfreundlicheren Fahrzeugen und verbesserten Koordinationsmöglichkeiten in der Logistik. Das Forschungsprojekt STRAIGHTSOL war zwischen 2011 und 2014 ein ebenfalls von der EU finanziertes Projekt, bei dem sich Universitäten zusammen mit privaten Partnern wie DHL oder dem Logistikunternehmen TNT mit innovativen Logistikangeboten in den Städten befassten. Am MIT in Cambridge/Massachusetts gibt es gar ein eigenes Forschungszentrum, das an nichts anderem als an der Logistik der letzten Meile forscht. Zahlreiche weitere solche Beispiele ließen sich aufzählen. Noch enger findet die Kooperation zwischen privaten und staatlichen Stellen an all jenen Orten statt, an denen öffentlich-private Partnerschaften schon lange etablierter Teil des kapitalistischen Regulationsmodus sind. In Zürich gibt es mit »Innovative letzte Meile Angebote« beispielsweise ein Kooperationsprojekt zwischen Privatwirtschaft und städtischen Ämtern, das die politische Umsetzung von Logistikangeboten fördert. Als funktionierendes Beispiel wird dort unter anderem der Zubringerdienst der Schweizer Post genannt, die als erstes Unternehmen in Europa einen Lieferroboter eingesetzt hat.[250] Der Versuch musste wieder abgebrochen werden, weil sich der Roboter per Gesetz nur in Begleitung einer menschlichen Begleitperson fortbewegen durfte. Weil dies einer Verschwendung von Arbeitskraft gleichkommt, zog sich die Post zurück, allerdings nicht ohne klar zu machen, was zukünftig anders laufen müsse: Bei der Post stehe man im Kontakt mit dem Bundesamt für Straßen, um möglichst rasch »bessere gesetzliche Rahmenbedingungen«[251] für Roboter und andere Zubringerdienste auf der letzten Meile auszuarbeiten. Die Rechnung ist einfach: »Entweder wir testen Innovationen oder die Konkurrenz tut es«[252], droht Claudia Pletscher, die Sprecherin der Post für Entwicklungen und Innovation in einem Interview. Solche Drohungen wirken – insbesondere wegen der Angst vor der globalen Konkurrenz. Es wird nicht viel Zeit vergehen, bis

250 Vgl. Metropolitankonferenz Zürich (Hg.): Innovative letzte Meile Angebote, 2018.

251 Baumgartner, Fabian: »Entweder wir testen Innovationen, oder die Konkurrenz tut es«, in: Neue Zürcher Zeitung, 04. 03. 2019. Online: <https://www.nzz.ch/zuerich/entweder-wir-testen-innovationen-oder-die-konkurrenz-tut-es-ld.1464009>, Stand: 23. 09. 2019.

252 Ebd.

die Schweiz neue Gesetze erlässt, damit Roboter endlich auf die Straße dürfen und Pakete ausliefern.

Die fordernden Worte an den Staat wiederholen sich auch im Bereich der Mikromobilität. So appellierte beispielsweise die McKinsey-Sprecherin Kersten Heineke im Januar 2019 in einer Pressemitteilung zu ihrer Mikromobilitäts-Studie an staatliche Behörden: »Damit dieses Angebot funktioniert, sollte jetzt auch in Europa schnell ein einheitlicher gesetzlicher Rahmen für alle Formen der Mikromobilität geschaffen werden. Zudem müssen Städte und Anbieter Hand in Hand arbeiten.«[253] In Deutschland scheint sie damit Gehör gefunden zu haben. Seit Juni 2019 hat das Land eine Elektrokleinstfahrzeuge-Verordnung. Erst wollte Verkehrsminister Andreas Scheuer E-Scooter auf dem Gehsteig zulassen. Mittlerweile hat er jedoch eingelenkt – und sie auf die Radwege verbannt. Auch in Österreich gilt seit Kurzem ein entsprechendes Gesetz. Der Staat übernimmt seine Verantwortung als dromokratischer Lenker und Verwalter in einem privatisierten öffentlichen Raum. Er kümmert sich im Eilverfahren um die gesetzliche Grundlage für die neuen Mobilitätsmöglichkeiten, legitimiert sein Handeln zugleich mittels politischer Visionen und Begriffsversprechen wie der Verkehrswende und fördert ein entsprechendes Handeln, indem er zum Bewusstseinswandel und zur Verhaltensänderung seiner BürgerInnen beiträgt.

NATIONALE UND TRANSNATIONALE PROJEKTE

Die totalitäre In-Bewegung-Setzung der Welt und ihrer Subjekte ist nicht nur Tendenz auf städtischer, sondern auch auf nationaler oder transnationaler Ebene. Zahlreiche Regionen und Länder arbeiten gegenwärtig an Plänen zur Implementierung neuer dromokratischer Standards für das 21. Jahrhundert. Hubs, Cluster, Logistikzentren und Transitstätten lauten die dazugehörigen Schlagworte. Chinas Regierung beispielsweise plant, sich lang-

253 McKinsey: Pressemitteilung: Verkehr in Innenstädten: Mikromobilität in Europa mit 150 Mrd. Dollar Marktpotential, 30. 01. 2019.

fristig in ein Land mit 19 Super-Regionen zu verwandeln.[254] Die gigantischen Ballungszentren sollen nach strategischen Zielen errichtet und durch Hochgeschwindigkeitszüge miteinander verbunden werden – in einigen Jahren soll das bisherige Netz durch eine neue Magnetschwebebahn (Maglev) ergänzt werden, deren Züge auf bis zu 600 km/h beschleunigen können. In den größten fünf Clustern werden durchschnittlich 110 Millionen Menschen leben, entsprechend groß ist die Fläche der geplanten Zonen. Der strategische Wert solcher Cluster liegt in der wirtschaftlichen Produktivität – in optimierter Form sollen die verschiedenen Cluster miteinander konkurrieren und einander zu Bestleistungen anstacheln. Konzentrierte Megastädte bieten der Wirtschaft logistische Voraussetzungen wie ausreichend qualifizierte Arbeitskräfte für eine optimal funktionierende Kapitalakkumulation. Dafür will man, so die neuesten Regierungsreporte, auf Big Data, künstliche Intelligenz und verbesserte Mobilität setzen – Letzteres soll zu einem stärkeren Binnenmarkt führen, der die Investitionen vermehrt selbsttragend machen soll. Für diese Visionen hat man bei der Staatlichen Kommission für Entwicklung und Reform wohlwollend Studien aus dem Westen aufgenommen, zum Beispiel McKinseys Analyse über Smart Cities, in der die Echtzeit-Ideologie auch für die Stadtplanung aufgenommen wird und in der unter anderem folgende Aussagen über vernetzte Städte zu finden sind:

> »Smart cities add digital intelligence to existing urban systems, making it possible to do more with less. Connected applications put real-time, transparent information into the hands of users to help them make better choices. These tools can save lives, prevent crime, and reduce the disease burden. They can save time, reduce waste, and even help boost social connectedness. When cities function more efficiently, they also become more productive places to do business.«[255]

254 Vgl. China is trying to turn itself into a country of 19 super-regions, in: The Economist, 23. 06. 2018. Online: <https://www.economist.com/china/2018/06/23/china-is-trying-to-turn-itself-into-a-country-of-19-super-regions>, Stand: 23. 09. 2019.

255 McKinsey Global Institute: Smart Cities: Digital solutions for a more livable future, 07. 06. 2018, <https://medium.com/mckinsey-global-institute/smart-cities-c0d557ff42c1>, Stand: 23. 09. 2019.

Die Vorstellung, dass Echtzeitdaten und dazugehörige Apps den UserInnen dabei helfen, »bessere Entscheidungen zu treffen«, bedeutet nicht, dass diese je nach Laune getroffen werden sollen. Entscheidungen, die als bessere Wahl inszeniert werden, sind vorgefertigte Lösungsansätze mit einer Ausrichtung an Produktivitätsgrundsätzen und Effizienzanforderungen. Besser ist stets jene Entscheidung, die den effizientesten Lösungsansatz vorschlägt. Dies gilt zwar auch für effiziente Rettungswege und die Früherkennung von Krankheiten, allerdings vor allem für raschere Arbeitswege, effiziente Transportnetze und rationalisierte Konsumkreisläufe. ›Do more with less‹ erfüllt die Anforderung optimierter wirtschaftlicher Produktivität und liefert als Ergänzung dazu auch noch Überwachungsmöglichkeiten in ›smarter‹ Form – die Furcht vor dem chinesischen Überwachungsstaat ist zwar berechtigt, konzeptuell steht man dem aber in anderen Ländern und Visionen in nichts nach.

Mit Chinas regionaler Verdichtung einher geht ein dromologisch bemerkenswerter Wandel im Denken hin zu logistischen Kategorien. Städte werden zu Hubs mit einer jeweiligen Aufgabe. Anhand dieser Funktionen werden sie national miteinander verbunden und an ein internationales Transportnetz angeschlossen, das entweder über die neue Seidenstraße oder das Meer führt. Die Regierung klassifiziert ihre Cluster als »eine Stunde ökonomische Zone« oder »zwei Stunden ökonomische Zone«[256], gemessen an der Zeit, die gebraucht wird, eine Zone im Schnellzug zu durchkreuzen – mit dem anhaltenden Problem, dass dies zwar das Tempo zwischen zwei Orten misst, allerdings noch nicht die viel langsamere Transportzeit zu einem jeweiligen Bahnhof. Die Zukunft sieht allerdings eine graduelle Erweiterung des beschleunigten Transportes vor. Mehr als 200 neue Flughäfen ergänzen das Angebot auf den Schienen für weite Entfernungen. Automatische Fahrzeuge und Busse optimieren den innerstädtischen Verkehr. Hochgeschwindigkeitslifte steigern die Geschwindigkeit in die Vertikale – und sollen künftig auch horizontal als Verbindung zwischen verschiedenen Gebäuden funktionieren. Das Denken in Zeit- statt Raumeinheiten

256 China is trying to turn itself into a country of 19 super-regions, 2018.

und die entsprechende dromokratische Regulierung prägen auch eine neue Art des Denken und Verwaltens. Der chinesische Immobilienhändler Ren Yongsheng wird dazu in einem Artikel des *Ecomomist* zitiert: »Die Art Distanzen zu messen hat sich von der Verwendung von Raum- zu Zeiteinheiten verändert.«[257]

Der logistische Anspruch wirkt sich auf die weiter zunehmende urbane Verdichtung aus. Bereits heute steuern die Transportmöglichkeiten die Bevölkerungsverteilung in Richtung der großen urbanen Regionen. Allerdings noch nicht ganz so, wie man sich das erhofft. Damit die verschiedenen Cluster wie gewünscht wachsen, sollen die permanenten Aufenthaltserlaubnisse (die ›hukou‹) den Menschenstrom besser regeln und Menschen den entsprechenden Hubs zuweisen. Reiche und bereits große Cluster wie Peking haben damit begonnen, die Zugangsschranken zu erhöhen, während andere Regionen diese gesenkt haben, um Menschen dauerhaft anzulocken. In ihrer Synthese von staatlichen Infrastrukturprojekten, politischen Regulierungsmaßnahmen und der Förderung von privatwirtschaftlichem Profitinteresse unterscheidet sich China strukturell nicht von anderen Gegenden. Im Gegensatz zu anderen Ländern werden die Verbindungen in China aber besonders deutlich, weil die politischen Zielsetzungen mitunter offener erklärt und gradliniger durchgesetzt werden.

Es gibt jedoch durchaus regionale Unterschiede. China gehört zu den führenden Ländern in Fragen der Mobilität der Zukunft. Im Gegensatz zu anderen Staaten scheint man offener mit Bewilligungen für automatische Fahrzeuge umzugehen. Manche Gegenden und Städte gelten als wichtiges Testfeld künftiger Mobilitätsangebote. In Tongren, das in der ärmeren Provinz Guizhou liegt, soll in den kommenden Jahren beispielsweise eine Teststrecke für einen Hyperloop gebaut werden. Die vor allem von Elon Musk öffentlichkeitswirksam in Szene gesetzte Transportmethode funktioniert als eine Röhre, in der eine Kapsel mit einer Geschwindigkeit von gut 1.220 km/h befördert wird. Vereinfacht gesagt werden solche Geschwindigkeiten möglich, indem der Reibungswiderstand minimiert wird, beispielsweise indem in der

257 Ebd.

Röhre ein Unterdruck herrscht und die Fahrkapsel die restliche Luft vor ihr aufsaugt und hinter sich wieder ausstößt. Auf der Röhre montierte Solarzellen sollen genügend Energie produzieren, um den Antrieb zu gewährleisten. Dieser befindet sich nicht in den Kapseln, sondern in der Röhre. Den Kapseln werden dann im regelmäßigen Abstand Schübe versetzt, die sie auf die richtige Geschwindigkeit bringen. Darüber, ob ein solches Transportnetz finanziell machbar ist oder nicht, streiten sich die ExpertInnen dieser Welt. Es gehörte schon immer zu den Stärken von Musk, seine Projekte mit einem guten Narrativ zu verkaufen. Zumindest scheint der Hyperloop aber bisher langlebiger als andere visionäre Transportvisionen. Verschiedene Hyperloop-Firmen entwickeln seit einigen Jahren auf der ganzen Welt Prototypen der neuen Mobilitätstechnologie. Studentische Startups beteiligen sich an den zahlreichen Wettbewerben zum besten Kapsel-Design. An verschiedenen Orten werden kurze Teststrecken geplant oder stehen bereits in verkleinerter Ausführung. Und in China glaubt man auch von staatlicher Seite an die Realisierbarkeit. Ein Joint-Venture zwischen dem US-Unternehmen Hyperloop Transportation Technologies und der staatlichen Tongren Transport, Tourism and Investment Group will erst eine Strecke zwischen dem Flughafen und der Innenstadt von Tongren bauen. In einem zweiten Schritt soll die Strecke dann auf 50 Kilometer erweitert werden und zum Fanjingshan führen, einem nahen Berg und zugleich beliebten Ausflugsziel. Freilich geht es China nicht um den zukünftigen Transport von TouristInnen, sondern um etwas Größeres. Das Pilotprojekt in Tongren ist Teil der ›One Belt, One Road‹-Infrastruktur-Initiative, auch bekannt als neue Seidenstraße, wo beschleunigten Transportmöglichkeiten eine maßgebliche Rolle in der wirtschaftlichen Entwicklung zugesprochen wird. Dabei ist es gar nicht entscheidend, ob es am Ende jene Technologie ist, die der Hyperloop nutzt, oder ob andere Transportmöglichkeiten sich als geeignetere Varianten herausstellen werden. Fakt ist, dass China wie andere Länder auch einen strategischen Fokus darauf legt, neue Transportnetze und -visionen zu entwickeln. Und diese arbeiten intensiv an der Zerstörung des Raums durch eine beschleunigte Fahrgesellschaft – wie beim Hyperloop selbst technisch umgesetzt, indem der Transport möglichst dichte- und damit raumlos funktioniert.

Dass in dromokratischen Transportvisionen die zeitliche Dimension die räumliche ablöst, gilt auch für europäische Projekte. Zum Beispiel dasjenige des Europakorridors, ein transnationales Lobby-Projekt, das für die raschere Verbindung der Region zwischen Stockholm, Kopenhagen und Hamburg durch Schnellzüge wirbt. Wie so oft zieht man auch beim Europakorridor eine Verbindung von wirtschaftlichem Erfolg und Geschwindigkeit, vermittelt diese allerdings im sachlichen Ton skandinavischer Realpolitik mit weit weniger Pathos als etwa in den erwähnten Wirtschaftsratgebern. Neidisch blickt man auf der Website des Europakorridors in Richtung Japan: »Jeden Tag verkehren beinahe 300 Hochgeschwindigkeitszüge zwischen Tokio und Osaka. Die durchschnittliche Verspätung beträgt 24 Sekunden, obwohl die Strecke mit einer Mischung aus Direktzügen und Zügen, die an allen Bahnhöfen halten, befahren wird.«[258] Vorbild ist, wer trotz Massenverkehr ein High-Speed-Netz anzubieten hat, das in perfektem Zeitmanagement keine Verspätung verursacht. Dabei sind es vor allem wirtschaftliche Gedanken, die den Vorstoß prägen. 65 % von Schwedens Bruttonationaleinkommen werden gemäß Projektbeschreibung innerhalb des abgesteckten Korridors produziert. Eine entsprechende Stärkung hofft man sich durch die Beschleunigung der Transportkanäle: »Mit besseren Verkehrsverbindungen wächst Ihr näheres Umfeld – Ihre Region.«[259] Regulieren will man den Menschenstrom hier nicht mit Aufenthaltsstatus, aber aussortiert wird dennoch: Nicht weniger als »80 % aller Schweden, die an der Universität oder Hochschulen studieren, tun dies innerhalb des Europakorridors«[260]. Gesucht sind qualifizierte Arbeitskräfte, die innerhalb eines länderübergreifenden Korridors ihre Arbeitskraft anbieten oder gleich selbst Managementfunktionen übernehmen. Zunehmend irrelevant sind allerdings jene, die jetzt schon in ab-

258 Was ist der Europakorridor?, <http://www.europakorridoren.se/sv/de/about>, Stand: 23.09.2019.

259 Ebd.

260 Ebd.

gehängten Gebieten leben und nicht gleichermaßen beschleunigt werden sollen.

In anderen Ländern denkt man in die Tiefe. In der Schweiz wird seit Jahren an einem unterirdischen Transportnetz geforscht. Während das erste Projekt mit dem Namen Swissmetro scheiterte, gibt man sich beim neuesten Projekt, dem Cargo Sous Terrain, siegessicher. Dafür nahm man eine wichtige Änderung vor. Entgegen früheren Projektideen will man bei Cargo Sous Terrain keine Menschen, sondern ausschließlich Waren transportieren. Mit einem aus führenden Transport- und Logistikunternehmen, Versicherungen und Banken bestehenden ExpertInnengremium glaubt man so den Weg in die dromokratische Zukunft gefunden zu haben. Ziel ist es, bis 2050 ein 500 Kilometer langes Streckennetz zwischen Boden- und Genfersee mit angrenzenden Logistik- und Verteilzentren zu bauen. Die geplante Strecke läuft entlang einer Linie durch die großen Zentren Genf, Bern, Zürich (mit einem Abstecher nach Basel) und klammert ländliche Regionen weitgehend aus. Die verschiedenen Verteilzentren, so die Idee, sollen die gebündelten Waren dann mit intelligenten Fahrzeugen in den Städten verteilen.

Die von Cargo Sous Terrain präsentierten Vorteile folgen einem Argumentationsmuster, das sich in vielen Transportvisionen und -projekten findet. Ein »Fluss von kleinteiligen Gütern«[261] soll das Wegfallen von Wartezeiten ermöglichen. Durch den unterirdischen Warentransport könnte der Flächenbedarf »massiv reduziert«[262] werden. Der dromokratische Gütertransport wird atomisiert und dadurch beschleunigt. Damit einher geht die Erkenntnis, dass die Bewegung der Ware wichtiger sein kann als diejenige des Menschen. Wenn es nur noch wenige Minuten braucht, bis ein Produkt die Schweiz durchquert hat, muss der Mensch nicht mit derselben Geschwindigkeit transportiert werden. Es reicht, wenn er/sie als KonsumentIn mit der Fähigkeit ausgestattet wird, die Ware online zu bestellen – um diese dann im besten Falle per Transportroboter bei sich zu Hause in Empfang zu nehmen.

261 Warum Cargo Sous Terrain, Cargo sous terrain, <https://www.cst.ch/warum-cst>, Stand: 23.09.2019.

262 Ebd.

Präsentiert wird die Idee eines unterirdischen Warentransports wie bei vielen solchen Transportvisionen als visionäres Umweltprojekt. Wo der Transport vereinfacht werde, profitiere die Umwelt, so die Schlussfolgerung. Dies wird man nicht müde zu propagieren. So sieht man auf dem ersten Bild auf der Website von Cargo Sous Terrain keine Illustration des Transporttunnels, sondern das Bild einer grünen Flusslandschaft. Erst das darauf folgende Bild visualisiert die Transportkapsel, um daraufhin in abwechselnder Folge wieder Wälder beziehungsweise Naturbilder und Transportkapseln zu zeigen. Die Naturverbundenheit wird in eine paradoxe Situation eingebettet, die nur der beschleunigte Kapitalismus hervorbringen kann: Cargo Sous Terrain legitimiert sein Projekt unter anderem damit, dass der Gütertransport zwischen 2010 und 2040 um bis zu 37 % zunehmen werde. Dies könne von der Straßeninfrastruktur nicht mehr aufgefangen werden. Was es deswegen brauche, seien innovative Projekte zur »nachhaltigen und umweltfreundlichen Güterversorgung«[263]. Die Zunahme des Warenverkehrs produziert gleichzeitig dasjenige Transportprojekt, das die Umwelt schonen soll. Mit unter die Erde versetzten Transportwegen soll die Erde wieder grün werden – durchführbar allerdings nur dann, wenn genügend Güter transportiert werden und das Projekt dadurch profitabel gemacht wird. Die Paradoxie dromokratischer Umweltpolitik besteht darin, dass die Simulation einer neuen Natur an die Zunahme der Warenproduktion und Logistik gebunden ist. Als neueste Entwicklung des ›Jevons-Paradoxon‹ könnte man dies beschreiben.[264] Der englische Ökonom William Stanley Jevons stellte 1885 fest, dass neue Dampfmaschinen zwar effizienter Kohle verarbeiteten, jedoch in der Gesamtmenge der neuen Geräte dennoch mehr Kohle verbraucht wurde. Das gleiche gilt für die zahlreichen Visionen, Waren unter der Erde transportieren zu wollen, um dadurch energieeffizienter und umweltschonender zu arbeiten. Dafür wird insgesamt mehr Energie benötigt, sei es weil die vielen neuen technischen Geräte addiert mehr Energie brauchen oder aber weil

263 Ebd.

264 Vgl. Foster, John Bellamy: Ecology Against Capitalism, New York 2002, S. 94ff.

nur die Zunahme der Warenproduktion die neuesten Transportmöglichkeiten profitabel gestalten kann und so insgesamt viel mehr Energie zur Herstellung von Waren benötigt wird. Umweltschutz wird zum Legitimationsprojekt des beschleunigten Kapitalismus, der dieses Versprechen niemals halten kann.

Wie schon im Bereich der letzten Meile funktionieren auch neue Transportvisionen nur durch staatliche Unterstützung. Dies gilt nicht nur für nationale Projekte, sondern auch für private Projekte. Zwar brüstet sich Cargo Sous Terrain damit, eine rein privatwirtschaftliche Initiative zu sein und keine Steuergelder zu verschwenden. Allerdings braucht es für die geplante Umsetzung ein neues Bundesgesetz. Während der Schweizer Bundesrat unsicher ist, geht es den Kantonen zu langsam. Sie fürchten, dass sich die Politik nicht genügend stark für das unterirdische Transportnetz einsetzt: »Wir erwarten vom Bund ein klares und deutliches Bekenntnis zum Projekt, damit die Investoren nicht verunsichert werden«[265], erwähnte der Sprecher der kantonalen Vereinigung der Bau- und Planungsdirektoren im Juni 2019. Weiter fordern die Kantone, dass der Bund für die unterirdischen Strecken eine Infrastrukturkonzession erteilt. Dies bedingt unter anderem die Versicherung, dass die Transportpflicht wahrgenommen wird. Sprich: Cargo Sous Terrain muss den Zugang für alle Interessierten zu den gleichen Marktbedingungen ermöglichen. Diese staatliche Grundlage gewährleistet das Funktionieren des Marktes und verhindert einen Marktmissbrauch durch die Transportunternehmen beziehungsweise das daran partizipierende Kapital. Auch die Dromokratie setzt auf bewährte Mechanismen zur Abfederung von Krisenmechanismen des Kapitalismus. Dafür wird der Staat in manchen seiner Funktionen mehr benötigt denn je.

265 Vonplon, David: Güter-Metro: Kantone stellen sich hinter 33 Milliarden-Tunnel, in: Neue Zürcher Zeitung, 17. 06. 2019. Online: <https://www.nzz.ch/schweiz/kantone-stellen-sich-hinter-die-u-bahn-fuer-gueter-ld.1489104>, Stand: 23. 09. 2019.

ON TIME

Wo automatische Fahrzeuge die Straßen und Schienen bevölkern, braucht es keine FahrerInnnen mehr. Während Autohersteller noch immer mit der Umsetzung unter realen Bedingungen kämpfen und bei jedem Unfall mit einem medialen Aufschrei rechnen müssen, ist man beim Schienenverkehr bereits weiter. Schon heute arbeiten Züge in der Regel mit einer großen Anzahl miteinander kommunizierender technischer Unterstützungsleistungen. Das European Train Control System unterstützt beispielsweise die Zugsicherung, indem zwischen Fahrzeugen und Zentrale kommuniziert wird. Dies dient in der aktuellen Phase vor allem der Gleissicherung, beispielsweise über die Mitteilung, ob ein Gleisabschnitt frei ist oder nicht. In einem nächsten Schritt geht es dann um die Kommunikation zwischen den einzelnen Zügen. Dies würde ein näheres Aufrücken und dadurch eine Verdichtung des Fahrplans ermöglichen, die ohne technische Unterstützung nicht möglich wäre.

Während solche Versuche auf den vielbefahrenen Strecken Europas nicht einfach umzusetzen sind, ist man auf den privaten Strecken des britisch-australischen Bergbaukonzerns Rio Tinto schon weiter. Trotz einiger Rückschläge fahren auf dem 1.700 Kilometer umfassenden Schienennetz in Australien seit 2018 automatische Züge, die das Eisenerz von den verschiedenen Minen an die drei Verladestationen am Meer bringen. Eine typische Fahrt eines Eisenerzzugs legt eine Strecke von 800 Kilometern zurück und dauert gut 40 Stunden. Bisher brauchte es dafür mindestens drei Stopps für den Wechsel der LokführerInnen, die wiederum an den jeweiligen Ort transportiert werden mussten. Dies fällt mit dem neuen System weg. Personalkosten spielen eine große Rolle bei der Einführung automatischer Transportsysteme – trotz gegenteiliger Behauptung investiert kein Unternehmen derart große Geldbeträge, wenn es darin keine Profit- beziehungsweise Einsparmöglichkeiten sieht. Dies zeigt auch die Entwicklung bei Rio Tinto. Seit Jahren sinkt dort die Anzahl an Mitarbeitenden. Dadurch werden sich die 800 Millionen Euro Investitionen für das neue automatische Zugsystem irgendwann tatsächlich auszahlen.

Auch die Durchschnittsgeschwindigkeit konnte durch die

Automatisierung erhöht werden. Allerdings ist Eisenerz kein Gemüse, das auf dem Transportweg zu schnell reifen könnte. Man könnte also davon ausgehen, dass es dem Bergbaukonzern mehr oder weniger egal sein kann, ob sein Produkt nun in 40 oder in 42 Stunden den Hafen erreicht, insbesondere da es sich doch um hohe Investitionskosten für einen kleinen Zeitgewinn handelt und die Transportschiffe den Hafen nicht auf die Sekunde genau verlassen. Das ideologische Geschwindigkeitsversprechen spielt auch hier eine Rolle. Immer wieder betonen sowohl Rio Tinto als auch verschiedene Bergbaumagazine, wie in Australien Science Fiction zur Realität werde.[266] Doch um einiges wichtiger als die erhöhte Fahrtgeschwindigkeit und die damit einhergehende Selbstvermarktung im globalen Wettbewerb ist (neben der Reduzierung der Personalkosten) die mit der Automatisierung erhoffte Effizienzsteigerung durch die Auslöschung nicht produktiv genutzter Zeit. Dafür sollen künftig nicht nur Züge autonom funktionieren, sondern auch Minenfahrzeuge, Bohrmaschinen und andere für den Bergbau notwendige Geräte. Die kommunikative Verbindung der verschiedenen Arbeitsschritte senkt die ungenutzte Zeit auf ein Minimum und erhöht den Profit auf ein Maximum.

Australiens Eisenerzstrecken sind ein ideales Testfeld für künftige Transportvisionen. Sie gehören privaten Unternehmen, befördern keine Menschen und dazugehörige Unfälle verursachen ausschließlich Sach- und Umweltschäden. Doch auch auf stärker befahrenen Strecken werden mehr und mehr autonome Züge gebaut, bisher vor allem in U-Bahn-Systemen. Und wo einmal automatisiert wurde, wird niemand auf die Idee kommen, plötzlich wieder Strecken für bemannte U-Bahnen zu bauen. Die technische Avantgarde von U-Bahn-Strecken hat mit ihrer Beschaffenheit zu tun. U-Bahn-Netze funktionieren einfacher als reguläre Zugstrecken. Es gibt weniger Kreuzungen zwischen Strecken und weniger vielfachbefahrene Stationen mit Gleiswechseln. Allerdings

266 Vgl. zum Beispiel den Vortrag des Rio-Tinto-Geschäftsführers: Jacques, Jean-Sébastien: Business to People: A new era, Melbourne 20. 03. 2018. Online: <http://www.riotinto.com/documents/180320_Speech_BusinesstoPeople.pdf>; Oder den Artikel Rio Tinto: Mine of the Future, 30. 10. 2014, <https://www.miningglobal.com/operations/rio-tinto-mine-future>, Stand: 09. 10. 2019.

will man im regulären Schienenverkehr nicht hinterherhinken. 2016 unterzeichneten der damalige Chef der Deutschen Bahn, Rüdiger Grube, der Bundesverkehrsminister und der Präsident des Verbandes der deutschen Bahnindustrie eine gemeinsame ›Strategie Schiene Digital‹.[267] Vereinbart wurde darin unter anderem, dass gemeinsam in Modernisierung investiert wird, vom Bund Millionen an Forschungsgeldern für digitale Anwendungen zur Verfügung gestellt und die rechtlichen Rahmenbedingungen für einen autonomen Schienenverkehr erarbeitet werden. Dem Ziel, Deutschland zum »internationalen Technologieführer«[268] zu machen, können sowohl Staat und Industrie als auch die Deutsche Bahn zustimmen. Gemeinsam geht es für den Staat und die Industrie in die dromokratische Zukunft.

Dabei folgt die Etablierung automatischer Fahrzeuge einem merkwürdigen Paradoxon. Einerseits scheint der Mensch ohne technische Unterstützung nicht fähig, die unproduktiven zeitlichen Leerräume zu beseitigen. Er alleine bringt kein verdichtetes Transportnetz zustande, ohne dass ihm Computer dabei helfen, den Abstand zwischen den Fahrzeugen zu verringern. Bei den relativ langen Bremswegen größerer Fahrzeuge ist es nicht erstaunlich, dass man nicht nur auf Sicht fahren kann und man von Ampeln bis Bordcomputern auf vernetzte Unterstützungen setzt. Allerdings ist dies nicht der einzige Hintergrund für die zunehmende Unterstützungsleistung durch technische Geräte. Die Automatisierung dient der Unterstützung eines Menschen, der gerade aufgrund von Zeitdruck und der Überforderung, immer mehr Dinge gleichzeitig im Auge haben zu müssen, anfällig für Unfälle wird. Per GPS funktionierende automatische Lenksysteme dienen beispielsweise nicht einfach der Fahrerleichterung, sondern sind notwendige Entwicklungen in einer zunehmend elektrifizierten und mit Interfaces ausgeweiteten Welt. Die Automatisierung der Fahrzeuge legt zugleich den Grundbaustein für die weitere Automatisierung, da der Mensch ohne immer mehr zusätzliche Geräte keine Möglichkeit

267 Vgl. Bundesministerium für Verkehr und digitale Infrastruktur: Zukunftsforum Schiene Digital – 5-Punkte-Strategie, 22. 06. 2016.

268 Ebd., S. 3.

hat, die Belastung durch die bereits vorhandenen Geräte auszugleichen. Der in der Mikromobilität per Werbung hervorgerufene Anspruch, nur noch mit einem elektrischen Gefährt Herr seiner Lage zu sein, wird im Cockpit von Zügen, Flugzeugen oder großen Fahrzeugen zur Realität, ohne die die globalisierte Produktion gar nicht mehr möglich wäre.

DIE DROMOKRATISCHE STILLE

»Göttlich ist auf Erden die Geschwindigkeit,
Sie besiegt den weiten Raum, die enge Zeit,
Gegenwärtig macht sie überall zugleich
Spiegelnd hoher Götter ewig Reich.«[269]
(Achim von Arnim: Geschwindigkeit)

1821 veröffentlichte der romantische deutsche Schriftsteller Achim von Arnim seine Reisegeschichte *Owen Tudor*. Die Rahmenhandlung beginnt mit einem Erzähler, der in einer Postkutsche ins walisische Holyhead fährt. Die rasche Fahrt weckt ihm die Erinnerung an ein Gedicht über die raumbesiegende und schöpferische Geschwindigkeit. Sie ist es, die die Welt in jüngster Zeit beherrscht und die göttliche Macht auf Erden übernimmt. Rasende Tänze und Bewegungen als Ausdruck von Geschwindigkeit erscheinen als erstrebenswerte Ausdrücke der neuesten Zeit. Gegenteiliger Meinung ist ein auf dem Rücksitz sitzender englischer Puritaner. Dieser fährt mit, weil er mit eigenen Augen eine (fiktionale) Tanz-Sekte mit dem sprechenden Namen ›Jumpers‹ begutachten will. Diese drücken ihre Verehrung Gottes durch Tänze und Sprünge aus, daher auch ihr Name. Der Puritaner, dem Geschwindigkeit und Bewegung fremd sind, hofft ins Parlament zu gelangen, um die Sektenmitglieder »allesamt hängen zu lassen«[270]. Geschwindigkeit und Tanz scheinen ihm aufrührerisch. Der Erzähler wendet zwar ein, dass doch auch früher getanzt wurde und man Berichte darüber kenne,

269 Arnim, Achim von: Owen Tudor, in: Isabella von Ägypten und andere Erzählungen, Zürich 1959, S. 384.
270 Ebd., S. 385.

doch der Puritaner erwidert, dass erstens den Dichtern nicht zu trauen sei und dass zweitens die Religionsvorstellung antiker Tanzveranstaltungen »nichts anderes waren als unsere Jahrmärkte«[271]. Tanz und Bewegung sind lästernde Vergnügen und dürfen im Sinne des Puritaners nicht mit den ernsten Angelegenheiten vermischt werden. Ganz anders ist die Meinung des Erzählers und einer sich ebenfalls in der Postkutsche befindenden Waliserin, die später die titelgebende Binnenerzählung über Owen Tudor einbringen wird. Für die beiden treten Geschwindigkeit und Bewegung als progressive und zukunftsorientierte Angelegenheiten in Erscheinung, während die Langsamkeit und Abwehr von Geschwindigkeit in Form des englischen Puritaners reaktionär anmuten. Dabei enthält Geschwindigkeit eine romantische Komponente, indem sie entgegen ihrer Unfalltendenz, ihres Lärms oder ihrer Raumvernichtung eine harmonische Zukunftsvision beinhaltet.

Fast zweihundert Jahre später wird an der 2017 durchgeführten Ausstellung »Berlin Neustadt 40/40« des Bundes Deutscher Architekten ein Poster ausgestellt, das dem Erzähler von Achim von Arnims Reisegeschichte gefallen könnte. Auf dem von Thomas Stadler entworfenen Bild wird das romantische Gemälde *Wiesen bei Greifswald* von Caspar David Friedrich durch einen Hyperloop ergänzt. Während auf dem Original in der linken Bildhälfte Windmühlen zu sehen sind, wirken Geschwindigkeit und Bewegung nun als hoch gelagerte Terrasse, die Geschwindigkeit harmonisch absorbiert, indem sie in der Weite unscharf wird. Geschwindigkeit und ihre technischen wie baulichen Bedingungen fallen zwar auf, passen sich farblich in ihrem Verlauf aber der Veränderung des Himmels an, bis sie schließlich in der ebenfalls nur angedeuteten Stadt aufgehen. Auf dem Original macht der Himmel mehr als die Hälfte des Bildes aus, während auf dem neueren Plakat die Terrasse nunmehr die linke Bildhälfte einnimmt, ohne dass dies dem harmonischen Verhältnis insgesamt Abbruch tun würde. Wie passend die neue Ergänzung ist, zeigt sich auch in der anderen Bildhälfte. Während die linke Seite um die neueste Erfindung ergänzt wurde, springen in der Mitte und rechts wie auf dem Origi-

271 Ebd., S. 387.

Thomas Stadler (Stadler Prenn Architekten): Seaside Berlin 2030[272]

nal Pferde glücklich in der Natur umher, ohne dass die beiden Teile in einer Dissonanz zueinander stehen würden.

›Seaside Berlin‹ lautet der Titel dieser re-romantisierten visuellen Vision der ›Metropolregion Berlin-Greifswald‹. Diese Bezeichnung soll irritieren, ist Greifswald doch alleine per Luftlinie gut 170 Kilometer von Berlin entfernt. Im utopischen Entwurf ermöglicht ein Hyperloop, dass das Quartier an der Ostsee in zehn Minuten von Berlin aus erreichbar wäre. Das Projekt ist keine ausgereifte architektonische oder städteplanerische Vision, sondern ein künstlerischer Entwurf, der den Diskurs der Beschleunigung und Raumvernichtung aufnimmt. Allerdings wurde die Idee weniger utopisch aufgefasst als von den Verfassern wohl intendiert. »Ich finde die Idee gar nicht so utopisch«[273], meinte beispielsweise ein sozialdemokratischer Landrat auf Anfrage einer Zeitung. Und auch die Deutsche Bahn forscht bereits seit mehreren Jahren an der Realisierung eines Hyperloops, der auch in Deutschland neue Städtecluster ermöglichen würde.

Wie bei Cargo Sous Terrain ist es auch bei Seaside Berlin die beschleunigte Transportgeschwindigkeit, die der Natur ihren vermeintlich natürlichen Charakter zurückgibt. Die Landschaft braucht abseits der Transportkanäle nicht weiter verbaut zu werden, da die Verbindung der Ballungszentren weitere Bautätigkeit erübrigt. Ein beschleunigtes Transportwesen erfindet eine Natur, wie man sie aufgrund bisheriger Zersiedelung als verloren geglaubt hatte. Diese simulierte Version der Natur steht in engster Ver-

272 Seaside Berlin, Blog BDA Berlin, 20. 02. 2017, S. 40, <https://blog.bda-berlin.de/2017/02/20/4040-7-%e2%86%90-thomas-stadler-stadler-prenn-architekten>, Stand: 09. 10. 2019.

273 Wohnungsnot: Berlin will neuen Stadtteil in MV anlegen, Ostsee-Zeitung, 27. 03. 2019, <https://www.ostsee-zeitung.de/Nachrichten/MV-aktuell/Berlin-sucht-Platz-fuer-Einwohner-und-blickt-nach-MV>, Stand: 23. 09. 2019.

bindung zur Geschwindigkeit, ohne die sie nicht realisierbar wäre. Dabei nimmt die Geschwindigkeit eine zweite Eigenschaft auf, die sich in Achim von Arnims Geschichte bereits abgezeichnet hat: Das dromokratische Tempo entspricht nicht mehr jener adrenalingeladenen, berauschenden und lauten Fahrt futuristischer oder fordistischer Geschwindigkeitsvorstellungen, sondern tritt in Gestalt einer harmonisch kontrollierbaren Stille auf.

Diese Stille zeigt sich in verschiedensten dromologischen Entwicklungen und wird mitunter zum Problem. Vor allem in der Nacht fällt auf, dass Elektroautos weniger Lärm produzieren als bisherige Fahrzeuge – das Militär macht sich die Elektrotechnologie unter anderem deshalb zunutze, weil sie diskretere Operationen ermöglicht. Weil sich fehlender Lärm auf die Warnzeit auswirkt und damit ein Risiko für FußgängerInnen und andere VerkehrsteilnehmerInnen darstellt, müssen in der Schweiz E-Autos seit 1. Juli 2019 einen künstlichen Ton erzeugen, der sich bei Beschleunigung von einer tieferen zu einer höheren Frequenz verändert und damit einen ›motorenähnlichen‹ Lärm imitiert. Dieser muss zwischen 55 und 75 Dezibel laut sein. Damit setzt die Schweiz bereits existierende EU-Normen um. Dass Elektroautos weniger Lärm produzieren als ihre Vorgänger, hat offensichtlich mit ihrer Technologie zu tun. Doch dies ist nicht nur Ergebnis einer veränderten Energiezufuhr, sondern ebenso eines bestehenden Wunsches, der mehr und mehr umgesetzt wird. Es gehört zu den anvisierten technischen Erfindungen, Lärm als störenden Geschwindigkeitsfaktor zu beseitigen. In der Luftfahrt ist es seit Jahren ein Forschungsbestreben, Lärm einzudämmen. Bei der NASA forscht man sogar an der Beseitigung des Überschallknalls. Auch in der Autoindustrie arbeitet man an der Minderung von Lärm, was mitunter zu skurrilen Nebenprodukten führt: Ford hat beispielsweise 2019 eine Hundehütte mit Geräuschunterdrückung entwickelt, die Hunde vor Lärm, etwa von Feuerwerken, schützen soll. »Hunden und ihren Besitzern einen stressfreien Silvesterabend zu ermöglichen, schien die perfekte Anwendung für unser aktives Lärmschutzsystem zu sein«[274],

274 Aouf, Rima Sabina: Ford's noise-cancelling kennel shields dogs from fireworks, Dezeen, 14. 03. 2019, <https://www.dezeen.com/2019/03/14/ford-noise-cancelling-kennel-design>, Stand: 23. 09. 2019.

preist der dazugehörige Manager sein Produkt an. Freilich geht es dem Autokonzern nicht um Hunde und stressfreie Silvester, sondern um den rasant wachsenden Markt für Produkte der Lärmreduktion im Geschwindigkeitsbereich. Weniger Lärm wird zum Verkaufsargument neuer Geschwindigkeitsprodukte. Auch die Entwicklung fliegender Autos wird mit dem Argument beworben, dass diese im Gegensatz zu Helikoptern und kleinen Flugzeugen viel weniger Lärm verursachen – technisch brauchen sie dafür allerdings meist noch zusätzliche Energie, denn wie man von Helikoptern oder Flugzeugen weiß, sind Rotoren oder Triebwerke alles andere als leise Antriebe. Das vom Google-Mitgründer Larry Page unterstützte US-Startup Kitty Hawk wirbt beispielsweise mit der Entwicklung eines nahezu still fliegenden Fahrzeugs:[275] Als »schnell, klein, leise«[276] wird Heaviside, das Flugtaxi der Zukunft, angepriesen. Betrachtet man zudem YouTube-Videos mit animierten Zukunftstechnologien, dann scheinen fliegende Autos auch in der kulturellen Imagination keine störenden Geräusche mehr zu verursachen.

Man kann Lärmbelastung als ernstzunehmendes Problem betrachten; und Technologien, die es vermögen, eine belastende Nebenwirkung bisheriger Produktivkräfte zu mindern, kommen tatsächlich vielen Menschen zugute. Allerdings ist diese Entwicklung nicht frei von ideologischen Zuschreibungen. Die dromokratische Stille ist technisch manifest gewordenes Ergebnis einer kinetisch-utopischen Hoffnung auf einen sauber ablaufenden Fortschritt, der keine störenden Nebenprodukte verursacht. Dafür werden Technologien entwickelt, die Symptome dämmen, statt die grundlegenden Entwicklungsschritte und -dynamiken anzuzweifeln. Und Lärm spielt hier eine entscheidende Rolle. Während dieser vor allem in wechselnden Tonfrequenzen Unruhe und Unkontrollierbarkeit signalisiert, evozieren Stille und ausbleibende Störgeräusche eine Ruhe, die die Gefahr entnimmt und die dromokratische Geschwindigkeit kontrollierbar erscheinen lässt – ganz

275 Vgl. Adams, Eric: Kitty Hawk's New Flying Car Promises a (Near) Silent Flight, in: Wired, 10.04.2019. Online: <https://www.wired.com/story/kitty-hawk-heaviside-larry-page-flying-car>, Stand: 28.10.2019.

276 Vgl. Heaviside, <https://kittyhawk.aero/heaviside>, Stand: 28.10.2019.

so, wie sich die Stille in Caspar David Friedrichs Gemälde oder eben in seinem Nachfolgerprojekt visuell bei den Betrachtenden einstellt, nur dass sich diese Versprechen in der Realität nur selten bewahrheiten.

FREIHEIT DURCH KONTROLLE: DAS IMAGINÄRE DER DROMOKRATIE

Vor mehr als 20 Jahren beschrieb Virilio die Zukunft der Stadt als einen von Funktionsräumen durchdrungenen Raum, in dem die Menschen durch die »Popularisierung der hohen Geschwindigkeiten zu einem Massenphänomen« zu dauernden »Passagieren« werden.[277] Die geschwindigkeitsbedingten Räume der Fahrgesellschaft scheinen Virilio recht zu geben. Dies wird in den gigantischen Städteclustern sowohl als nationales Projekt mit unterschiedlichen Aufgaben für unterschiedliche Städte als auch innerhalb von Städten mit neuen Konsum-, Arbeits- und Wohnzentren sichtbar. Zeitgleich scheint Virilio aber die Relevanz der Warenmobilität unterschätzt zu haben. Zwar wurde der Mensch im Postfordismus im Sinne des ewigen Passagiers in Bewegung versetzt und erhält in der Dromokratie kinetische Unterstützung, beispielsweise durch autonome Fahrzeuge, Hyperloops oder Mikromobilitätsangebote, doch vor allem Waren sind es, die sich in Höchstgeschwindigkeit rund um die Welt bewegen.

Dies zeigt sich auch mit Blick auf die Illustrierung von Zukunftsvisionen der Fahrgesellschaft, in denen die Frage, ob Waren oder Menschen künftig eine größere Beschleunigung erfahren sollten, längst schon entschieden scheint. Ob Seaside Berlin, Cargo Sous Terrain oder der Europakorridor: Visualisieren oder illustrieren zukunftsweisende Projekte ihre Transportvision, setzen sie auf Röhren, Kapseln und Vehikel. Irrelevant scheinen hingegen Menschen und Gebäude. Städte können gar, wie etwa beim Plakat zu Seaside Berlin, in ihrem romantischen Zustand verbleiben, ohne dass dies dem Transportprojekt seinen visionären Charakter

277 Virilio: Fahren, fahren, fahren …, 1978, S. 34; vgl. dazu Breuer, Stefan: Der Nihilismus der Geschwindigkeit: Zum Werk Paul Virilios, in: Leviathan 16 (3), 1988, S. 332.

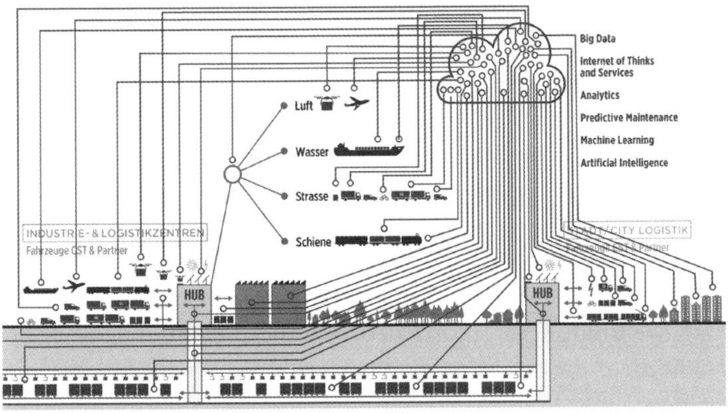

Cargo Sous Terrain: Smart IT/Digitalisierung[278]

nimmt. Cluster wachsen und verdichten sich, greifen gegen den Himmel. Allerdings bleibt das Transportwesen wesentlicher Inhalt visualisierter dromokratischer Visionen. Der Gigantismus der Zukunft ist erreichbar, und zwar vor allem durch einen Ausbau der Warentransportinfrastruktur der Fahrgesellschaft und weniger durch neue Gebäude oder cyborg-artige Menschen.

In der kulturellen Imagination braucht es für diese Entwicklung allerdings eine Kontrollinstanz, die entgegen dem Versprechen dezentralisierter Netzwerke äußerst zentriert in Erscheinung tritt. So gehört die Cloud zu den zentralen Elementen etlicher Illustrationen, die sich mit der für die Dromokratie notwendigen Infrastruktur beschäftigen. Fast schon religiös ikonografisch thront sie immer wieder über den Köpfen der Menschheit, sichtbar beispielsweise in einer Darstellung von Cargo Sous Terrain.

Als Wolke wacht die Cloud im Himmel und leitet das Geschick der unter ihr stehenden Transportinstanzen. Freilich liegt es auf der Hand, dass man jenes, das übersetzt Wolke heißt, in den Himmel projiziert und nicht mit Serverstandorten in gekühlten Betonräumen illustriert. Allerdings geht es an dieser Stelle nicht um die offensichtliche Abbildung eines Begriffs, sondern um die damit verbundene Vorstellung: Die smarte Wolke, die alle Trans-

278 Cargo Sous Terrain, <https://www.cst.ch/warum-cst>, Stand: 23.09.2019.

portfahrzeuge und Hubs miteinander verknüpft, steuert intelligent und zielsicher die Gesellschaft. Die Intensivierung des Warentransports wirkt trotz des möglichen Chaos, das eine zusätzliche Verdichtung von Verkehr bedeutet, ruhig und kontrolliert. Anders als die fordistische Begeisterung von Auto und Straße, die Freiheit in der vermeintlichen Bewegungsfreiheit gegenüber Schienen anvisiert, ist es der geschichtete Transport, der geleitet von intelligenten Verbindungen für einen intensivierten, aber zugleich kontrollierten Verkehr sorgt. Diese Veränderung hängt eng mit den Datenverbindungen zugeschriebenen Eigenschaften zusammen. Nicht mehr die Straße ist es, die (sowohl verkehrstechnische wie auch soziale) Mobilität, Freiheit und entgrenzte Kommunikation verspricht, sondern Datenverbindungen beziehungsweise Telekommunikationsnetzwerke haben diese Rolle übernommen.[279] Vernetzte Verbindungslinien erscheinen daher nicht mehr als Fesseln. Sie evozieren keine Gefahr durch gegenseitige Kontrolle und Abhängigkeit, sondern Freiheit und Luxus durch Vernetzung. Der fordistische Autokult, der wesentlich davon handelte, der Geschwindigkeit der Herrschenden nachzueilen, hat sich in einen Datenkult verwandelt, bei dem man der Höchstgeschwindigkeit der Internetgeschwindigkeit hinterherhetzt.

Der historische Ursprung solcher Visionen liegt in einem sich im Postfordismus neu konfigurierenden Umgang mit Verkehr, Arbeit und Geschwindigkeit. Ein frühes Beispiel hierfür findet sich in der von Walt Disney in den 1960er Jahren angedachten utopischen Stadt Epcot, die Experimental Prototype Community of Tomorrow, eine Zurschaustellung der »Träume« und »harten Fakten, die Amerika erschaffen haben«[280], wie es in einem dazugehörigen Film heißt. Die geplante Stadt sollte Wohn-, Arbeits-, Shopping- und Vergnügungsangebote offerieren – die produktive Integration der Kritik an der entfremdeten postfordistischen Arbeit wird vorweggenommen, indem Arbeit und Freizeit zu einem großen Ver-

279 Vgl. The self-driving car generation gap, <https://slate.com/technology/2016/06/the-self-driving-car-generation-gap.html>, Stand: 23.09.2019.

280 E.P.C.O.T. Film: Transcript, <https://sites.google.com/site/theoriginalepcot/film-transcript>, Stand: 23.09.2019.

gnügungspark verschmelzen. Nach dem Tod von Disney wurde Epcot allerdings als regulärer Teil des angrenzenden Disney-Vergnügungsparks in Florida und nicht mehr als eigentliche Stadt realisiert. Wie dies von Peter-Paul Bänziger ausführlich analysiert wurde, beschreibt Disney 1966 in einem kürzeren Film das Transportwesen seines Parkprojekts.[281] Zentrale Eigenheit der neuen Welt sind die unterschiedlichen Beförderungsinstrumente, die den Menschen in ununterbrochene Bewegung versetzen. Während Autos und Lastwagen unter die Erde verbannt werden, thronen oberhalb der Stadt eine Monorail-Bahn und ein an den jeweiligen Stationen anschließender People Mover, der die Menschen an ihr Endziel bringen soll. Dieser steht, wie die postfordistische Stadt, niemals still und transportiert die Menschen zu jeder Uhrzeit:

> »Epcots's People Mover is a silent, all-electric system that never stops running. These cars continue to move even while passengers are disembarking or stepping aboard. Power is supplied through a series of motors embedded in the track, completely independent of the cars. No single car can ever break down and cause a rush hour traffic jam in Epcot. Because the cars run continuously, there will be no waiting in stations for the Wedway People Mover; the next car is always ready.«[282]

Auf den ersten Blick wirkt Disneys geplante Stadt wie eine Imitation fordistischer Fließbänder. Tatsächlich stand Disney in seinen frühen Jahren persönlich in Kontakt mit Henry Ford. Allerdings manifestiert sich in Epcot zugleich der Übergang in die postfordistische Ordnung. Anders als an den fordistischen Fließbändern üblich, werden nicht die Warenbestandteile, sondern wird der Mensch in Bewegung versetzt. Damit nimmt das Bewegungsversprechen des Postfordismus die fordistische Faszination des Fließbandes auf, verändert aber das Wesen der in Bewegung versetzten Objekte. Arbeitende werden nicht mehr starr ans Fließband gefesselt, wo sie Teile zusammenzusetzen haben, sondern werden in ihrer Freizeit selbst in Bewegung versetzt: »Menschen und Fahrzeuge sind

281 Vgl. Bänziger: Fordistische Körper in der Geschichte des 20. Jahrhunderts, 2013, S. 11ff.

282 E. P. C. O. T. Film: Transcript.

im Disneyland ständig in Bewegung.«[283] Selbst kürzeste Wege zu Fuß werden den bewegten Menschen verwehrt: In der Monorail-Station des Industrieviertels wird der Mensch sogleich wieder in einen People Mover gesetzt, der ihn in seinen anvisierten Gebäudekomplex bringt. Kulturdiagnostisch gelesen ist diese ständige Bewegung mehr als nur Transportvision. In postfordistischer Produktionsordnung geht es stärker als zuvor um die Aktivierung der eigenen Bewegung. Nicht mehr die Fließbänder ordnen den Menschen, sondern dieser ist selbst so elastisch und flexibel geworden, dass er zu jedem Zeitpunkt angepasst und in Bewegung versetzt werden kann.

Einmal in Bewegung, verspricht Epcot die Abkehr von bisherigen Übeln der Gesellschaft. Kein Unfall kann mehr Stau verursachen. Die ständige Bewegung hebt Wartezeiten, Staus und andere Momente des Stillstands auf. Man hat erkannt, dass nicht die Geschwindigkeit der einzelnen Fahrzeuge schuld an der langsamen städtischen Durchschnittsgeschwindigkeit ist, sondern die gegenseitige Stauung. Damit diese aufgehoben wird, muss die Stadt als umfassendes urbanes Transportsystem gedacht werden, das alles Bisherige zu einem aus möglichst geschlossenen Subsystemen zusammengesetzten großen Ganzen zusammenfügt: »Hier reisen Menschen an Bord fast aller Verkehrsmittel, die der Mensch je entwickelt hat.«[284] Damit dies in der Praxis funktioniert, gilt es in den Plänen Disneys, alle äußeren Einflüsse auf ein Minimum zu begrenzen. Die Umwelt soll keinen Einfluss mehr auf das menschliche Arbeits- und Shoppingvergnügen haben: »In dieser klimaregulierten Umgebung genießen Käufer, Theaterbesucher und Spaziergänger ideale Wetterbedingungen, bei Tag und Nacht geschützt vor Regen, Hitze und Kälte sowie Feuchtigkeit.«[285] Der Mensch selbst wird zum Erbauer seines Paradieses, das im Wesentlichen ein großer Vergnügungspark der Bewegung ist, in dem »Schnelligkeit, Sicherheit und Komfort«[286] zum Leitversprechen einer Gesellschaft mutieren. Dies gibt es freilich nicht ohne Kehrseite. Die von Außeneinflüssen bereinigte Stadt

283 Ebd.
284 Ebd.
285 Ebd.
286 Ebd.

ruft ein neues Umweltproblem hervor: die Geschwindigkeitsverschmutzung, wie sie Virilio beschreibt: »Die dromosphärische Verschmutzung ist […] eine Art Verschmutzung, die die Lebhaftigkeit des Subjektes und die Beweglichkeit des Objektes betrifft, indem sie die Strecke so weiter verkümmern lässt, bis sie unnütz geworden ist.«[287] Wenn man in Sekundenbruchteilen am anvisierten Ort ist – und immer gleich in Bewegung versetzt wird, verliert die Distanz und damit das Reisen jede Bedeutung und Qualität. So wird erst die Stadt und später die ganz Welt zu einem einheitlichen Gebilde mit unterschiedlichen Funktionsräumen der ununterbrochenen Waren- und Kapitalzirkulation.

Autos, die bisher führenden Transportmaschinen, scheinen in Disneys Vision nur eine geringe Rolle zu spielen. Dies irritiert, waren sie doch bisher zentraler Bestandteil des US-amerikanischen Traums. Dass dies zu einem ideologischen Problem werden könnte, schien bekannt, betont Disney doch mehrfach, dass Autos sehr wohl Teil der neuen Stadt sein würden, allerdings in separierter Form: »PKWs und LKWs werden nicht von Epcot ausgeschlossen, denn eine riesige Flotte von Fahrzeugen wird kontinuierlich durch das Herz der Gemeinschaft fließen und auf Fahrbahnen, die für bestimmte Fahrzeugtypen reserviert sind, unter dem Fußgängerniveau fahren.«[288] Die Separation der verschiedenen Transportvehikel auf unterschiedliche Stockwerke verhindert Staus und ermöglicht den ununterbrochenen Verkehr durch die Stadt. Entgegen einer fordistischen Blutkreislaufmetaphorik funktioniert die postfordistische Stadt als funktionsfähiger Organismus erst dann richtig, wenn man diesem mehrere autonome, sich nur an Hubs zusammenfindende Kreisläufe zuspricht. In dieser Funktion der Stadt, das Transportwesen so zu verfeinern, dass die Transportvehikel widerspruchslos aneinander vorbeikommen, liegt zugleich der frühe utopisch-dromokratische Anspruch von Disneys experimenteller Stadt. Gemäß vergleichbarem Schichtungsprinzip funktionieren später auch Visionen wie Cargo Sous Terrain, in denen unterschiedliche Verkehrskreisläufe voneinander getrennt oder

287 Virilio, Paul: Fluchtgeschwindigkeit, Frankfurt am Main 1999, S. 53.
288 E. P. C. O. T. Film: Transcript.

zumindest dank intelligenter Fahrzeuge in Abstand zueinander gehalten werden – Ersteres wird sichtbar in der dazugehörigen Illustration durch die Schichtung in die Vertikale.

Das sich bei Disney abzeichnende neue Gefühl von Freiheit, das aus dem geschichteten Zusammenspiel unterschiedlicher Transportfahrzeuge und einer größtmöglichen Geschwindigkeit entsteht, konfiguriert auch dromokratische Visionen und Narrative. Mit dem Satz »Mehr Freiheit und Komfort für die Bewohner schaffen«[289] bewirbt beispielsweise ein kanadisches Technikunternehmen seine selbstfahrenden Autos. Den Menschen durch künstliche Intelligenz und selbstfahrende Autos ihre »Freiheit zurückzugeben«[290] verspricht ein Sprecher der Software-Firma Ridecell. Fester Bestandteil solcher Aussagen ist das dromokratische Versprechen, SeniorInnen dank neuer Technologie wieder in den Verkehr zu integrieren und damit die »Bewegungsfreiheit wieder für alle herzustellen«[291]: Die dromokratische Bewegungsideologie wirkt als integratives Versprechen, das alle in seinen Bann zu ziehen versucht. Noch sind aber nicht alle davon überzeugt. Der *New Yorker* berichtet in einer Reportage beispielsweise von einer Gruppe Menschen, die sich gegen autonome Fahrzeuge wehrt, darunter die Human Driving Association und ihr Gründer Alex Roy. Dieser vermittelt das Ziel seiner Organisation in einer einfachen Formel: »Autonomie = Freiheit. […] Die Freiheit, überall hinzufahren oder gar nirgendwo hin oder ohne triftigen Grund durch das Land zu rasen.«[292] Gemixt mit einer Prise fordistischer US-amerikanischer

289 Ennet, Gary: London lands world's first automatic electric-vehicle parking system | CBC News, CBC, 14.08.2019, <https://www.cbc.ca/news/canada/london/worlds-first-automatic-electric-vehicle-parking-system-london-ontario-1.5247537>, Stand: 23.09.2019.

290 Mohammed, Suhaib: How Self-Driving Cars Could Shape Our Future, Entrepreneur, 12.08.2019, <https://www.entrepreneur.com/article/334995>, Stand: 23.09.2019.

291 Mogg, Trevor: Gm's Autonomous Car Unit Says It Needs More Time to Test Its Robo-taxi, Digital Trends, 24.06.2019, <https://www.digitaltrends.com/cars/gms-autonomous-car-unit-says-it-needs-more-time-to-test-its-robo-taxi>, Stand: 04.11.2019.

292 O'Connor, M.R.: The Fight for the Right to Drive, in: The New Yorker, 30.04.2019. Online: <https://www.newyorker.com/culture/annals-of-inquiry/the-fight-for-the-right-to-drive>, Stand: 23.09.2019.

Ideologie, geronnen im Wunsch nach dem Recht auf Eigentum, Wahlfreiheit und Autonomie, wird der Kampf gegen selbstfahrende Autos zum reaktionären Protest gegen die digitale Zukunft. Das deutsche Pendant hierzu findet sich im Widerstand gegen die Geschwindigkeitsregulierung auf der Autobahn oder das Festhalten am SUV als angemessenem städtischem Fahrzeug. Dass einige von einer reaktionären Rückkehr in den prosperierenden Fordismus, dessen Konsumversprechen und dessen Fortbewegungsmittel träumen, mindert allerdings die Beobachtung nicht, dass Freiheit und Transportgeschwindigkeit in der Dromokratie neu miteinander verknüpft werden und diese Verknüpfung durchaus massentauglich ist. Laut einer Studie glauben schon heute 47 % der befragten Menschen, dass selbstfahrende Fahrzeuge ihnen ein Freiheitsgefühl vermitteln werden – Tendenz steigend.[293] Was vor 100 Jahren vermutlich als Unfreiheit empfunden worden wäre – das heißt: die automatisierte Fahrt verbunden mittels hunderter Kontrollsensoren und aufgezeichneter Daten –, erscheint heute mehrheitsfähig als Freiheitsgefühl; für die der Klassengesellschaft angemessenen Distinktionsmerkmale lässt sich dann auch der SUV elektrisch und automatisch betreiben. Für die einen entsteht dieses Gefühl, weil sie so tatsächlich wieder in den Transportkreislauf integriert werden, für die anderen, weil die optimale Kontrolle den selbstbestimmten Weg in den gesellschaftlichen Fortschritt preist und der vermeintliche Zeitgewinn eine weitere Beschleunigung des Lebenstempos verspricht: In einem selbstfahrenden Auto habe ich, so das Werbeversprechen, endlich wieder Zeit, mich um andere Sachen zu kümmern. Dafür werden die kollektiven Erfahrungen des Unfalls, der Umweltzerstörung und des tödlichen männlichen Adrenalinrausches aufgesogen und durch eine propagierte technische Rationalität zunichte gemacht. Die größtmögliche Kontrolle verspricht nicht mehr Fremdbestimmung und Unfreiheit, sondern die Freiheit, sich nicht um alles kümmern zu müssen und so an der Beschleunigung des Lebenstempos teilhaben zu können.

293 Vgl. Roy, Soumik: Global data makes positive forecast about autonomous cars, Tech Wire Asia, 12.08.2019, <https://techwireasia.com/2019/08/globaldata-makes-positive-forecast-about-autonomous-cars>, Stand: 23.09.2019.

HINDERNISSE UND ZWECKENTFREMDETE STRASSEN

Der dromokratische Mensch steht in einem eigenartigen Verhältnis zur Bewegung. Ob mit Mikromobilität und E-Scootern oder auch zu Fuß ist der in Bewegung versetzte Mensch der Fahrgesellschaft zugleich ein sonderbar träges Objekt. Überall steht er vor Hindernissen, Ampeln und Verboten, die auch in der Dromokratie aus- und nicht abgebaut werden. Die städtische Durchschnittsgeschwindigkeit ist nicht viel größer als jene von Pferdekutschen. Der Mensch und seine rasenden Fahrzeuge müssen ständig ausweichen, abbremsen und warten. Zahlreiche Stunden verbringt eine fahrende Person in Staus oder auf der Suche nach Parkplätzen. Ganze Landstriche wurden mit Hindernissen versetzt, die nur mit Brücken oder Tunnels überwunden werden können. Über die großen Straßen der Autobahn darf der Mensch nicht gehen, will er sich nicht seinem sicheren Tod aussetzen oder eine saftige Buße kassieren. Auch die Autobahn als Symbol der fordistischen Vernetzung wird dem Menschen verwehrt, betritt er sie nicht in einem Transportvehikel, das eine ausreichend große Geschwindigkeit mit sich bringt. Oliver Schörgi hat diese widersprüchliche Entwicklung in seiner dromologischen Diplomarbeit treffend zusammengefasst: »Die Geschwindigkeit verdrängt […] den Menschen. Er kann mit ihr nicht Schritt halten, ist für sie nicht gerüstet, kann nur rennen, aber niemals so schnell, wie es nun die Straße von ihm verlangen würde. Der Raum wird für den Menschen unbrauchbar, unbenutzbar.«[294] Städte und Landschaften werden für fahrende Geräte konzipiert, Räume durch Fahrten konfiguriert, Werbebotschaften so aufgestellt, dass sie in Fahrgeschwindigkeit des Autos optimal gelesen werden können. Anders gesagt sind Straßen Grundlage der Mobilität und der Konstruktion urbaner Räume und zugleich Unterbruch. Dem liegt eine historische Entwicklung zugrunde: Vor hundert Jahren noch verdreckter, lauter Ort des kollektiven Austausches, wurden Straßen mit der fordistischen Massenproduktion zum prägenden Moment der motorisierten Bewegung. Parallel dazu wurden sie zum Ort

294 Schörgi: Dispersion. Struktur der Dromokratie, 2014, S. 126.

der Kollision und des Todes. Wollte der Mensch sein gerade erschaffenes Werk weiterhin benutzen, musste er sich hinter seine Fahrzeuge zurückziehen. Umso merkwürdiger wirkt es, wenn wir heute Straßen zweckentfremden.

2016 narrte eine Gruppe von Zürcher KunststudentInnen die lokalen Medien mit selbstgedrehten Videos illegaler Seifenkistenrennen. Sie befestigten ihre Wagen an Straßenbahnen, fuhren steile Straßen herunter oder drehten in den Rampen von Parkhäusern. Diese Videos wurden den Medien zugespielt. In lokalen Zeitungen debattierte man über die lichtscheue Go-Kart-Gang, die sich nachts zu illegalen Wettrennen verabredete. Selbst die Polizei meldete sich und behauptete, die Bilder eines Blitzkastens wegen der Helme nicht auswerten zu können und entsprechend keine weiteren Hinweise geben zu können – der auf den eingereichten Videos sichtbare Blitz stammte jedoch von einer normalen Kamera, die auf einem Blitzkasten installiert wurde. Online konnte man sich daraufhin für ein Rennen anmelden, dessen Ort erst später bekannt gegeben werden sollte. Der Gruppe ging es gemäß Eigendarstellung darum, einen urbanen Mythos zu kreieren und dadurch FOMO, die Fear of Missing Out, das Gefühl, etwas zu verpassen, als Dauerkrankheit unserer Zeit auszustellen.

In den Ereignislandschaften blüht die Exklusivität als Verkaufsargument. Wer etwas von sich hält, muss seine Veranstaltungen exklusiv halten. Damit diese Exklusivität wirksam ist, muss das Geheimnis darum gleichzeitig öffentlichkeitswirksam ausgestellt werden. Wenn es nicht stets ein paar Leute gibt, die irgendwo nicht reinkommen oder die einen Event verpasst haben, dann wäre das Ereignis nicht derart exklusiv wie angekündigt. Wenn nicht die halbe Stadt vom illegalen Restaurant weiß, ist der Zusatz »illegal« nur lästiger rechtlicher Status und nicht verkaufsförderndes Distinktionsmerkmal. Auch das angekündigte nächtliche Go-Kart-Rennen wurde als solcher Event inszeniert und stellte diese entfremdete Eigenheit der Ereignislandschaft aus, in der immer etwas Exklusives und Authentisches zu passieren hat.

Man kann den Streich aber auch anders lesen. Wohl trifft es zu, dass die Medien für einen exklusiven Bericht in Zeiten fehlender Ressourcen gerne auf weitere Abklärungen verzichten – ein

Ergebnis beschleunigter Medienarbeit. Ein Leichtes ist es, eine Meldung unterzubringen. Auch trifft es zu, dass ein Großteil der begeisterten UserInnen Freude an den selbstgebauten Go-Karts und ihrer Geschwindigkeit hatten und Teil dieses illegalen Rings von TempoliebhaberInnen werden wollten, weil er als etwas Exklusives inszeniert wurde. Die Faszination an der Go-Kart-Gang resultierte aber auch daraus, dass die in den Videos sichtbaren Fahrten dem Menschen die Wiedergewinnung sowohl der ihm entfremdeten Straßen als auch der ihm verlorenen kinetischen Selbstbestimmung vorgaukelten. In der nächtlichen Leere wirkte die Go-Kart-Gang wie eine faszinierende dunkle Gestalt, die der Straße eine andere, längst vergessene Funktion zuweist. Die Straße wird wieder zum Ort des selbstbestimmten beglückenden Spaßes. Man kann dies einerseits als Vollendung eines alten Werbeversprechens deuten. Der Mensch holt sich die Straße zurück und nimmt sich das, was ihm fast ein Jahrhundert lang versprochen wurde. Eine Analogie dazu zeigt sich in der Verkehrsberuhigung in (reichen) Quartieren, wo verringerter Verkehr und verringertes Tempo neue Lebensqualität versprechen, unter anderem indem die Straße den BewohnerInnen zurückgegeben wird. Wie schon in der Kommodifizierung der Langsamkeit findet in solchen städtischen Maßnahmen eine Harmonisierung statt, die Abhilfe von den dromokratischen Problemen schaffen will, ohne dass sie deren Wurzeln anpackt. Man kann den Streich der Go-Kart-Gang aber auch als subversive Abweichung verstehen, in der Menschen die ihnen zur Verfügung stehende Infrastruktur nutzen und sie über eine andere Praxis umdeuten. Ganz ähnlich, wenn auch um einiges kräftiger, funktioniert diese Umdeutung bei Demonstrationen, insbesondere in jenen Varianten, bei denen die Aktionsform selbst zum Inhalt wird, beispielsweise bei einem Reclaim the Streets, bei dem die Straße zum Spielraum neuer Vorstellungen und Erlebnisse wird, in dem das Alte zerstört wird, während sich das Neue rollend, tanzend oder gehend durch die Straßen wälzt.

DIE GESPENSTER DER DROMOKRATIE

Situationen der freiwilligen oder unfreiwilligen Aneignung von Straßen durch den Menschen haben etwas Gespenstisches. Sie generieren eine Situation, in der »etwas [da ist], wo nichts sein sollte«[295], so die Definition des Gespenstischen bei Mark Fisher. Die dromokratische Gesellschaft ist voller solcher Gespenster, meist jedoch unter anderen Vorzeichen als in der subversiven Aneignung von Straßen. Gespenstisch ist die Welt zum Beispiel auch dort, wo Stillstand eintritt, obwohl eigentlich Bewegung vorhanden sein müsste, zum Beispiel in der verbreiteten Lethargie und Bewegungsunlust einer Gesellschaft, die ständige Bewegung propagiert. Auch altbekannte Shoppingmeilen kennen das Problem, dass nach Ladenschluss plötzlich eine merkwürdige, gar gespenstische Stille eintritt, da die Konsumfunktion nicht in das abendliche Entertainment überführt werden kann. Bevölkerte Straßen werden zu verwaisten Plätzen, ohne dass sich neben den verriegelten Läden ein Hinweis auf das zuvor lärmende Konsumleben finden lässt.

Man kann das Gespenstische der Dromokratie als Ergebnis einer stets unvollständigen Entwicklung betrachten. Der Kapitalismus wird nie dazu fähig sein, alle Menschen gleichermaßen für sein Projekt zu mobilisieren. Wo immer Menschen integriert werden, gibt es ein Heer von Ausgeschlossenen, sei es als industrielle Reservearmee oder noch tiefere Schichten, die in der Verwertungslogik keine Verwendung mehr finden. Vergleichbares gilt auch für Infrastruktur und gebaute Umwelt. Wo immer Paläste errichtet werden, hinterlässt das System auch Schutt und Asche – mitunter räumlich und zeitlich näher beieinander, als dies dem Kapital lieb ist: »[G]espenstische Landschaft[en]«[296] sind die notwendige Kehrseite des durchkommodifizerten dromokratischen Raums. Man kann das Gespenstische aber auch als Ausdruck eines temporalen Widerspruchs lesen, der sich nicht aufheben lässt. So gerät die Dromokratie in ihrem Drang nach Höchstgeschwindigkeit in

295 Fisher, Mark: Das Seltsame und das Gespenstische, Berlin 2017, S. 79.
296 Virilio, Paul: Die Auflösung des Stadtbildes, in: Dünne, Jörg; Günzel, Stephan (Hg.): Raumtheorien, Frankfurt am Main 2015, S. 272.

einen merkwürdigen Sog der Gegenwart. Der Wunsch, möglichst viele Ereignisse in möglichst kurze Zeit zu packen, verlängert die Gegenwart, wie diese zugleich schrumpft. Während an den Finanzmärkten Profit aus immer kürzeren Zeitspannen gezogen und die Zukunft über den Optionenhandel vorweggenommen wird, verkürzen sich auch stabile Orientierungsmuster für Individuen. Die Zukunft verliert ihre stabile Anziehungskraft. In der Gegenwart eingeholt, wird sie gleich wieder über Bord geworfen, noch ehe sie eintreten kann. Die Gegenwart wird zum detemporalisierten Raum.[297] Hier gibt es keine Zeit mehr für eine »ernsthafte Reflexion oder die kreative Imagination«[298], wie Ronald Purser diesen Zustand beschreibt. Sichtbar wird dies beispielsweise in der fortschreitenden Rationalisierung der menschlichen Arbeitskraft. Als rationalisierbares Datenpaket verliert der Mensch seine Bedeutung. Lethargisch trottet sein Körper von Arbeitsstelle zu Arbeitsstelle, während sich sein Geist längst schon an den wiederkehrenden Zyklus ohne Zukunft gewöhnt hat. Mit diesem Verlust der Zukunft wird die Dromokratie zu einer umfassend gespenstischen Gesellschaft.[299]

Selbst Tod und Leben vereinigen sich im dystopischen Immerwährenden der Kapitalakkumulation. So könnte es ab 2070 auf Facebook mehr Accounts von Toten als von Lebendigen geben. Tote können online allerdings ein gespenstisch lebendiges Leben führen. Mittlerweile erlaubt Facebook, einen Account in ein »Konto im Gedenkzustand« zu verwandeln. Hier sollen Verwandte und Bekannte trauern können. Auch dies liegt ganz im Interesse von Facebook. Denn grundsätzlich ist ein/e UserIn nichts anderes als ein Datenpaket, mit dem man als Kunde/Kundin möglichst oft interagieren und dadurch andere NutzerInnen ebenfalls zur Inter-

297 Vgl. Leccadi, Carmen: New Temporal Perspectives in the »High-Speed-Society«, in: Hassan, Robert; Purser, Ronald (Hg.): 24/7: Time and temporality in the network society, Stanford 2007, S. 25–36.

298 Purser: Exploring the Dynamic of Time in Organizational Change, 2002, S. 156.

299 Darin liegt der durchaus wahre Kern des neoliberal ausgerufenen Endes der Geschichte, der sich in der Dromokratie trotz neuer sozialer Konflikte weiter ausdehnen wird.

aktion anregen soll. Eher nebensächlich ist dabei der Gesundheits- oder Lebenszustand eines jeweiligen Pakets. Das digitale Weiterleben von Toten ist mittlerweile ein Geschäft. @_Liveson wirbt auf Twitter beispielsweise mit einem Angebot, das aus dem/der toten BenutzerIn einen lebendigen Bot zaubert, indem die bisherigen Nachrichten analysiert werden. »When your heart stops beating, you'll keep tweeting … Welcome to your social after life«, heißt es auf der Twitter-Bio von @_Liveson. Auf Eterni.me findet sich gar das Angebot zum unendlichen Leben online: »Was ist, wenn … du für immer als digitaler Avatar weiterleben könntest? Und die Menschen in der Zukunft könnten tatsächlich mit deinen Erinnerungen, Geschichten und Ideen interagieren, fast so, als ob sie mit dir sprechen würden?«[300] Mit einem Avatar und Zugriff zu deinen Daten ausgerüstet, speichert Eterni.me das Leben und macht es für spätere Generationen verfügbar. Interaktion bis auf alle Ewigkeiten, so lautet das Versprechen, das all das umsetzt, wofür Facebook den Weg geebnet hat. Als umfassendes Datenpaket existiert der Mensch, solange es ein Speichermedium für ihn und Strom zu seiner virtuellen Visualisierung gibt. Erinnerungen sind dann in Echtzeit aufrufbar. Altern ist nur noch die Addition von Daten. Selbst wenn der lebendige Körper stirbt, ist es nur eine Frage der Zeit, bis ein Algorithmus versucht, durch die Analyse von bisherigen Aussagen, in Annäherung an die betreffende Person, den Menschen auf alle Ewigkeiten am virtuellen Leben teilhaben zu lassen. Als verarbeitete Datenpakete werden so irgendwann selbst Tote miteinander kommunizieren können, ohne dass die jeweilige Software merkt, dass sie ebenfalls gerade mit einer solchen kommuniziert: eine dystopisch gespenstische Vorstellung.

Vor allem in der Arbeitswelt hat sich die Entwicklung eines gespenstischen Lebens schon lange abgezeichnet. Dazu eine etwas ältere Geschichte vorweg. 1932 veröffentlicht Martin Kessel den fordistischen Angestelltenroman *Herrn Brechers Fiasko*. Der titelgebende Protagonist Brecher arbeitet als Angestellter in der Firma Uvag, der Universalen Vermittlungs-Aktien-Gesellschaft. Unklar, welche Geschäfte die pompöse Firma eigentlich betreibt (ein-

300 Eternime, <https://eterni.me>, Stand: 25.09.2019.

zig die Verbindung zum Immobilienmarkt wird an einer Stelle angesprochen, doch die Firma ist eben, wie der Name schon sagt, universal); die Uvag arbeitet an der Schnittstelle von Wirtschaft, Gesellschaft und Politik. Befähigt in den neuesten warenästhetischen Strategien, kümmert sich die Vermittlungsgesellschaft mittels Reklame, Vermittlungsangeboten und weiteren Dienstleistungen um eine beschleunigte Zirkulation in der Warenwelt, indem sie zwischen KäuferInnen und VerkäuferInnen vermittelt und Reibungswiderstand im Handel beseitigt: »Die Zirkulation, die Durchpulsung, die reibungslose Energiezufuhr. Das käme allen zugute«[301], wird das dromokratische Ziel von Dr. Geist, Brechers Mitarbeiter und Konkurrent, später zu einer allgemeinen Verhaltenslehre erkoren. Als »Schmierung«[302] lässt sich dieser Prozess der Beseitigung von Reibung bezeichnen, was in seiner Mehrdeutigkeit zugleich »reibungslos machen«[303] wie die vielfältigen direkten und indirekten Bestechungsmöglichkeiten umfasst, die auch im idealen Marktgeschehen nicht ausgeschlossen werden können. Vor allem aber dient das Schmieren einer widerstandslos funktionierenden Mechanik, von der Kessels Romanwelt besessen ist. Sowohl für den Auftraggeber als auch für die Uvag selbst muss Wert möglichst rasch und stockungsfrei realisiert werden. Dafür ist eine Internalisierung des neuesten Tempos notwendig, insbesondere für die an den Tauschgeschäften beteiligten AkteurInnen und Mitarbeitenden – und dies geschieht kontraintuitiv, so der mehrfache ironische Seitenhieb des Romans, in Zusammenarbeit mit den neuesten technischen Entwicklungen auf dem Bürostuhl sitzend weitaus effektiver, als eine rennende Körperbewegung dies je zu bewerkstelligen vermöchte.

Lethargisch unlebendig und doch nicht tot trottet der Angestellte in Kessels Roman durch das Leben. Grenzwelten zwischen Leben und Tod beherrschen den Alltag. So hat man sich beispielsweise an die zahlreichen Selbstmordversuche zu gewöhnen, ganz so, wie man sich auch an andere alltägliche Dinge gewöhnt: »Selbstmorde –

301 Kessel: Herrn Brechers Fiasko, 2001, S. 459.
302 Ebd., S. 19.
303 Ebd.

kommen doch täglich vor«[304] oder »es erschießen sich alle Tage welche«[305], wird dies von verschiedenen Figuren phrasenartig kommentiert. Der durch die Arbeit und die drohende Arbeitslosigkeit der 1930er Jahre latent hoffnungslos gewordene Angestellte befindet sich fast immer in einem gespenstischen Schwebezustand zwischen Tod und Leben. Nie kann man sich sicher sein, wer am nächsten Tag noch lebt oder ob man sich selbst noch unter den Lebenden befindet. Entsprechend lethargisch gestaltet sich der Umgang mit dem Selbstmord. Auf die Frage an die missglückte Selbstmörderin und Uvag-Mitarbeiterin, wie es bei ihrem Selbstmordversuch so gewesen sei, antwortet diese, wie man es im Smalltalk zu tun pflegt: »So lala.«[306] Die gespenstische Lethargie der Angestellten, die nicht einmal über ihre eigenen Todeserfahrungen in Erregung geraten, scheint Folgeerscheinung einer Existenz als zirkulierender Massenpartikel zu sein, bei dem das Lebendige zugunsten eines reibungslosen Verkehrs geopfert wurde: »Das Dasein wickelt sich ab gleichsam ohne das Leben; denn [die Menschen] verkehren nur noch«[307], meint der resignierte Brecher gegen Ende. Verdichtet erlebt Brecher den morbid vitalen Zustand zuvor schon in den Schächten der U-Bahn, deren Stollen die mentale Tiefenstruktur der Angestellten offenlegen. Hier ist der Mensch sowohl Teil des rasend zirkulierenden öffentlichen Verkehrsnetzes, wie er in Form des Pendlers Ausdruck einer Gesellschaft ist, in der der Arbeits- und der Warenverkehr zur dominanten – das heißt: zur strukturierenden – Idee geworden ist, die ihn ermüdet und geistlos werden lässt:

> »Und immer das Rollen der Räder unterm Wagen, das schallende Geheul der Geschwindigkeit entlang der kellerartigen Flucht grauer Wände – dieser geisterhafte Kontrast zur Stille und Verlorenheit der Insassen, denen das Warten auf ihre Station, nichts weiter als dies, das leere, für sich hinspinnende, das lebenslängliche Warten, als Maske und Phantom übers Gesicht schleicht.«[308]

304 Ebd., S. 162.
305 Ebd., S. 212.
306 Ebd., S. 345.
307 Ebd., S. 468.
308 Ebd., S. 341.

Der »Dauerzustand von Übermüdung und Überwachtheit«[309], der die Angestellten zu matten, immer wartenden Geschöpfen macht, spinnt sich in den Schächten der U-Bahn zu einer gespenstischen Erfahrung. In der latenten Müdigkeit verliert die fordistische Moderne ihr Versprechen, die Anspannung in der Produktion durch die Entspannung in der Konsumation ausgleichen zu können. Im ermüdeten Zustand entlarven sich Stellungen und Persönlichkeiten als Charaktermasken. Als solche wirken sie abseits ihrer Wirkungsstätte grotesk verzerrt und gespenstisch. So funktional und harmonisch sich die temporeiche Gesellschaft geben will, so morbide ist sie es am Ort ihrer Übergänge. Gerade in den beschleunigten Transportkanälen manifestiert sich frühmorgens und spätabends die Dialektik der Beschleunigung. Hier entlarvt die gespenstische »Vergletscherung in den Gesichtern, denen der Schlaf fehlt«[310], die Unfähigkeit der Gesellschaft, ihren der Beschleunigung entgegenlaufenden Stillstand noch aufheben zu können.

Solche Beobachtungen kennt, wer irgendwo auf dieser Welt die U-Bahn einer Großstadt betritt. Hier trifft man nicht nur auf schläfrige PendlerInnen, sondern ebenso auf eine steigende Anzahl desynchronisierter Personen, die Metros, aber auch Schächte und U-Bahn-Stationen als wärmende temporäre Aufenthaltsräume verwenden – Tunnelmenschen sind ein alter Science-Fiction-Mythos und zugleich dromokratische Realität. Ein gespenstisches Arbeitsleben zeigt sich aber auch anderswo. Lethargische Zustände, Burn-Outs, Erschöpfung und Depressionen ergänzen die immer wache und produktive 24/7-Gesellschaft durchaus vergleichbar mit der Vorwegnahme in Kessels Roman, bei dem krankhaft lethargische Befindlichkeiten noch als Teil der Krisenerfahrung der 1930er Jahre und nicht als Normalzustand verstanden wurden.

309 Ebd.
310 Ebd., S. 342.

Jagdgesellschaft

Der schwedische E-Scooter-Anbieter Voi sucht auf seiner Website eifrig nach JägerInnen. Ob als ›Business Hunter‹ oder als ›Freelance Hunter‹ – man kann sich am Einsammeln falsch geparkter E-Scooter beteiligen. ›Lade-Community‹ nennt Voi sein Jäger-Heer, bei dem man (in schönster Werbeprosa versprochen) »Teil der nachhaltigen Revolution« werden darf. Mit wohlklingenden Namen und sozialer Sinnhaftigkeit billige Arbeitsplätze zu vermarkten, ist kein besonders neuer Trick findiger Unternehmen. Allerdings ist es durchaus treffend, dass der führende E-Scooter-Anbieter nach JägerInnen sucht – nur ist das in der Realität umgekehrt, und die Gejagten sind jene, die unqualifizierte Arbeitsschritte wie etwa das Aufsammeln von E-Scootern übernehmen müssen.

Auch andere Unternehmen arbeiten mit solchen Konzepten. Bei Lime wird man zum ›Juicer‹, bei Tier zum ›Ranger‹. Allen drei Modellen gemein ist, dass MikrojobberInnen die lästige und in der Regel unsichtbare Arbeit wie das Einsammeln oder Aufladen von E-Scootern übernehmen. Bei Lime gibt es in Berlin etwa 4 Euro pro eingesammeltem und aufgeladenem Gerät.[311] Davon abgezogen werden müssen Stromkosten und Steuern. Zudem lädt ein E-Scooter gut sieben Stunden auf – und er muss wieder auf die Straße gestellt werden. Davon leben lässt sich nicht oder nur schlecht. Doch dieses Arbeitsprinzip weitet sich aus. Immer mehr Unternehmen vergeben Kleinstarbeiten über eigene oder größere Plattformen. Dafür braucht es bei den Arbeitenden nur eine funktionierende Internetverbindung und gegebenenfalls eine App. In dieser Art werden heute E-Scooter eingesammelt, Werbetexte und Reviews geschrieben, sporadische Kontrollgänge im Einzelhandel durchgeführt oder – vermutlich bisher am erfolgreichsten – Putzkräfte vermittelt. Es gibt spezialisierte und offene Plattformen. Beim US-amerikanischen TaskRabbit können sich BewerberInnen bei-

311 Vgl. Waschbüsch, Lukas: E-Scooter in Berlin: Saftig ausgepresst, in: Die Tageszeitung, 09.07.2019. Online: <https://taz.de/!5605912>, Stand: 02.10.2019.

spielsweise um verschiedene Kleinstaufträge wie Laufdienste oder kleinere, in der Regel unqualifizierte Handwerksjobs bewerben. Dafür melden sie sich auf eine ausgeschriebene Aufgabe mit ihrer Mindestlohnvorstellung. Zum System von TaskRabbit gehört ein ausgeklügeltes Gamification- wie Review-Angebot. Wer einen Job gut ausübt, kriegt Punkte, die vom potenziellen Auftragsgeber gesehen werden können. Wer genügend Punkte gesammelt hat, kann dafür T-Shirts oder Visitenkarten ordern. Es ist kein Zufall, dass dieses Angebot nach der Finanzkrise von 2008 entstand, als ein großer Teil der US-Bevölkerung in eine solche Flexibilisierung als Überlebensstrategie gedrängt wurde.[312] Die historische Realität des Wandels liegt nicht wie propagiert im vermeintlichen Wunsch nach Flexibilisierung, sondern in der Not der Lohnarbeit und im Zwang, in Krisenzeiten auch unterhalb bisheriger (Lohn-)Vorstellungen arbeiten zu müssen. Diese Verschlechterung der Arbeitsbedingungen proletarischer Menschen wird nach solchen Krisen nicht automatisch wieder rückgängig gemacht. In diesem Falle insbesondere, weil Mikrojobs für das Kapital viele Vorteile bieten: Als quasi Selbständige sind ArbeiterInnen nicht an lange Verträge gebunden. Auf Plattformen, auf denen sie ihre Lohnforderungen selbst publizieren, setzen sie sich einem immensen Konkurrenzdruck der gegenseitigen Unterbietung aus. Mikrojobbing entspricht so der untersten proletarischen Schicht unter den PlattformarbeiterInnen. Und doch könnte diese Verkaufsform der eigenen Arbeitskraft bald zur Regel werden. Mikrojobs sind der Vorbote der dromokratischen Klassengesellschaft – oder aber deren Ausdehnung, wenn man die Perspektive prekarisierter Arbeit in den peripheren Regionen des Kapitalismus einnimmt.

Dass eine Gesellschaft, die wesentlich auf ein expandierendes Logistiknetzwerk zurückgreifen muss, eine ebenso expandierende Proletarisierung kennt, wurde in den letzten Jahren immer wieder analysiert. Auch die Arbeit eines outgesourcten Cyber-Proletariats, das wie beispielsweise auf den Philippinen in digitalen

312 Vgl. Baumgärtel, Tilman: Sharing Economy: Teile und verdiene, in: Die Zeit, Hamburg 15. 07. 2014. Online: <https://www.zeit.de/2014/27/sharing-economy-tauschen>, Stand: 23. 09. 2019.

Löschfabriken die Zensurarbeit für Facebook übernimmt, wurde zumindest in Reportagen mehrfach sichtbar gemacht. Ob mit der Digitalisierung und dem Plattformkapitalismus auch die Zahl Selbständiger so stark steigt, wie immer wieder angekündigt wird, ist Teil einer laufenden Debatte. Timo Daum paraphrasiert beispielsweise Mark Graham, der von 70 Millionen Menschen weltweit spricht, die auf »digitalen Arbeitsplattformen ihre Dienste als Clickworker anbieten«[313]. Firmen wie Uber arbeiten nach dem Prinzip, dass sie ihre FahrerInnen möglichst als selbständig arbeitende KleinstunternehmerInnen verstehen. Deshalb sehen liberale Thinktanks wie das World Economic Forum ein immenses Potenzial in der Selbständigkeit. Andere halten diese Entwicklung für überschätzt. Kim Moody beispielsweise, ein US-amerikanischer Forscher über die ArbeiterInnengeschichte, erkennt die verschiedenen Veränderungen und das Aufkommen neuer Arbeitsplattformen zwar an und weist ebenfalls auf das neue Heer von LogistikarbeiterInnen hin, warnt aber zugleich vor falschen Allgemeinplätzen. Beispielsweise stieg die Anzahl Selbständiger in den USA nach der Krise tatsächlich, sank danach aber wieder und blieb über einen größeren Zeitraum relativ stabil.[314]

Die Fragen, wie dominant der arbeitsorganisatorische Wandel durch die Digitalisierung bisher tatsächlich ist, wie er sich entwickelt und was seine Grundlage darstellt, sind wichtig, weil bei vielen Zeitdiagnosen der letzten Jahre eine Vorstellung evoziert wurde, die in die Irre führt. Immer wieder war davon zu lesen, wie Nick Srnicek dies prototypisch formuliert, »dass sich der Kapitalismus angesichts eines langanhaltenden Rückgangs der Rentabilität in der Produktion von Gütern den Daten zugewandt hat, um zu überleben und weiter expandieren zu können«[315]. Die Beobachtung ist treffend, doch falsch daraus abgeleitet droht eine Umkehrung dessen, was Kapitalismus tatsächlich ausmacht. Wenn plötzlich die Rede von einer Netzwerkgesellschaft oder einer Wissensgesellschaft ist (was an dieser Stelle nicht Srnicek, sondern anderen Theoreti-

313 Daum: Die künstliche Intelligenz des Kapitals, 2019, S. 55.
314 Vgl. Moody, Kim: On New Terrain, Chicago 2017, S. 26f.
315 Srnicek: Platform Capitalism, 2017, S. 6.

kerInnen anzulasten ist), dann überblendet dies, was und wie auch im 21. Jahrhundert produziert wird. Rob Wilkie hat sich dieser Vorstellung in *The Digital Condition* angenommen und setzt dem einen marxistischen Grundsatz entgegen: »Das Problem ist, dass Wissen Arbeit nicht als Motor der Wirtschaft ablösen kann, weil es nicht das Andere der Arbeit, sondern ein Produkt der Arbeit ist.«[316] Sprich: Nur weil sich die Arbeitsordnung ändert und neue Waren entstehen, beispielsweise in Form von Daten oder Informationen, bedeutet dies nicht eine grundsätzliche Abkehr von der kapitalistischen Produktionsweise.

SYNCHRONISATION UND DESYNCHRONISATION

Mit der Frage nach der Rolle der Digitalisierung und der Datengeschwindigkeit verbunden ist die Fragestellung, wie sich die Klassengesellschaft in der dromokratischen Epoche manifestiert und in welchem Verhältnis sie zur Geschwindigkeit steht. Damit keine Missverständnisse entstehen: Klassen bestimmen sich durch ihre Stellung im Produktionsprozess beziehungsweise durch ihre Verfügungsgewalt über Produktionsmittel. Diese Stellung ändert sich in unterschiedlichen Geschwindigkeitsregimes nicht. Allerdings konkretisiert sich Klasse in verschiedenen Epochen auf unterschiedliche Weise, sowohl ›an sich‹ (das heißt: in ihrer ökonomischen Erscheinung und Rolle) als auch ›für sich‹ (das heißt: als organisiertes revolutionäres Subjekt). Beide Komponenten von Klasse besitzen eine kulturelle Dimension, das heißt beispielsweise: einen Alltag mit Lebenspraktiken, Handlungsmöglichkeiten, Zuschreibungen oder Selbstverortungen. Die meisten dieser Eigenschaften stehen in Verbindung mit Möglichkeiten und Formen der Geschwindigkeit. Insofern lässt sich nicht nur die Dromokratie als eine durch die Geschwindigkeit gebrochene Klassengesellschaft, sondern jedes bisherige Geschwindigkeitsregime in seinem Verhältnis zur Geschwindigkeit beschreiben, zum Beispiel als Verhältnis mit Machtfaktoren im Sinne der genannten Jäger und Gejagten

316 Wilkie, Rob: The Digital Condition: Class and Culture in the Information Network, New York 2011, S. 11.

und im besten Falle auch im Sinne von Gejagten, die sich weigern, weiterhin den Jägern zum Opfer zu fallen.

Die Grundlage jedes Geschwindigkeitsregimes bildet ein Synchronisationsdruck, der entlang von Arbeitsvorgaben unter anderem die wahrgenommene und tatsächliche Verfügungsgewalt über die eigene Zeit prägt. Dazu nochmals zurück zum Beginn und zu Kafkas frühfordistischem Roman *Der Verschollene*. Als Karl nach seiner Ankunft in Amerika die Lagerhallen seines Onkels betritt, trifft er auf einen immerwährenden Menschenverkehr. Im Sinne einer verbreiteten literarischen Entfremdungskritik werden Menschen in den fordistischen Arbeitsstätten auf eine einzelne Tätigkeit reduziert:

> »Mitten durch den Saal war ein beständiger Verkehr von hin und her gejagten Leuten. Keiner grüßte, das Grüßen war abgeschafft, jeder schloß sich den Schritten des ihm Vorhergehenden an und sah auf den Boden, auf dem er möglichst rasch vorwärtskommen wollte, oder fing mit den Blicken wohl nur einzelne Worte oder Zahlen von Papieren ab, die er in der Hand hielt und die bei seinem Laufschritt flatterten.«[317]

Menschen synchronisieren sich mit dem vorgegebenen Arbeitstempo, indem sie sich dem Schritttempo ihrer Vorgänger anpassen. Grüßen und andere soziale Interaktionen erscheinen zeitökonomisch störend und werden entsprechend abgestraft. In dieser Gesellschaft fühlen sich die LagerarbeiterInnen als gejagte Wesen. Jäger sind der Onkel und der Betrieb, die gemeinsam für das richtige Arbeitstempo sorgen. Das Gefühl, gejagt zu werden, ist Ausdruck eines ständigen Synchronisationsdrucks, den ArbeiterInnen in ihren Jobs erleben. Charlie Chaplin bringt in *Modern Times* die damit einhergehende Entfremdung zum Ausdruck, indem er überspitzt sichtbar macht, wie der Mensch wahnsinnig wird, wenn sich die Geschwindigkeit des Fließbandes auf ihn überträgt, er jedoch nicht mehr mithalten kann.

Die literarischen beziehungsweise filmischen Beispiele sind plakativ und überspitzt. Dennoch zeugen sie von einer verbreiteten Wahrnehmung von Synchronisationsmechanismen in der fordis-

317 Kafka: Der Verschollene, 2008, S. 54.

tischen Epoche. Auch aus anderen frühen Filmen ist bekannt, wie die Fließbandarbeit als kollektiver Rhythmus verstanden wurde, bei dem die Produktivität und die Arbeitszeit zum Taktgeber des Lebens wurden. Der rhythmische Charakter solcher Erfahrungen entspricht der außerfilmlichen Realität. So ist beispielsweise das beim massenhaften Schichtwechsel oder in den Sportarenen beobachtbare »Ornament der Masse«[318] ebenfalls eine rhythmische Figur, deren Formation sich mit unterschiedlichen Sequenzen und Takten ändern kann. Auch aufseiten der ArbeiterInnengeschichte finden sich immer wieder Hinweise auf die Rhythmisierung und damit auf die Synchronisierungsmomente. Einerseits lassen sich Konflikte als Beispiel heranziehen. So fungieren der Streik und die Barrikade als die mächtigste Kampfform zum erzwungenen Stopp eines vorgegebenen Arbeitsrhythmus. Diesem wird jedoch nicht einfach der Stillstand entgegengehalten, sondern vielmehr neue gesellschaftliche Rhythmen, vermittelt durch kulturelle Praxisformen wie gemeinsame Lieder oder eingesetzte, sich abwechselnde Streikposten. Andererseits zeigt sich die Wahrnehmung der Rhythmisierung auch semantisch im Alltag der Lohnabhängigen. So verglichen beispielsweise ArbeiterInnen in den 1920er Jahren in einigen Regionen Deutschlands die tägliche Schufterei mit dem Bahnfahrradrennen und bezeichneten die Arbeitswoche in persönlichen Texten zynisch als sich wöchentlich wiederholendes Sechstagerennen: »Montag – grau in grau der Tag. Um 6 Uhr früh aufstehen. Um 7 Uhr beginnt die Fron fürs Kapital. Sechstage-Rennen im Volksmund genannt. Ziemlich krass, aber wahr.«[319] Der Takt einer Arbeitswoche, der Wochenrhythmus, erscheint als ein von der ArbeiterInnenklasse kollektiv erlebter, synchronisierter Vorgang einer sechs Tage die Woche dauernden und sich jede Woche wiederholenden Schufterei. Dieser Befund wird auch von der Gegenseite geteilt. Nicht zufällig spielten in der fordistischen Suche nach den besten Angleichungsmöglichkeiten

318 Vgl. Kracauer, Siegfried: Ornament der Masse, in: Kracauer, Siegfried: Das Ornament der Masse, Frankfurt am Main 1977, S. 50–63.

319 Zitiert nach Schaller, Karlheinz: Das »Sechstagerennen«. Aus dem Alltag Chemnitzer Fabrikarbeiter in der Weimarer Republik, Bielefeld 2007, S. 30.

an das Fließbandtempo wissenschaftliche Studien zum Rhythmus eine Rolle, wie dies Jan Bönig ausführlich dargelegt hat.[320] Beispielsweise erforschte die von Ewald Sachsenberg besetzte Professur für Betriebswissenschaft an der Hochschule Dresden in den 1920er Jahren in Zusammenarbeit mit der Schule für Rhythmus, Musik und Körperbildung die Entwicklung optimaler Arbeitsrhythmen und die Möglichkeit zur Ausblendung störender Gegenrhythmen. 1925 erwähnte Sachsenberg bei der Tagung der Arbeitsgemeinschaft Deutscher Betriebsingenieure, einem bedeutenden Akteur in Sachen Rationalisierung, dass

> »wahrscheinlich ein rhythmischer Unterricht unsere Arbeiter in den Fabriken, der mit einer gewissen Regelmäßigkeit erteilt würde, diese befähigen würde, gegenrhythmische Einwirkungen innerlich polyphon zu verarbeiten und sie anstatt arbeitsstörend arbeitsschützend zu empfinden [...]. Allerdings scheint mir bereits das Bestreben von Ford, seinen Arbeitern Tanzunterricht nach genormten Schritten und Melodien zu geben, in derselben Richtung zu liegen, wenn auch wahrscheinlich die Beseitigung gegenrhythmischer Wirkung hier nicht bewußt beabsichtigt ist«[321].

Woher Sachsenberg die Information nahm, dass Ford seinen ArbeiterInnen Tanzkurse auferlegte, ist unklar; allzu weit hergeholt scheinen seine Gedanken darüber, wie der Mensch optimal mit einem möglichst hohen Tempo synchronisiert werden könnte, jedoch nicht. Auch Siegfried Kracauer berichtet 1930 davon, wie junge Frauen »zu den Klängen eines Grammophons zu Schnellschreiberinnen ausgebildet«[322] wurden.

Auch die Dromokratie kennt solche Synchronisierungsprozesse. Schon hingewiesen wurde auf den Anspruch Googles oder Amazons, die angestrebte Höchstgeschwindigkeit als Unternehmenskultur im Alltag zu implementieren. Ein geforderter »Focus on speed«[323], der sich auf die Mitarbeitenden übertragen soll, findet sich auch

320 Vgl. Bönig, Jürgen: Die Einführung von Fließbandarbeit in Deutschland bis 1933. Zur Geschichte einer Sozialinnovation, Münster 1993, S. 166–175.

321 Zitiert nach ebd., S. 172.

322 Kracauer, Siegfried: Die Angestellten, Frankfurt am Main 201313, S. 46.

323 Baird: The Four Components of a Fast-Paced Organization, 2013, S. XVII.

in der Ratgeberliteratur. Diese eher oberflächlichen Ansprüche an eine hohe Geschwindigkeit werden durch komplexe Prozesse in der Umsetzung von Synchronisationbestrebungen ergänzt. Zwar gibt es mit dem Internet und dem 24/7-Rhythmus auch heute einen dominanten zeitlichen Rhythmus, dem sich Menschen über ihre Arbeitsleistung oder Freizeitgestaltung unterwerfen, allerdings scheint es zugleich eine Vielzahl weiterer fragmentierter Rhythmen und erlebter Temporalitäten zu geben. Wenn auch es in dieser Fragmentierung dominantere Ausformungen gibt, die das Zeitempfinden stärker bestimmen als andere, setzt sich das Ökosystem der Digitalisierung aus einer diffusen Netzwerkzeit zusammen, die in ihrer Konkretisierung eine fragmentierte Zeit hinterlässt, die genauso vielfältig sein kann wie ihre Anzahl an Applikationen.[324] Die Gleichzeitigkeit der Ungleichzeitigkeit verschiedener Temporalitäten (und damit die Vielzahl an Synchronisierungen) auf der einen und ein hegemonial wirkender Synchronisationsdruck auf der anderen Seite schließen einander jedoch nicht aus. Synchronisation ist zwar zentrale Eigenschaft einer jeden Gesellschaft, allerdings darf dies nicht als (temporale) Homogenisierungstendenz missverstanden werden. Unterschiedliche Tätigkeiten oder gesellschaftliche Funktionen kennen unterschiedliche Temporalitäten, genauso wie auch das Kapital unterschiedliche Temporalitäten kennt oder Klassen die Synchronisierung mit einer vorgegebenen Geschwindigkeit unterschiedlich aufnehmen. Auch hierfür gibt es ein kulturell überspitztes Beispiel, das die differenzierte Synchronisation bereits im Fordismus präsentiert. In Fritz Langs beziehungsweise Thea von Harbous Film *Metropolis* sind die Menschen zwar strikt getaktet (filmisch wird dies über die ornamentalen Bewegungen der ArbeiterInnen dargestellt), doch es existiert sowohl für die unterdrückte als auch für die herrschende Klasse ein eigenes Zeitsystem. Die ArbeiterInnen leben in einem 20-Stunden-Tag mit Zehnstundenschichten, während die Herrschenden 24 Stunden genießen dürfen. Erneuert wird dieser Befund in *In Time* (2011),

324 Vgl. Hassan, Robert: The chronoscopic society: globalization, time, and knowledge in the network economy, Bd. 17, New York 2003; Hassan, Robert: Timescapes of the Network Society, in: Fast Capitalism 1 (1), 2005, S. 23–33.

in dem die (Lebens-)Zeit je nach Klassenlage unterschiedlich aufgeteilt beziehungsweise akkumuliert wird.

KOMMODIFIZIERUNG VON GESCHWINDIGKEIT. (S)LOWER CLASS

Seit der postfordistischen Flexibilisierungspropaganda gehört es zum kulturwissenschaftlichen Deutungsschema, Flexibilisierungen nicht nur als Ausdruck eines kritisierten Neoliberalismus, sondern ambivalent dazu auch als progressiven Möglichkeitsraum zu lesen. Der Mensch in ständiger Bewegung setzt sich aus multiplen Identitätsstücken zusammen, die ihm dank Mobilität und Geschwindigkeit als universale Kategorien zur Verfügung stehen. Das ›nomadische Leben‹, »gelebt in Autos, Flugzeugen und Zügen, am Telefon oder im Internet, unterstützt durch Massenmedien«[325], ermögliche ein ›transnationales Leben‹, wie Ulrich Beck und Elisabeth Beck-Gernsheim es schildern. Doch die unterschiedliche Verfügungsgewalt über Formen der Geschwindigkeit bildet eine Distinktionsachse entlang der kontinuierlich existierenden Klassengesellschaft. Alleine in Europa seien laut einer Studie von 2018 37 % der Menschen noch nie ins Ausland gereist.[326] Die Voraussetzungen, im Gleichtakt mit der größtmöglichen Transport- und Reisegeschwindigkeit zu leben, sind äußerst ungleich verteilt. Wie an der Börse und ihren Co-Locations lässt sich Geschwindigkeit in etlichen Lebensbereichen kaufen. Wer mehr bezahlt, kriegt die größere Liefergeschwindigkeit, die rascheren Transportmittel oder den schnelleren Zutritt. ›Fast track‹ und ›speedy boarding‹ lassen sich beispielsweise bei Easyjet erwerben. VielfliegerInnen erhalten in manchen Staaten Zugang zu rascheren Grenzkontrollen – der staatliche Gedanke dahinter: Von vielfliegenden und entsprechend reichen Personen geht keine unmittelbare Gefahr aus. Mit genügend

325 Beck, Ulrich; Beck-Gernsheim, Elisabeth: Individualization: Institutionalized Individualism and its Social and Political Consequences, London 2002, S. 25.

326 Vgl. Ferrari, Lorenzo: Ein Drittel aller Europäer war noch nie im Ausland, European Data Journalism Network, <https://www.europeandatajournalism.eu/ger/Nachrichten/Daten-Nachrichten/Ein-Drittel-aller-Europaeer-war-noch-nie-im-Ausland>, Stand: 09.10.2019.

Ressourcen ausgestattet geht es für eine kleine kinetische Elite flüssiger und schneller durch den Flughafen als für einen Großteil der ärmeren Menschen. Auch das Internet kennt priorisierte Daten, die von Anbietern bevorzugt transportiert werden. Die Aufhebung der Netzneutralität in den USA verstärkt die Geschwindigkeitsunterschiede beziehungsweise den Drang, Geschwindigkeit zu kommodifizieren, indem neue Angebote für die digitale Überholspur entstehen. Anbieter können beispielsweise die Geschwindigkeit von bestimmten Videoübertragungen drosseln, um ihr eigenes Entertainment-Angebot zu fördern. Das Prinzip dahinter entstand allerdings nicht erst mit der Abschaffung der Netzneutralität. Der Router-Anbieter Cisco warb schon 1999 damit, dass mit seinem Produkt Datenpakete nicht gleichwertig, sondern individuell behandelt werden könnten. Cisco gibt mit seinen Produkten, so die Werbung, die »absolute Kontrolle, bis hin zum Paket, in Ihre Hände. Sie können jede Trafficart identifizieren – Web, E-Mail, Voice, Video – […] [und] den Anwendungstyp isolieren, auch bis hin zu bestimmten Marken, erkennbar anhand der verwendeten Benutzeroberfläche, des Benutzertyps und der individuellen Benutzeridentifikation oder anhand der Standortadresse«[327]. Der dromokratischen Technik liegt die potenzielle Kommodifizierung unterschiedlicher Geschwindigkeiten und darin auch die Ausdifferenzierung von Klassengegensätzen immer zugrunde.

Wieder andere kaufen Geschwindigkeit nicht in Form von raschen Datenverbindungen oder Boarding-Pässen, sondern in Form eines beschleunigten Lebenstempos. Dies zumindest ist die These einer Studie von Oriel Sullivan, die auf der Beobachtung fußt, dass es in einer immer zeitknapperen Gesellschaft zwei temporale Konsumstrategien gibt.[328] Erstens lässt sich der beschränkte Zeitrahmen mit mehr und mehr Ereignissen füllen – man kauft sich eine Beschleunigung des Lebenstempos durch die Teilnahme an einer Vielzahl von Freizeitaktivitäten. Zweitens verkürzt man die

327 Zitiert nach Lyon, David: Surveillance as Social Sorting: Privacy, Risk and Automated Discrimination, London 2003, S. 182.

328 Vgl. Sullivan, Oriel: Busyness, Status Distinction and Consumption Strategies of the Income Rich, Time Poor, in: Time & Society 17 (1), 01.03.2008, S. 5–26. Online: <https://doi.org/10.1177/0961463X07086307>.

Halbwertszeit von Waren, indem man sie immer schneller durch neuere und teurere Produkte ersetzt, ohne wirklich die Zeit für deren Konsum zu haben. Einkommensstarke Haushalte nutzen beide Strategien öfter als andere Schichten, so der Befund von Sullivan. Die Beobachtung, dass sich Besitzende Geschwindigkeit und Beschleunigung kaufen können, entspricht auch der These von Jonathan Gershuny, der ›Busyness‹ als neues Statusmerkmal definiert.[329] Im Gegensatz zu früheren Epochen ist es nicht mehr ein »demonstrativer Müßiggang«[330], der Macht ausstellt, sondern ein ausgestelltes Beschäftigtsein. Ein Beispiel hierfür ist die extrovertierte Zurschaustellung von Kurzschlaf. Eine Vielzahl von UnternehmerInnen und PolitikerInnen scheinen lieber zu arbeiten als zu schlafen. Ob Uhren-Produzent Jean-Claude Biver, Ex-Credit-Suisse-Chef Brady Dougan, Ex-Yahoo-Chefin Marissa Mayer, Elon Musk oder SVP-Stratege und Unternehmer Christoph Blocher – sie alle geben in Umfragen und Interviews an, dass sie nur zwischen drei bis fünf Stunden Schlaf benötigen, da sie ansonsten mit Arbeit beschäftigt seien. Es gehört zum unternehmerischen oder politischen Selbstbild der Gegenwart, dass man sich als dauerhaft arbeitend gibt, also seine Busyness ausstellt.

Wer hingegen verlangsamt, gehört zu den gesellschaftlichen VerliererInnen. Auch hierzu gibt es einen literarischen Verweis. 2004 veröffentlichte Tom Schulz ein Gedicht mit dem Titel *Abends am Lidl steht die Arbeiterklasse an*.[331] Zum Erscheinungszeitpunkt las sich das Gedicht als wichtige Intervention gegen den Verlust des Klassenbegriffes. In einer Zeit, in der die Akademie lieber von Milieus und Schichten sprach, machte Schulz lyrisch sichtbar, dass die ArbeiterInnenklasse weiterhin existiert, will man sie denn sehen. Fünfzehn Jahre später ergibt sich aus dem Gedicht eine zweite Intervention. Die ArbeiterInnenklasse steht in der Warteschlange. Keine Drohnen und keine Roboter bedienen sie. In den Vororten

329 Vgl. Gershuny, Jonathan: Busyness as the Badge of Honor for the New Superordinate Working Class, in: Social Research 72 (2), 2005, S. 287–314.

330 Vgl. Veblen, Thorstein: Theorie der feinen Leute. Eine ökonomische Untersuchung der Institutionen, Frankfurt am Main 2011.

331 Vgl. Schulz, Thomas: Abends im Lidl steht die Arbeiterklasse an, in: Abends im Lidl, Köln 2004, S. 67.

verweilt sie stockend an der Kasse des günstigsten Supermarktes. Wenig profitiert sie von der letzten Meile und den neuen logistischen Hubs. Ihre Geschwindigkeit ist begrenzt. Die ArbeiterInnenklasse hat zu warten, bis ihr ein Teil der Geschwindigkeit verfügbar gemacht wird. Mit dem herrschenden Tempo synchronisiert wird, wer auf den flexiblen Arbeitsmarkt gedrängt wird. Desynchronisiert, wer nicht mithalten kann oder nicht gebraucht wird. Ken Loach thematisiert in seinem 2016 erschienenen *I, Daniel Blake* die digitale Form dieser Desynchronisation als neuen Ausschlussmechanismus. Wer ohne Zugang zu Computer, Internet und seinen Technologien wie Datengeschwindigkeit ist, wird gnadenlos ausgeschlossen. Kein Arbeitsamt kann mehr helfen. Selbst einfache Jobs gibt es nur noch online über digitale Bewerbungsformulare. Auch Post, Banken und Ämter digitalisieren ihr Angebot. Wer heute keine E-Mail-Adresse hat, ist ausgeschlossen.

›Digital Divide‹ nennt man die Zweiteilung zwischen jenen mit und jenen ohne Zugang zum Internet beziehungsweise zu den damit verbundenen Fähigkeiten. In der Regel verbindet man damit eine Trennung entlang von Altersunterschieden. Jemand, der oder die mit veralteten Technologien sozialisiert wurde, besitzt in gewissen Dingen das Nachsehen. Diese Beobachtung trifft zwar durchaus zu, enthält allerdings eine falsche Implikation.[332] Nimmt man nur das Alter als Grenze, scheint die Lösung nahe: Irgendwann schließt sich der Unterschied, insbesondere wenn man sich das neoliberale Credo eines lebenslangen Lernens zu Herzen nimmt. Der Digital Divide verläuft jedoch ebenso entlang von Klassengegensätzen. Gemäß einer Studie aus Großbritannien besitzen Kinder aus der ArbeiterInnenklasse statistisch gesehen nicht nur einen geringeren Zugang zum Internet, sondern auch eine geringere Fähigkeit im technischen Umgang mit den dazugehörigen Technologien.[333] Auch aus den USA gibt es Studien darüber, dass, wer ein niedrigeres Einkommen hat, mit geringerer Wahrschein-

332 Vgl. Wilkie: The Digital Condition, 2011, S. 13.

333 Vgl. Ward, Lucy: Working-class children fall foul of digital divide, in: The Guardian, 28. 04. 2005. Online: <https://www.theguardian.com/technology/2005/apr/28/socialexclusion.elearning>, Stand: 24. 09. 2019.

lichkeit Hochgeschwindigkeitsinternet, Smartphones oder Tablets besitzt – wenn auch die Verbreitung solcher Geräte in den letzten Jahren in allen Schichten rasant zugenommen hat und die Unterschiede sich verkleinern.[334] Gleichzeitig zeigen Berichte aus den USA auch, dass Kinder aus tieferen Einkommensschichten viel mehr am Bildschirm sitzen als Kinder einkommensstärkerer Schichten – früher vornehmlich am TV, heute auch an neueren Geräten. Wie lassen sich diese zwei Beobachtungen verbinden? Einerseits gibt es den Drang der Gesellschaft, allen das Tempo ihrer Datenvermittlung und Finanztransaktionen aufzudrängen und jene auszuschließen, die nicht mithalten können. Andererseits bedeutet Geschwindigkeit als kommodifizierte Macht zugleich die Fähigkeit, über diese bestimmen und das Tempo unter Umständen auch verlangsamen zu können – zumal der Konsum digitaler Angebote noch nichts über die Fähigkeit aussagt, mit diesen umzugehen. So wird beispielsweise in US-amerikanischen Schulen, wie dies die *New York Times* in einer Reportage schildert, der Verzicht auf Bildschirme und ständige Telefonverbindungen plötzlich wieder zum Distinktionsmerkmal jener, die es sich leisten können.[335] Eltern, die bei Facebook arbeiten, erziehen ihre Kinder bildschirmlos. Im Gegensatz zu einkommensschwächeren Schichten haben sie die Möglichkeit, sich zu entziehen, in Privatschulen auf den Unterrichtsplan einzuwirken, Wanderferien in freier Natur zu organisieren oder gemeinsame Aktivitäten zur Ablenkung vom Bildschirm zu unternehmen. Die Macht, die Geschwindigkeit zu beherrschen, wird dank genügend Einkommen zur Fähigkeit, deren Nutzung zu terminieren. Denn im Gegensatz zu ArbeiterInnenkindern können die Töchter und Söhne der

334 Vgl. Anderson, Monica; Kumar, Madhumitha: Digital divide persists even as lower-income Americans make gains in tech adoption, Pew Research Center, 07. 05. 2019, <https://www.pewresearch.org/fact-tank/2019/05/07/digital-divide-persists-even-as-lower-income-americans-make-gains-in-tech-adoption>, Stand: 31. 10. 2019.

335 Vgl. Bowles, Nellie: The Digital Gap Between Rich and Poor Kids Is Not What We Expected, in: The New York Times, 26. 10. 2018. Online: <https://www.nytimes.com/2018/10/26/style/digital-divide-screens-schools.html>, Stand: 24. 09. 2019.

Facebook-Angestellten damit rechnen, im entsprechenden Alter durchaus in den Genuss eines ausgebildeten Umgangs mit der neuesten Technologie beziehungsweise in den Genuss ausreichender Datengeschwindigkeit zu kommen. Der frühere *Wired*-Redakteur Chris Anderson bringt diese Umkehr im Umgang mit der digitalen Technologie für die *New York Times* auf den Punkt: »Digital Divide ging um den Zugang zu Technologie, und jetzt, da jeder und jede Zugang hat, limitiert der neue Digital Divide den Zugang zur Technologie.«[336] Das Distinktionsmerkmal ist nicht mehr der Zugang an sich, sondern die Fähigkeit, über den Zugang bestimmen und sich beispielsweise auch einmal eine Erholungszeit vom Datenstrom erkaufen zu können.

ZEITARME UND ZEITREICHE MENSCHEN

Seit einigen Jahren werden Menschen in soziologischen Studien immer wieder in zeitarme und zeitreiche Personen eingeteilt. Gemessen wird, wie viel Zeit jemand zur freien Gestaltung zur Verfügung hat, allerdings mit unterschiedlicher Definition, was als zeitarm und was als zeitreich gilt. Es scheint ein Allgemeinplatz, dass Zeitknappheit und damit Zeitarmut in einer beschleunigten Gesellschaft zunehmen und dass, wer zeitreich ist, zugleich »glücklicher, gesünder und produktiver«[337] ist, wie es ein Ratgeber mit dem Titel *Durch Gamification glücklicher, gesünder und resilienter leben* verlauten lässt. Diese Feststellung führte in den letzten Jahren zu einer Vielzahl von Ratgebern, in denen alleine die Titel als Klischee ihrer selbst erscheinen – dank Selfpublishing scheint es für Buchveröffentlichungen keine Grenzen mehr zu geben: *True Wealth: How and Why Millions of Americans Are Creating a Time-Rich, Ecologically Light, Small-Scale, High-Satisfaction Economy* (2011), *On Time: Finding Your Pace in a World Addicted to Fast* (2017) oder *Time Rich Empire: Wealth Freedom, Self Ownership, How To Make Money in Your Spare Time Building Passive Income*

336 Ebd.

337 Vgl. McGonigal, Jane: Gamify your life. Durch Gamification glücklicher, gesünder und resilienter leben, Freiburg 2016, S. 265ff.

Secrets (2018). Wer ›money-rich‹, aber ›time-poor‹ ist, bleibe ein Leben lang unglücklich, so der Tenor solcher Werke. Doch dieses pseudophilosophische Geschwätz entspricht einem idealisierten Bild einkommensstarker Eliten, das nur wenig mit der Realität zu tun hat. Zeitknappheit wird vor allem dort zum Problem, wo sie in Verbindung mit niedrigem Einkommen oder prekarisierter Arbeit steht. Nur wer nicht den Zeitdruck durch die erkaufte Beschleunigung seines Lebenstempos ausgleichen kann wie einkommensstarke Schichten oder seine Zeitknappheit als Statusmerkmal versteht, erlebt Zeitdruck als tatsächliche Bedrohung. Doch auch Zeitreichtum macht nicht einfach glücklich, beispielsweise wenn man Arbeitslose nach ihrem Zeitempfinden befragt. Schon die Studie über die *Arbeitslosen von Marienthal* hat gezeigt, dass Arbeitslosigkeit zu einer Erosion der individuellen Zeitstruktur und Zeitdisziplin führen kann, die sich im Verlust der »materiellen und moralischen Fähigkeiten [äußert], die Zeit zu verwenden«[338]. Auch durch die gestresste Arbeitswelt entstehende Depressionen können dazu führen, dass Zeitintervalle länger erscheinen, als gesunde Personen diese wahrnehmen.[339] Was sich in Marienthal als Entleerung einer sinnstiftenden Zeitwahrnehmung zeigte und sich beispielsweise im lethargischen Kartenspiel entlud, barg in den Metropolen Europas der fordistischen Zwischenkriegszeit ein nicht unwesentliches Konfliktpotenzial. Die plötzlich zur Verfügung stehende Zeit verstärkte durch die einsetzenden, den Zeitvertreib beschleunigenden »Wanderungen durch Einkaufsstraßen, Warenhäuser und Vergnügungsparks«[340] die Wahrnehmung einer Differenz zwischen der eigenen Konsumerwartung, der Konsumerfahrung und der erblickten luxuriösen Konsumhaltung eines fremden Dritten und förderte so den spannungsgeladenen Wunsch

338 Jahoda, Marie; Lazarsfeld, Paul Felix; Zeisel, Hans: Die Arbeitslosen von Marienthal. Ein soziographischer Versuch über die Wirkungen langandauernder Arbeitslosigkeit, Frankfurt am Main 1975, S. 83.

339 Weiss, Katharina; Scharlau, Ingrid: Was also ist gleichzeitig? Allgemeinpsychologische Anmerkungen zur Wahrnehmung von Gleichzeitigkeit, in: Hubmann, Philipp; Huss, Till Julian (Hg.): Simultaneität. Modelle der Gleichzeitigkeit in den Wissenschaften und Künsten, Bielefeld 2013, S. 294.

340 Torp: Konsum und Politik in der Weimarer Republik, 2011, S. 74.

nach einer kapitalistischen Gleichzeitigkeit, die aus der erstmalig bewussten Erfahrung einer vorherrschenden Ungleichzeitigkeit entsteht. Dieses Gefühl einer Ungleichzeitigkeit existiert auch unter postfordistischen oder dromokratischen Bedingungen, allerdings nicht mehr als explosiver Widerspruch, sondern als lähmendes Gefühl, wie Zygmunt Bauman ausführt. Für eine Vielzahl jener, die nicht zur kinetischen Elite gehören, erscheint Zeit reichlich vorhanden, redundant und zugleich nutzlos, da sie mit nichts gefüllt werden kann: »Sie können nur die Zeit totschlagen, da sie langsam von ihr getötet werden.«[341]

Obwohl das entkontextualisierte Messen von Zeitarmut und -reichtum aufgrund der unterschiedlichen Lebenssituationen oft irreführend ist, können daraus dennoch wichtige Erkenntnisse hervorgebracht werden. Gemäß einer Studie aus dem Jahre 2004 gibt es in Deutschland drei Gruppen: Die Zeitarmen machen 36 % der Befragten aus, die Zeitreichen 27 % und die Zeitbefriedigten die restlichen 37 %. Zeitknappheit tritt vor allem bei Frauen auf.[342] Dieser Geschlechter-Aspekt von Zeitknappheit wird von zahlreichen anderen Studien geteilt.[343] Beispielsweise beantworteten arbeitende Mütter in einer US-amerikanischen Studie die Frage, ob sie sich immer gestresst fühlen, weitaus öfter mit »Ja« als Väter.[344] Dafür gibt es Gründe. Frauen erfahren durchschnittlich eine größere Fragmentierung ihrer Freizeit – das heißt: Die Wahrscheinlichkeit ist größer, dass sie durch andere Aktivitäten unterbrochen werden.[345] Auch erleben Frauen im Alltag einen größeren

341 Bauman, Zygmunt: Globalization. The Human Consequences, Cambridge 1998, S. 88.

342 Vgl. Wehner, Christa: Die Zeitsparer: Eine Zielgruppe wird besichtigt, Nürnberg 09.07.2004. Online: <https://www.nim.org/veranstaltungen/gfk-tagung/gfk-tagung-2004/vortrag-1>, Stand: 24.09.2019.

343 Vgl. Offer, Shira; Schneider, Barbara: Revisiting the Gender Gap in Time-Use Patterns: Multitasking and Well-Being among Mothers and Fathers in Dual-Earner Families, in: American Sociological Review 76 (6), 01.12.2011, S. 809–833. Online: <https://doi.org/10.1177/0003122411425170>; Wajcman, Judy: Pressed for time. The acceleration of life in digital capitalism, Chicago 2015.

344 Vgl. Wajcman: Pressed for time, 2015, S. 64ff.

345 Vgl. Sullivan; Gershuny: Speed-Up Society?, 2018, S. 21.

Zeitdruck, da sie mehrere Temporalitäten – das heißt: vor allem Arbeit und Familie – miteinander zu verbinden haben. Judy Wajcman bringt diesen erhöhten Druck auch mit der sich wandelnden gesellschaftlichen Rolle der Frau in Verbindung.[346] Gesellschaftliche Rollenbilder und zugeschriebene Funktionen ändern sich. Doch während Frauen viel stärker in den Arbeitsmarkt drängen, hat sich die Zeit, die sie für die unbezahlte Reproduktionsarbeit aufwenden, nicht gleichermaßen gesenkt beziehungsweise hat sich die Zeit der Männer, die an der Reproduktionsarbeit teilnehmen, nicht proportional dazu erhöht, zumal gleichzeitig der gesellschaftliche Anspruch stieg, Zeit mit Kindern zu verbringen. Anders gesagt: Zwar hat sich das Eigenbild der Männer und der Anspruch, sich um Kinder zu kümmern, im Selbstbild verändert, die Praxis hinkt diesem Anspruch allerdings hinterher. Männer machen noch immer lieber das, was sie wollen, statt sich um die Reproduktionsarbeit zu kümmern.[347] Die Folge hiervon ist ein unterschiedlich wahrgenommener Zeitdruck. Eine vergessene Antwort hierauf bleibt der Ruf nach Entlohnung der unbezahlten Reproduktionsarbeit und dem damit verbundenen Gewinn von Zeitsouveränität.

Gemäß Christa Wehners Studie gehören aber auch besser verdienende, Vollzeit arbeitende Menschen überproportional zu den zeitarmen Gruppen.[348] Bestätigt sich also der Befund, dass gerade auch einkommensstarke Schichten unter zunehmendem Zeitdruck leiden? Einerseits lässt sich diese Selbsteinschätzung gemäß Ergebnis verschiedener Studien nicht verneinen – insbesondere für westliche Länder und nicht für ein outgesourctes Proletariat. Andererseits sieht der Umgang mit latenter Zeitknappheit, wie etwa der Verweis auf Oriel Sullivans Studie zu den temporalen Konsumstrategien gezeigt hat, unterschiedlich aus. Ein Beispiel für Letzteres ist die Familienzeit. So haben proletarische Familien größere Mühe damit, ihren flexibilisierten Zeitplan aneinander anzupassen.[349] Wenn beide Erziehungspersonen arbeiten, aller-

346 Vgl. Wajcman: Pressed for time, 2015, S. 113ff.

347 Vgl. Schulte, Brigid: Overwhelmed. Work, love, and play when no one has the time, New York 2014, S. 31.

348 Vgl. Wehner: Die Zeitsparer: Eine Zielgruppe wird besichtigt, 2004.

349 Vgl. Wajcman: Pressed for time, 2015, S. 77f.

dings keiner von beiden einen »9 to 5«-Job hat, sinkt die Zeit, die gemeinsam verbracht werden kann. Für Familien mit Erziehungspersonen in Managementpositionen ist es einfacher, ihre Arbeitszeiten anzupassen. Wenn sich ihr Arbeitsrhythmus auch einem global tickenden 24/7-Rhythmus annähert und sie ebenfalls Arbeitsstress erleiden, haben sie es doch um einiges leichter, einen bewährten »9 to 5«-Rhythmus mit entsprechender Frei- und Familienzeit einzufordern.

Zeitknappheit lässt sich also durchaus als symptomatische Entfremdungserscheinung lesen und für empirische Untersuchungen operationalisieren. Allerdings ist dies vielleicht gar nicht der entscheidende Ansatz zur Erklärung sich verändernder Temporalitäten im Zusammenhang mit einem beschleunigten Lebenstempo. Mit Gabriele Michalitsch gesprochen hat der Neoliberalismus zu einer entscheidenden Wende des Zeitempfindens beigetragen, auf das dromokratische Regimes aufbauen und unter der daraus resultierenden Entfremdung von Zeit (die sich als Knappheit, aber auch als Überfluss manifestieren kann) Menschen künftig mehr denn je leiden werden: »Unter neoliberalen Bedingungen wird menschliche Existenz umfassend ökonomischen Kriterien unterworfen. Individuelle Lebenszeit wird zu einem Gegenstand ökonomischer Kalkulation, zu einer Ressource, die es optimal zu nützen gilt.«[350] Dieser Optimierungsansporn prägt unser Leben. »[Zeit] avanciert [...] zu einem Gegenstand alltäglichen Managements mit dem Ziel größtmöglicher Effizienz, das immer auch Selbst-Management impliziert und damit die ökonomische Durchdringung des Subjekts ermöglicht.«[351] Dies erlaubt zugleich den kommodifizierten Umgang mit Bewältigungsstrategien, genauso wie dies den Druck und die Niedergeschlagenheit bei fehlender Erfüllung produziert. Entsprechend kann sowohl ein Zuviel an Zeit, beispielsweise in einer Situation der Arbeitslosigkeit, ebenso zu einer inneren Unzufriedenheit führen wie ein Zuwenig an Zeit, beispielsweise wenn

350 Vgl. Michalitsch, Gabriele: Markt-Verfügung: Das neoliberale Zeit-Regime, Volksstimme, 05.2003, <https://www.gbw.at/oesterreich/artikelansicht/beitrag/markt-verfuegung-das-neoliberale-zeit-regime>.

351 Vgl. ebd.

wir unserem Anspruch nicht genügen, unsere Freizeit optimiert auszufüllen. Der Widerspruch temporeicher Gesellschaften liegt also nicht zwischen Zeitarmut und Zeitreichtum, sondern im Umgang mit einer ökonomisierten Zeit, die der Neoliberalismus der Eigenverantwortung unterworfen hat. Anders gesagt: Der Umgang mit Zeit wird zum individuellen Projekt, das wir wie ein Startup führen. Dadurch wird nicht mehr die Gesellschaft zur Verantwortung gezogen – wie im explosiveren Widerspruch um die kapitalistische Ungleichzeitigkeit des Fordismus –, sondern, in der Entpolitisierung des Gegenstandes, das Individuum. Selbst umfassende Bereiche wie die Lebenszeit werden dieser Individualisierung und dem Selbstoptimierungsdrang unterworfen. Wer länger leben will, muss genügend Zeit für sportliche Aktivitäten und Optimierungsprogramme aufwenden – freilich unterscheiden sich jene, die sich diese Programme überhaupt leisten können, von jenen, die davon nur träumen können, denn der Zugang zu besseren Optimierungsstrategien ist gebunden an kommodifizierte Angebote. Ökonomisierung und Selbstrationalisierungstendenzen erklären auch, warum die reale Arbeitszeit bei vielen in den letzten Jahrzehnten nicht rasant gestiegen ist, wogegen der Stress und das Gefühl, zu wenig Zeit zu haben, dennoch stiegen. Wir glauben, Zeit optimal nutzen zu müssen; alles andere empfinden wir als nicht befriedigende Freizeit, die optimiert werden muss. Was sich im Neoliberalismus konfiguriert hat, wird zur Grundlage der dromokratischen Klassengesellschaft. Freilich leiden sowohl jene, die sich schnellere Transportgeschwindigkeit und raschere Lieferzeiten leisten können, als auch jene, die kein Geld hierfür auszugeben vermögen, unter temporalen Entfremdungserscheinungen. Allerdings besitzt erstere Gruppe eine auf sie zugeschnittene Bewältigungsstrategie, während Letztere an den gesellschaftlichen Anforderungen scheitern – und sich im schlechtesten Falle in Fortführung neoliberaler Leistungskultur auch noch selbst dafür verantwortlich machen.

MIGRATION UND STAATLICHE GESCHWINDIGKEITSKONTROLLEN

Auf globaler Ebene wird der eingeschränkte Zugang zu unterschiedlichen Geschwindigkeiten nirgends so deutlich wie in den Migrationsbewegungen. Während sich Kapital in Höchstgeschwindigkeit fast grenzenlos bewegt und die mit genügend Ressourcen ausgestattete kinetische Elite nur ein wenig langsamer um die Welt jettet, ist ein Großteil der Menschheit von dieser Hochgeschwindigkeit ausgeschlossen. Alles andere als flexibilisierend nehmen es sich die Staaten dieser Welt seit Jahren zur Aufgabe, Migration besser zu steuern, beispielsweise indem sie Aufenthalte zeitlich begrenzen, etwa durch temporäre Arbeitsvisa, indem sie stärker auf Nachfragen reagieren – das heißt: eine Adaption der Just-in-Time-Produktion im Sinne einer ›Arbeit-auf-Nachfrage-Migrationspolitik‹[352] – oder indem sie Migrationsbewegungen ganz stoppen. Das Migrationsmanagement nimmt eine Steuerung der Bewegungsgeschwindigkeit vor, die sowohl globale Verlangsamung als auch punktuelle Beschleunigung kennt. Während Migrationsrouten durch Hindernisse wie Zäune, Mauern, Grenzen und bürokratische Verfahren verlangsamt werden, beschleunigen sich bürokratische Verfahren innerhalb einzelner Zonen. In der Schweiz werden Asylgesuche beispielsweise seit einiger Zeit im ›beschleunigten Verfahren‹ bewertet.[353] Dies verspricht eine raschere Umsetzung von Anträgen – und wird für alle Seiten als Heilsbringer verkauft: für KritikerInnen, indem MigrantInnen endlich schneller abgeschoben werden können, für Asylsuchende, indem sie nicht so lange auf einen Entscheid warten und somit nicht in Unsicherheit leben müssen. Leider handelt es sich im zweiteren Fall einzig

352 Vgl. Barber, Pauline Gardiner: The Entanglements of Neoliberal Temporalities and Class Politics in Philippine Migration to Canada, in: Barber, Pauline Gardiner; Lem, Winnie (Hg.): Migration, Temporality, and Capitalism: Entangled Mobilities across Global Spaces, Cham 2018, S. 161–184. Online: <https://doi.org/10.1007/978-3-319-72781-3_9>, Stand: 07.10.2019.

353 Vgl. Drath, Marie: Ein Kommentar zu den »beschleunigten Verfahren« des neuen Schweizerischen Asylgesetzes, Geschichte der Gegenwart, 24.07.2016, <https://geschichtedergegenwart.ch/und-wenn-der-herr-diese-tage-nicht-verkuerzt-haette>, Stand: 24.09.2019.

um ein falsches Versprechen, das die Reform (leider erfolgreich) als sozialverträglich zu verkaufen versuchte. Die Beschleunigung der Asylverfahren brachte vor allem einen Verlust der juristischen Zeitsouveränität und damit eine Minderung der Chancen auf einen positiven Entscheid zugunsten der Asylsuchenden mit sich. Wer in den komplexen Verfahren zu langsam arbeitet, mindert seine Chance. Nicht mehr der Fall entscheidet, sondern die drängende Zeit. Es handelt sich dabei um eine Umkehrung rechtlicher Grundsätze. Während sich in anderen Fällen Angeklagte der Mitarbeit verweigern und damit die Entschleunigung des Verfahrens zu ihrem Vorteil nutzen können, drängt die rascher getaktete Mitarbeitspflicht im Asylwesen die Migrierenden in die beschleunigte bürokratische Maschinerie. ›Verschleppung‹, wie beispielsweise in Kafkas *Prozess* noch eine der drei Möglichkeiten zur Verfahrensbewältigung beschrieben wurde, ist nicht mehr möglich.

Solche Beobachtungen auf lokaler Ebene widerspiegeln ein Charakteristikum globaler Mobilität: »Ein leichter Zugang zu Mobilitätschancen und Beschleunigung für eine Gruppe geht einher mit der Einschränkung der ›Motilität‹, d. h. der Fähigkeit mobil sein zu können, und Verlangsamung für eine andere Gruppe.«[354] (Verhinderte) Migration ist nicht die einzige Ausformung dieser Entwicklung, allerdings die sichtbarste Manifestation hiervon. Heute produziert beispielsweise ein digitales Proletariat die globale Infrastruktur mit, unter anderem gerade indem diese Menschen immobil (zumindest was die globale Bewegung betrifft) gehalten werden. Die digitalen Lösch- und Zensurfabriken für Facebook in den Philippinen beispielsweise sind vergleichbar mit der Putzarbeit im öffentlichen Raum, die in Europa ebenfalls fest in migrantischen Händen ist, mit dem Unterschied allerdings, dass der virtuelle Putzraum auch die Menschen selbst virtuell werden lässt, da die Personen nicht real vor Ort sein müssen. Gleiches gilt für andere Beispiele wie Call Centers, deren MitarbeiterInnen nur die Sprache der AuftraggeberInnen sprechen müssen – und dafür in kolonialer Manier ihren regionalen Akzent abtrainieren müssen.

354 Etzold, Benjamin: Auf der Flucht – (Im)Mobilisierung und (Im)Mobilität von Schutzsuchenden, Bonn 2019, S. 17.

Vergleichbares gilt nebenbei bemerkt auch für weniger bekannte Segmente. Das Korrektorat der NZZ-Regionalmedien findet beispielsweise in Bosnien statt, wo die Lohnkosten tiefer sind. Die Produktion von Wissen und Dienstleistungen wird globalisiert, ohne dass die daran beteiligten Personen im Rahmen von Grenzkontrollen und Visumsbestimmungen in gleichem Ausmaße eine Mobilitätsmöglichkeit erlangen.

GESCHWINDIGKEITSKONTROLLE ALS DROMOKRATISCHES MACHTMITTEL

Der weltweite Unterschied des verfügbaren Mobilitätsangebots ist eng an staatliches Handeln gebunden. Monitoring von Bewegungen gehört zu den zentralen Aufgaben eines modernen Staates. Ob die Überwachung von Epidemien, Menschenströmen, der Luft- und Seefahrt oder Ressourcentransporte – Staaten verfügen heute über eine Vielzahl an Ämtern und Statistiken, die sich um den Bewegungsablauf kümmern und ihn im besten Falle in Echtzeit überwachen. Auch hier gilt das Beschleunigungsparadigma, allerdings erneut in jenem Sinne, dass Geschwindigkeit zwar oft besser als Verlangsamung ist, dass sich Geschwindigkeit aber auch einfach überwachen und kontrollieren lässt. Offensichtlich ist es nachvollziehbar, dass Staaten (und auch Menschen) daran interessiert sind, dass Epidemien sich nicht gleich rasch durch die Welt bewegen wie Konsumgüter. Allerdings überwachen Staaten Bewegungen auch in zahlreichen anderen Bereichen – und dies nicht nur zum Vorteil der Menschen. Überwachung nimmt beispielsweise eine wesentliche Rolle in der Gestaltung der kinetischen Elite ein. Sie definiert, welcher Gruppe welche Geschwindigkeit zugesprochen wird, wer beispielsweise mit langatmigen Visaverfahren oder Grenzkontrollen zu rechnen hat oder wer ganz am Reisen gehindert wird.[355] Auch der militarisierte europäische Grenzschutz im Mittelmeer kann auf eine Vielzahl an Überwachungsinstrumenten zurückgreifen, die ihm im besten Falle in Echtzeit mitteilen, wo sich

355 Murakami, Wood; Graham, S.: Permeable Boundaries in the Software-sorted Society: Surveillance and the Differentiation of Mobility, in: Urry, Sheller (Hg.): Mobile Technologies of the City, London 2006, S. 178.

Boote nach Europa bewegen – die Verlangsamung der staatlichen Rettungsdienste erscheint als bewusstes chronopolitisches Mittel der Migrationskontrolle. Werden von den Grenzschutzbehörden Boote aufgegriffen, findet deren Zerstörung statt. Migration soll durch den Angriff auf die Transportinfrastruktur erschwert – das heißt: Menschen sollen zur Immobilität gezwungen – werden. Die Konsequenz daraus ist offensichtlich: Weil Menschen sich nicht einfach so von der gefährlichen Reise abhalten lassen, greifen sie zu noch unsichereren Transportmöglichkeiten.

Die repressive Kontrolle globaler Migrationsströme zeigt, dass die Macht über die Geschwindigkeit einen militarisierten Charakter besitzt. Staatliche Geschwindigkeitsbeschränkungen wie -beschleunigung sind gebunden an den Ausbau von Grenzbefestigungen und Überwachungsanlagen. An der Heimfront ist es die zunehmende Überwachung im öffentlichen Raum oder im Internet, die die Rolle der dromokratischen Militarisierung einnimmt. Dabei braucht es gar keine große technische Entwicklung. Die Infrastruktur der dromokratischen Gesellschaften trägt die Möglichkeit zur optimierten Überwachung stets in sich. Ein Beispiel hierfür bildet die Telekommunikation. Einst diente der Satellit der Überwachung. Später wurde er zur zentralen Kommunikationsinfrastruktur. Wenn die NSA oder andere Geheimdienste weltweit automatisiert Daten durchforsten, dann dient der Satellit heute beidem zugleich. Vergleichbares gilt auch für den Zugang zur Geschwindigkeit. Stellt diese ein Machtverhältnis dar, ist die Kontrolle darüber ein entscheidender militärischer wie ökonomischer Vorteil. So kontrollierte beispielsweise Israel, das den vollen Zugang zu den notwendigen Frequenzen besitzt, palästinensische Gebiete unter anderem, indem es jahrelang den Zugang zur dritten Generation des mobilen Internets verwehrte. 3G gab es für Palästina ab 2018, zuvor war nur 2G erlaubt – umso größer war der Schwarzmarkt für israelische SIM-Karten. Gemäß einem 2016 veröffentlichten Report der Weltbank bedeutete diese Einschränkung Millionenverluste, sowohl für die Industrie als auch an dadurch ausgefallenen Steuergeldern.[356]

356 Vgl. World Bank: Lifting Restrictions and Promoting Better Regulation to Unleash the Potential of the Digital Economy in Palestine, World Bank, 31. 03. 2016, <https://www.worldbank.org/en/news/press-release/2016/03/31/

Israel argumentierte in seiner Geschwindigkeitsbegrenzung mit Sicherheitsbedenken und profitierte zugleich von der vereinfachten Kontrolle durch ökonomische Unterentwicklung. Ähnliche Zustände finden sich auch an anderen Orten dieser Welt. Beispielsweise in Indien, das unter anderem Kaschmir zu kontrollieren versucht, indem es der Region regelmäßig das Internet abstellt oder begrenzt. Im August 2019 wurde dazu in einigen Teilen der Zugang zu 3G und 4G beschränkt, während 2G zwar zuerst ebenfalls heruntergefahren, danach aber wieder ermöglicht wurde.

Dass das Internet in irgendeiner Form eingeschränkt wird, gehört zum Standardrepertoire staatlicher Kontrolle – und wer meint, dass dies nur entfernte Länder oder tatsächlich böse Webseiten betrifft, täuscht sich: In Deutschland hat es beispielsweise mit dem Verbot von Indymedia Linksunten auch eine linke Informationsplattform getroffen. Die Beispiele Indien und Israel verdeutlichen allerdings die an dieser Stelle wichtigere Beobachtung, dass die Macht über den Zugang zum Internet nicht nur eine Frage der damit möglicherweise einsehbaren Informationen ist, sondern dass sich dahinter auch ein umfassend militarisierter Kampf um die größere Datengeschwindigkeit abspielt, der weitreichende ökonomische Folgen für die unterlegenen Regionen beinhaltet.

Diese Erkenntnis kollidiert mit dem Gründungsmythos des Internets, dass dieses grenzenlos und frei funktioniere. Doch das Internet war von Anfang an durch seine inneren wie äußeren Besitzverhältnisse bestimmt:[357] Wer verkauft, besitzt und kontrolliert Internetzugänge, Webspace und Domains? Wer besitzt einflussreiche Webseiten, Foren oder Handelsplattformen? Das Internet ist nicht erst seit Facebooks Verengung des Newsfeeds ein »Isolations- und Lenkungswerkzeug«[358], das entlang von bestehenden Machtinteressen funktioniert. Damit sei nicht abgesprochen, dass es wirkungsvolle Communities gibt, die anders funktionieren; sei

lifting-restrictions-and-promoting-better-regulation-to-unleash-the-potential-of-the-digital-economy-in-palestine>, Stand: 24. 09. 2019.

357 Vgl. Shuler, Jack: Ever Onward: The Frontier Myth and the Information Age, in: Fast Capitalism 1 (1), 2005, S. 92–103. Online: <https://doi.org/10.32855/fcapital.200501.001>.

358 Capulcu: Delete. Digitale Fremdbestimmung, 2018, S. 4.

es weil sie das Open Source Format fördern oder weil es bis heute eine breit akzeptierte Verhaltensnorm gibt, dass man für ein Programm nicht bezahlen muss, weil es Menschen gibt, die Software gratis ins Internet stellen. Allerdings ist das Internet in seiner Infrastruktur wie in seiner Funktionsweise stets ein ungleicher und kontrollierbarer Raum, der in seiner Konfiguration nicht abseits kapitalistischer Verhältnisse steht. Und hier spielt Geschwindigkeit als Machtfaktor eine wesentliche Rolle.

DROMOKRATISCHE GEOPOLITIK

Die rumänische Politikwissenschaftlerin Luiza-Maria Filimon beschrieb 2017 in einem Aufsatz eine neue geopolitische Chronopolitik anhand der Zeitspanne zwischen dem Auftauchen und der Auslöschung der Khorasan-Gruppe im syrischen Bürgerkrieg.[359] Am 13. September 2014 wurde die bis dato unbekannte Gruppe ein erstes Mal öffentlich in den US-Medien präsentiert. Unter Berufung auf Regierungskreise wurde die mit Al-Quaida assoziierte Bande als ein äußerst gefährlicher Zusammenschluss dschihadistischer KämpferInnen aus verschiedenen Ländern dargestellt. Zu den Zielen der Gruppe sollte unter anderem ein Angriff auf die US-Luftfahrt gehören. Gar gefährlicher als der Islamische Staat sollte sie sein, wie Medien in der darauffolgenden Woche spekulierten. Bereits am 23. September erklärte ein Sprecher des Pentagons aber, dass die Gefahr gebannt sei und die Personen eliminiert seien. Einige gezielte Schläge mit Marschflugkörpern hätten die führenden Mitglieder der Gruppe getötet und deren Trainingsgelände zerstört, was (wie im syrischen Bürgerkrieg so oft) von beteiligten Personen umgehend verneint wurde. Ein Mitglied der Al-Nusra-Front meinte später, dass es eine Khorasan-Gruppe nie gegeben habe und dass die US-Luftangriffe einzig seiner Gruppe gegolten hätten, jedoch mit einem zusätzlichen, dringenden Legitimationsgrund ausgestattet werden mussten. Das Mitleid für die Al-Nus-

359 Vgl. Filimon, Luiza-Maria: International Relations under the Tropic of Time. Analysing Imminence in the Age of Chronopolitics, in: Bourdon, Étienne; Lung, Ecaterina (Hg.): Time and Culture, 2017, S. 221–235.

ra-Front mag sich berechtigterweise in Grenzen halten und der Nachweis darüber, wer in Syrien tatsächlich wo und wann zu welcher Gruppe mit welchen Zielen gehörte, kann hier nicht erbracht werden. Auch Filimon geht es nicht um den Nachweis der korrekten Geschichte der Khorasan-Gruppe, sondern um das Problem einer medial wie staatlich ausgerufenen drohenden Gefahr im Kontext geschwächter Staaten wie Syrien. Die Argumentation, dass eine zukünftige Handlung einer Gruppe den eigenen Staat bedrohe und deswegen in einem fremden Staat interveniert werden müsse, ist im Sinne Filimons eine immanent chronopolitische Handlung. Eine Zeitspanne der Drohung definiert das Raum-Zeit-Verhältnis zwischen den beiden Staaten beziehungsweise Orten der Handlung. Im Falle der Khorasan-Gruppe handelt es sich um einen rasant verkürzten Raum und Zeitrahmen. Knapp zwei Wochen vergingen zwischen dem erstmaligen medialen Erscheinen der Bedrohung bis zur Bombardierung in einem anderen Land. Die Grenzen zwischen staatlich-medial erschaffener Bedrohung und Realität verwischen sich, genauso wie die Entgrenzung des beschleunigten Krieges alle Entfernungen und Hindernisse überwindet. Die Konsequenz daraus werden künftig nicht nur reaktionäre Gruppen zu spüren bekommen.

Die mediale Berichterstattung legitimiert mit von staatlicher Seite zur Verfügung gestellten Informationen, dass eine Gruppe in Syrien eine immanente Bedrohung für die westliche Weltgemeinschaft darstellt. Dass sich dabei die Frage nach dem Realitätsgehalt gar nicht erst stellt, ist genauso erschreckend wie der darauf folgende rasche Ablauf. Freilich ist man dies vom Drohnenkrieg mittlerweile gewöhnt. Auch hier gibt es keinen Abstand mehr zwischen Prozess, Urteil und Vollstreckung. Die Auswahl, wer als TerroristIn gilt, läuft gleichzeitig mit der Ausführung des Urteils und der Ermordung der auserwählten TäterInnen. In der Welt der Höchstgeschwindigkeit sind keine Rekursmechanismen vorgesehen. Die im Kapitel über die Fahrgesellschaft als wirtschaftliche Prämisse zitierte Weisheit »the best way to invent the future is to predict it« realisiert sich im militärischen Handeln dromokratischer Kriegsführung. Die potenzielle Gefahr – und damit das potenzielle Ziel – bestimmt sich durch eine Vorhersage. Diese erfindet zugleich die

Zukunft, von der niemand weiß, ob sie eintreffen wird – schon gar nicht in der fragilen Geopolitik, etwa jener des syrischen Bürgerkrieges, von dem selbst ExpertInnen nicht immer wissen, wer wo was macht –, und die vorausgesagte Zukunft realisiert das dazugehörige Urteil in der Gegenwart.

Die beliebteste Waffe in der Ausführung militärischer Urteile sind Kampfdrohnen. Der Drohnenkrieg ist nicht nur ein Krieg, der sich auf Geschwindigkeit spezialisiert hat, er beinhaltet auch jene ideologische Komponente der digitalisierten Dromokratie, die sich schon im Versprechen der Echtzeit-Software abgezeichnet hat: Dank Informationsaufarbeitung in Echtzeit verspricht der Einsatz von fliegenden Tötungsmaschinen einen saubereren Krieg durch gezieltere Schläge. Als derart »außergewöhnlich chirurgisch und präzise«, dass keine »unschuldigen Männer, Frauen und Kinder in Gefahr sind«[360], soll Barack Obama Drohneneinsätze einst charakterisiert haben. Dass dem nicht so ist, ist hinreichend bekannt. Es geht an dieser Stelle nicht um den erneuten Nachweis, wie barbarisch der Drohnenkrieg ist, sondern um das mit diesem einhergehende Versprechen, das im Einklang mit der dromokratischen Gesellschaft steht. Bewaffnete Drohnen, so der verbreitete Glaube, sind präzise Waffen, wenn sie nur genügend Informationen erhalten – an der dazugehörigen Technik und Verbesserung von Erkennungsmechanismen arbeiten auch große Unternehmen wie Google. Fehlen Informationen, trifft es unschuldige Personen. Hätte man es jedoch mit einer perfekten Informationslage zu tun, gäbe es kein Rauschen auf dem Bildschirm, müsste keine/r mehr sterben, der oder die es nicht auch verdient hat. Daten übernehmen den vermeintlich objektiven Kern des Einsatzes. Sie wirken als neutrale Bewertungsinstanz und geben Auskunft über die Rechtmäßigkeit ihrer Handlung. Es handelt sich allerdings um einen latent positivistischen Trugschluss, zu glauben, dass die Informationskette bei der objektiven Erhellung eines Tatbestandes

360 Woods, Chris: US claims of ›no civilian deaths‹ are untrue, The Bureau of Investigative Journalism, 18. 07. 2011, <https://www.thebureauinvestigates.com/stories/2011-07-18/us-claims-of-no-civilian-deaths-are-untrue>, Stand: 02. 10. 2019.

hilft. Weder Bilder noch weitreichende Informationen können die Entscheidung vorwegnehmen, ob ein Ziel überhaupt ein solches darzustellen hat. Dies unterliegt alleine dem politischen Befund jener, die die Macht dazu haben, das Urteil auszuführen.

COMPRESSING THE KILL CHAIN

Der Drohnenkrieg lässt sich noch aus einem weiteren Grund als dromokratisch charakterisieren. Ihm liegt nicht nur in seiner Fluggeschwindigkeit ein Beschleunigungsdruck zugrunde, sondern auch in seiner militärtaktischen Verwendung. Drohnen sind Bestandteil einer feedback-optimierten Operationalisierung des Kampfeinsatzes, wie ihn das 21. Jahrhundert prägen wird. Dazu eine Grundannahme vorweg: Die Struktur jedes militärischen Einsatzes lässt sich in fordistischer Tradition als atomisierter Ablauf beschreiben, als ›Kill Chain‹, deren Bestandteile nach und nach rationalisiert und beschleunigt wurden. Zu dem Bestandteilen gehören das Finden des Feindes (Find), dessen Fixierung im Waffensystem (Fix), der Kampf (Fight) und der erfolgreiche Abschluss durch Eliminierung (Finish).

Der ehemalige US-Soldat und spätere technische Leiter für militärische Computersysteme Ray Alderman berichtet in seinen regelmäßigen Artikeln ganz begeistert, wie sich die Kill Chain in den letzten Jahrzehnten verändert hat.[361] Eine klassische »Find, fix, finish«-Aufgabe konnte im Zweiten Weltkrieg noch Wochen dauern. Mit dem Aufkommen neuerer Überwachungstechnologien verkürzte sich insbesondere der erste Teil, das Finden des Gegners. Drohnen haben diesen Prozess durch ihre Überwachungsfunktion aus den Lüften weiter beschleunigt. Doch die qualitative Beschleunigung begann schon früher. In den 1990er Jahren erweiterte der US-Luftwaffengeneral John Jumper die Kill Chain unter dem Begriff F2T2EA: Find, Fix, Track, Target, Engage, Assess. Dies

361 Alderman, Ray: Shrinking the kill chain, Military Embedded Systems, <http://mil-embedded.com/guest-blogs/shrinking-the-kill-chain>, Stand: 24.09.2019; Vgl. auch die anderen Beiträge von Ray, Alderman: Military Embedded Systems, <http://mil-embedded.com/author/ray-alderman-vita-standards-organization-2>, Stand: 24.09.2019.

entsprach nicht einem verzögernden Ausbau, sondern einer Beschleunigung der Kill Chain. General Jumpers forderte nämlich, dass jede Kette in weniger als 10 Minuten ausgeführt werden sollte.

Was erst nur für die Luftwaffe galt, wurde in seinem Beschleunigungsparadigma später auch von anderen Bereichen übernommen. Dabei gilt es verschiedene Hindernisse zu überwinden. Beispielsweise benötigen Waffen eine bestimmte Dauer, bis sie ihr Ziel erreichen. Dies war unter anderem auch ein Grund dafür, warum General Jumper 2001 empfahl, Drohnen vermehrt mit Waffen auszurüsten:[362] Die beste Überwachung der Welt nützt nichts, wenn die Waffen nicht rechtzeitig an ihrem Ziel sind. Auch andere Entwicklungen gehen in diese Richtung. Dass beispielsweise Laserwaffen zu den militärischen Visionen der Zukunft gehören, entspricht vor allem der Anforderung, dass die Zeit zwischen Anvisierung und Abschluss beschleunigt werden muss – der Rüstungswettlauf zwischen den Großmächten beinhaltet heute wesentlich eine Beschleunigung der Waffengeschwindigkeit und damit eine Beschleunigung der Kill Chain. Ein zweites Hindernis stellen die bürokratischen Befehlsketten dar. Wer entscheidet beispielsweise, ob ein anvisiertes Ziel auch tatsächlich abgeschossen werden darf? Unter US-Präsident Donald Trump wurde diese Entscheidung bezüglich ›high value targets‹ auf niederrangigere militärische Posten erweitert, damit keine zusätzliche Verzögerung durch bürokratische Ketten eintritt. Ein dritter Beschleunigungsmechanismus ist die Verkürzung der Zeit zwischen Fix, Fire und Finish, beispielsweise mithilfe intelligenterer Raketen, die nicht erst feindliche Hindernisse umfliegen müssen, intelligenter Munition, die automatisch ihre Flugbahn korrigiert, oder kombinierter Systeme, die feindliche Erkennungsmaßnahmen hindern, beispielsweise durch elektronische Störmechanismen. Eine vierte und künftig zentrale Methode zur Beschleunigung der Kill Chain ist die synchrone Ausführung der verschiedenen Schritte. In einem visionären 5F-Modell – Fire, find, fix, finish, feedback – hat man die Reihenfolge umgedreht:[363] Ge-

362 Vgl. Herbert, Adam: Compressing the Kill Chain, in: Air Force Magazine 86 (3), 2003, S. 50–54.

363 Vgl. Benitez, Mike: It's About Time: The Pressing Need to Evolve The Kill Chain, War on the Rocks. National Security. For insiders. By insiders,

schossen wird zuerst. Die ohnehin notwendige Flugzeit wird dann dank verbesserter Kommunikationstechnologie für das Finden und Fixieren verwendet. ›Compressing‹ oder ›Shrinking the Kill Chain‹ nennt man diese Versuche, die die Raum-Zeit-Schrumpfung auf militärisches Gebiet heben. Das anvisierte 5F-Modell zeigt zugleich die darin eingebettete vernichtende Logik, wie sie vom Drohnenkrieg bereits bekannt ist. Im Rennen um militärische Höchstgeschwindigkeit wird lieber ein Schuss abgegeben als zuvor das Ziel fixiert. Der militärische Beschleunigungsdrang besitzt einen in ihm angelegten Zerstörungsdrang, der auch zivile Ziele betrifft, indem der Fehler durch falsche Anvisierung durch Waffen – die, einmal abgeschossen, nicht mehr aufgehalten werden können – als Mechanismus darin angelegt ist. Dies hindert die technokratischen VertreterInnen einer militärischen Intensivierung allerdings nicht daran, sich für entsprechende technologische Umrüstung stark zu machen. Mike Benitez, seines Zeichen US-amerikanischer Leutnant und Luftwaffenpilot, beispielsweise erklärte 2017 in einem Meinungsartikel lapidar: »Wir sind in eine Ära eingetreten, in der mehr […] autonome Waffen nur noch durch die Policy verhindert werden.«[364] Will heißen: Das auch bis anhin schon nicht besonders progressive US-Politsystem soll sich endlich dem Druck der Beschleunigungstechniken unterwerfen und Zulassungsentscheide beschleunigen.

Eine zweite Zukunftsvision ist die grundlegende Zusammenlegung verschiedener Kill Chains. Bisher kannte das Militär für alle seine Teilbereiche eigene Ketten. Dies betrifft in den USA insbesondere die sechs Bereiche Marine, Landeinheiten, Luftraum und seit einigen Jahren Weltraum, elektronische Kriegsführung und Cyberspace. Früher waren diese verschiedenen Bereiche in ihren Kill Chains nicht kompatibel zueinander. Ein Torpedo-System funktioniert beispielsweise anders als eine Waffe an Land. Die Zukunft dromokratischer Kriegsführung liegt in einem Kill Web, das wie ein großes Netz alle Bereiche miteinander verknüpft.[365]

17.05.2017, <https://warontherocks.com/2017/05/its-about-time-the-pressing-need-to-evolve-the-kill-chain>, Stand: 03.10.2019.

364 Vgl. ebd.

365 Vgl. Laird, Robbin; Timperlake, Ed: Naval Aviation and Working the Kill Web | RealClearDefense, RealClear Defense, 16.08.2017, <http://www.

Ein solches System trägt wesentlich zur Beschleunigung der Kill Chain bei. Ein Flugzeug kann beispielsweise eine feindliche Stellung erkennen und die Zielmarkierung an eine auf einem Schiff stationierte Rakete weitergeben. Und Drohnenschwärme liefern in Echtzeit Informationen über den Kriegsschauplatz, die von anderen Einheiten verwendet werden können. Freilich standen die verschiedenen militärischen Bereiche auch früher schon in Verbindung miteinander. Die bisher verbundene Kill Chain war allerdings immer vom langsamsten Teilbereich abhängig, während das Kill Web als synchronisierter Prozess möglichst nahe der Echtzeit funktionieren soll. Es gehört zum Traum der MilitärstrategInnen, irgendwann ein globales Kill Web zu besitzen, das weltweite Einsätze innerhalb von wenigen Minuten ermöglicht – unter anderem deshalb nimmt der Weltraum heute eine wichtige militärische Rolle ein.

Wie in allen dromokratischen Systemen spielt das Feedback-System auch im Militär eine wichtige Rolle, erlaubt es doch einerseits eine automatische Verbesserung der Kill Chain beziehungsweise des Kill Web und andererseits die Entwicklung von an die Situation angepassten Technologien. So werden heute in der militärischen Forschung beispielsweise bestimmte Taktiken der feindlichen Kräfte vorweggenommen. Man hat zum Beispiel reflektiert, dass gegnerische Kräfte künftig schnell merken werden, dass sie in asymmetrischer Kriegslage nicht das ganze Netz beherrschen können. Vermutlich werden sie sich vermehrt einschließen und verstecken, um ihre Position nicht zu verraten. Das Finden wird zum zentralen Schwerpunkt der dromokratischen Kriegsführung, während das Finish durch die längst schon überdimensionierten Waffentechniken zur immer einfacheren Angelegenheit wird. Dies gilt speziell für die vorhergesagte Zunahme urbaner Kriegsfelder, die eine Vielzahl an Verstecken und Tunnelsystemen besitzen. Das US-Militär reagiert auf diese Vorhersagen unter anderem mit der Entwicklung neuer Waffen, die den Feind dazu bringen sollen, seine Position zu verlassen und in Bewegung versetzt auffindbar

realcleardefense.com/articles/2017/08/16/naval_aviation_and_working_the_kill_web_112060.html>, Stand: 03.10.2019.

zu werden, um dadurch das Finden zu beschleunigen. Dazu gehören unter anderem die Entwicklung einer Art Stinkbombe, die Plätze für bis zu drei Tage unbegehbar machen soll, oder die bekanntere Lärmkanone. Von beiden Erfindungen hat man in den letzten Jahren nicht mehr viel gehört. Sie scheinen sich in der Praxis bisher noch nicht durchgesetzt zu haben. Allerdings geht es an dieser Stelle um das konzeptuelle Denken dromokratischer Kriegsführung und Militärforschung und nicht um die unmögliche Vorhersage, welches Waffensystem sich tatsächlich durchsetzen wird. Dabei hat Ray Alderman das dahinter stehende Paradigma passend (und bei ihm positiv gedacht) auf den Punkt gebracht: »Alle neuen Systeme und Waffen müssen irgendwo in der Kill Chain angelegt sein […]. Und sie müssen Dinge signifikant beschleunigen.«[366] Die US-Militärforschung bezeugt, wie diesem konzeptuellen Anspruch auf Beschleunigung real Rechnung getragen wird.

Wenn auch die Vernetzung zugunsten eines Kill Web zunimmt, gilt der Beschleunigungsgedanke weiterhin auch für bestehende Kill Chains, beispielsweise im Cyberspace. Die klassische Abfolge der Cyber Kill Chain lautet gemäß (verbreiteter) Vorstellung des US-Rüstungskonzerns Lockheed Martin: Reconnaissance, Weaponization, Delivery, Exploitation, Installation, Command/Control and Action. Erst geht es darum, ein Ziel zu erkennen. Dann wird die Angriffswaffe ausgewählt, versandt, die Schwachstelle im gegnerischen Netz ausgenützt und der entsprechende Code beim Feind installiert. Ist dies abgeschlossen, können Eingaben getätigt und das ursprüngliche Ziel abgeschlossen werden. Neuere Systeme haben die Cyber Kill Chain rasant beschleunigt, indem sie die ersten fünf Schritte in eine simultan ablaufende Funktion verwandelt haben, beispielsweise indem Angriffsprogramme gleich mit mehreren Waffen ausgestattet werden, die auf unterschiedliche Schwachstellen reagieren. Die Komprimierung beziehungsweise Beschleunigung der ersten fünf Schritte macht die Verteidigung um ein Vielfaches komplizierter, da nicht mehr Schritt für Schritt

366 Alderman, Ray: Fire and finish: The middle of the kill chain, Military Embedded Systems, <http://mil-embedded.com/guest-blogs/fire-and-finish-the-middle-of-the-kill-chain>, Stand: 24.09.2019.

verteidigt werden kann beziehungsweise die notwendige Reaktionszeit sinkt.[367] Dieses Prinzip beziehungsweise die daraus folgenden Probleme gelten nicht nur für militärische Cyberangriffe, sondern für die meisten Attacken im Cyberspace. Entsprechend haben die (unterschiedlich definierte) Cyber Kill Chain und die damit einhergehende Frage nach der optimalen Verteidigung den militärischen Bereich längst verlassen und sind fester Bestandteil fast aller Fragen und Forschung im Bereich Internet-Sicherheit geworden. Man mag dies als Detail empfinden, geht es bei Cyberattacken doch tatsächlich wie beim Militär immer um Angriffe. Man kann dies allerdings auch als Symptom einer Gesellschaft lesen, die wie schon im Bereich des Hochfrequenzhandels verschiedene (und an Relevanz gewinnende) Bereiche in einer militarisierten und sich beschleunigenden Logik zu denken beginnt. Die Dromokratie ist in dieser Auffassung nicht nur militarisiert, weil das Militär und der Repressionsapparat als Institutionen wachsen, sondern auch, weil mehr und mehr Teilbereiche der Gesellschaft gemäß militärischen Paradigmen organisiert und optimiert werden.

367 Vgl. Bradley, Tony: Attackers Have Compressed and Accelerated the Cyber Killchain, Alert Logic, 02. 10. 2018, <https://blog.alertlogic.com/attackers-have-compressed-and-accelerated-the-cyber-killchain>, Stand: 24. 09. 2019.

Zur Politisierung der Geschwindigkeit

»Man sagt ›du bist zu reich‹, aber zu keinem sagt man:
›du bist zu schnell‹.«[368]
(Paul Virilio: Der reine Krieg)

Zwischen dem kulturpessimistisch angekündigten Ende der Welt durch den zunehmenden Rausch der Geschwindigkeit und der fortschrittsgläubigen Hoffnung, Emanzipation durch den technologischen Fortschritt zu erreichen, liegt eine Diskrepanz, die sich nicht einfach durch den alten marxistischen Verweis auf die notwendige Umkehr der Produktionsverhältnisse aufheben lässt. Einen möglichen Ausweg aus diesem Dilemma bietet die Politisierung der Geschwindigkeit. Doch was bedeutet das? Die Politisierung eines Phänomens meint im besten Falle, dass dieses Teil einer politischen Auseinandersetzung wird. Dies bedingt das Wissen um dessen Historizität. Dinge sind, wie sie sind, weil sie sich aufgrund verschiedener gesellschaftlicher Faktoren so entwickelt haben, und nicht, weil sie immer schon waren, wie sie heute erscheinen. Nur so lässt sich verstehen, wieso Geschwindigkeit die Macht besitzt, die sie gegenwärtig innehält. Aus dieser Basis ergibt sich sowohl die Frage, wie es zu bestimmten Veränderungen kam, als auch, welche emanzipatorischen Veränderungsmöglichkeiten es gibt.

Es ist nicht so, dass dahinter eine besonders neue Forderung steckt. Viele Versuche der letzten Jahre tendierten allerdings dazu, die Politisierung der Geschwindigkeit durch deren Bejahung voranzutreiben. Wer beispielsweise in akademischen Kreisen von Beschleunigung, Geschwindigkeit und Politik spricht, sieht sich früher oder später mit der Bewegung des ›Akzelerationismus‹ konfrontiert. Deren VertreterInnen sehen in der Beschleunigung ein subversives Werkzeug, mit dem das Tempo des Kapitalismus bis zu dessen Zusammenbruch erhöht werden kann. Der technische Fortschritt nimmt die mögliche Zukunft vorweg, indem in ihm

368 Virilio; Lotringer: Der reine Krieg, 1984, S. 34.

die Utopie einer anderen Gesellschaftsform angelegt ist. Diese Hoffnung auf die große Erzählung in Zeiten fehlender Utopien ermöglicht, so die Meinung der AkzelerationistInnen, dass man aus dem latenten Rückfall in Entschleunigungswünsche und in einen »folkloristischen Lokalismus«[369] entkomme. Dieser Wunsch und die dazugehörigen Fragestellungen in Ehren, bietet der Akzelerationismus in seiner technikeuphorischen Gläubigkeit nicht viel Neues. Dass die »materielle Plattform des Neoliberalismus nicht zerstört werden« dürfe, sondern »zu neuen gemeinschaftlichen Zwecken umfunktioniert werden«[370] solle, ist ein wiederkehrender Wunsch in neuem Gewand. Konkreter heißt dies beispielsweise, sich für die Automatisierung auszusprechen und zu hoffen, dass damit einerseits der Zusammenbruch des Kapitalismus aufgrund seiner inneren Widersprüche beschleunigt wird, als auch, dass all die forcierte Technologie unter anderen gesellschaftlichen Vorzeichen dann übernommen werden kann. Eine Replik auf das akzelerationistische Manifest hat dessen begrenzten Inhalt vor einigen Jahren äußerst treffend ironisiert: »Etwas über Nick Land. Einige Dinge über Deleuze und Guattari. Neoliberalismus. Computer. Etc. [...] Einige Dinge über Technologie«[371], das sind die wesentlichen Punkte akzelerationistischer Texte und Forderungen. Etwas weniger polemisch hat sich der britische Kulturanalytiker Benjamin Noys mit dem Akzelerationismus beziehungsweise mit dessen theoretischen Hintergründen beschäftigt. Er kritisierte bereits in den 1990er Jahren Nick Lands ›Deleuzian Thatcherism‹ und sieht seine Kritik auch in den neueren Texten bestätigt. Wer eine genauere inhaltliche Auseinandersetzung mit dem Akzelerationismus sucht, der findet bei Noys viele der möglichen Ein-

369 Williams, Alex; Srnicek, Nick: #ACCELERATE MANIFESTO for an Accelerationist Politics, Critical Legal Thinking, 14.05.2013, <http://criticallegalthinking.com/2013/05/14/accelerate-manifesto-for-an-accelerationist-politics>, Stand: 09.10.2019.

370 Ebd.

371 Cogburn, John: #DECELERATE MANIFESTO for a Decelerationist anti-politics, Philosophical Percolations, 06.01.2015, <https://www.philpercs.com/2015/06/decelerate-manifesto-for-a-decelerationist-anti-politics.html>, Stand: 26.09.2019.

wände.[372] Angefangen bei der fehlenden Auseinandersetzung mit der Wirkung der Produktivkraftentwicklung – die Produktivkräfte lassen nicht derart leicht kontrollieren, wie man sich das wortreich erträumt, auch dann nicht, wenn man glaubt, sie einfach mit einem anderen Kontrollsystem beherrschen zu können – bis zur Kritik des voluntaristischen Politikverständnisses gäbe es auch meinerseits viele Kritikpunkte. Allerdings, und dies ist der entscheidende Punkt, ist der Akzelerationismus bisher frei jeder politischen Erfahrung. Er besitzt schlicht und einfach keine Praxis, die bewertet oder kritisiert werden könnte. Akzelerationismus ist ein Gedankenspiel, entworfen in den Akademien und den ihnen nahe stehenden Künsten, gemacht für die Akademien, die sich mit ihm auseinandersetzen sollen.

Die AkzelerationistInnen sind allerdings nicht die einzigen VertreterInnen, die der Beschleunigung in den letzten Jahren positiv gegenüberstanden. Der US-amerikanische Professor für Kommunikationswissenschaften Jason Adams beispielsweise geht in einem neueren Werk davon aus, dass der beschleunigte Kapitalismus den Akkumulationsprozess unter anderem durch soziale Medien oder Telekommunikationstechnologien ständig intensiviere. Dadurch werde gleichzeitig aber auch eine »counter-temporality«[373] produziert, die durch die neuen (Kommunikations-)Technologien die Kapazität der Menschen erhöhe, nicht nur auf Sachen zu reagieren, sondern auch miteinander zu interagieren. Neue Technologien, insbesondere soziale Medien, helfen in diesem Sinne bei der Synchronisierung einer Gegenkultur oder Gegenmacht und stärken dadurch den Einfluss von AktivistInnen an verschiedenen Fronten. Doch der politische Kampf ist, worauf schon Wayne Hope aufmerk-

372 Vgl. Noys, Benjamin: Malign Velocities. Accelerationism and Capitalism, Winchester 2014. Über mit dem Akzelerationismus und Nick Land verbundene Personen gibt es mittlerweile auch Verbindungen zur Alt-Right-Bewegung (vgl. Beauchamp, Zack: Accelerationism: the obscure idea inspiring white supremacist killers around the world, Vox, 11. 11. 2019, <https://www.vox.com/the-highlight/2019/11/11/20882005/accelerationism-white-supremacy-christchurch>, Stand: 19. 11. 2019.).

373 Adams, Jason Michael: Occupy time. Technoculture, immediacy and resistance after Occupy Wall Street, New York 2014, S. 16.

sam gemacht hat, letztlich eine Frage der politischen Organisations- wie Mobilisierungsfähigkeit und nicht ein determiniertes Ergebnis der dahinter stehenden technischen Dispositive.[374] Besonders vorteilhaft scheinen die neuen Technologien im Vergleich zu früheren Zeiten dann auch nicht zu sein, zumindest nicht, wenn man die Stärke verschiedener sozialer Bewegungen in den letzten 100 Jahren miteinander vergleicht. Hier schneiden jene Bewegungen, die andere Mobilisierungsformen als die beschleunigten sozialen Medien unserer Zeit kannten, durchaus kräftiger und dynamischer ab – vielleicht auch, weil, wie dies Jodi Dean beschreibt, die beschleunigte Kommunikation sozialer Medien zur Individualisierung und zur sozialen Fragmentierung beiträgt, indem sie in ihrem interaktiven Spiel mit ständigen Updates und Anpassungen einen Zustand der ununterbrochenen Verschiebung und Unentschlossenheit produziert, der kein Gestern und Morgen mehr kennt.[375]

Entgegen diesen zwei der Geschwindigkeit positiv gegenüberstehenden Ansätzen seien im Folgenden fünf Interventionsmöglichkeiten angedacht, wie eine kritische Politisierung der Geschwindigkeit ebenfalls aussehen könnte:[376]

FÜR EINE SELBSTBESTIMMTE ZEIT: DIE WIEDERAUFNAHME VON ARBEITSKÄMPFEN UM ARBEITSZEITEN UND DAS POTENZIAL DER SABOTAGE

Die Forderung nach neuen Arbeitskämpfen um Arbeitszeiten beziehungsweise um angemessene Arbeitsbedingungen und -rhythmen unter neuen gesellschaftlichen Standards ist in ihrer Wirkungsweise selbsterklärend. Dass dies keine voluntaristische Hoffnung auf bessere Zeiten ist, zeigen die Streiks in Logistikunternehmen wie beispielsweise dem Kurierdienst Notime.[377] Dabei

374 Vgl. Hope: Time, Communication and Global Capitalism, 2016, S. 200.

375 Vgl. Dean, Jodi: Blog theory. Feedback and capture in the circuits of drive, Cambridge 2010, S. 73.

376 Vgl. dazu auch die Forderungen von Hope: Time, Communication and Global Capitalism, 2016, S. 206ff.

377 Vgl. Alimahomed-Wilson, Jake; Ness, Immanuel (Hg.): Choke Points. Logistics Workers Disrupting the Global Supply Chain, London 2018.

können auch kleine oder befristete Kämpfe für einen neuen Umgang mit der Beschleunigung von Bedeutung sein. Bei vielen Arbeitsniederlegungen in Amazons Verteilzentren wurde in den letzten Jahren in verschiedenen Ländern gleichzeitig gestreikt und dadurch verhindert, dass die ArbeiterInnen gegeneinander ausgespielt werden konnten. Dies war umso wichtiger, da Amazons Logistiknetzwerk in Europa in Echtzeit arbeitet – das heißt beispielsweise, dass bei Ausfällen innert kürzester Zeit andere Zentren einspringen: Die Streiks re-temporalisierten Amazons Echtzeit, indem sie die automatische Arbeitszuweisung durch den Rhythmus des Streiks unterbrachen und so die Echtzeit wieder in eine andere Zeit überführten.

Auch die Sabotage ist in ihrer Wirkung gegen das dromokratische Geschwindigkeitsregime einfach zu beschreiben. »Die Geschwindigkeit unterstützt die Institutionen. Die Langsamkeit unterbricht die Ströme«[378], so fasst das französische Kollektiv Tiqqun das simple Prinzip von erzwungenen Unterbrechungen zusammen. Es gab immer eine »Langsamkeit, die einen anderen Teil der Kämpfe gegen das Kapital geprägt hat«[379]. Gemeint ist damit keine Entschleunigung im Sinne urbaner Yogazentren, sondern die Unterbrechung von Kapital- und Warenströmen, beispielsweise durch Streiks, Hacking-Angriffe oder Lahmlegung der Infrastruktur. Auch antimilitaristische Sabotagen liefern einen antizyklischen Beitrag zur hegemonialen Geschwindigkeit. Dort, wo Bewegungsfreiheit durch Grenzen und kontrollierte Knotenpunkte verlangsamt wird, kann sie durch das Niederreißen von Grenzen beschleunigt werden. Dort hingegen, wo das Militär wie auch das Kapital von Höchstgeschwindigkeit profitieren, können seine Kanäle gestoppt werden. Dass dies zukünftig trotz ungleicher Mittel auch im großen Stil möglich sein wird, zeigt (leider auf der falschen Seite) ein Beispiel aus dem syrischen Bürgerkrieg. 2016 und 2017 bereiteten selbstgebastelte Drohnen des IS dem US-Militär immense Probleme. Die für gut 2.000 Dollar erhältlichen ›Quadrocopter‹ mit eingebauten Waffen sorgten gemäß US-General Raymond Thomas

378 Tiqqun: Kybernetik und Revolte, Zürich 2011, S. 108.
379 Ebd., S. 104.

für einen »quietschenden Halt«[380] des irakischen beziehungsweise US-amerikanischen Vorstoßes. Die überlegene Militärmaschinerie und ihr Geschwindigkeitsvorsprung wurden durch einfache technische Mittel zum Stillstand gebracht. Es bleibt zu hoffen, dass solche Unterbrüche künftig auch durch progressive Bewegungen entstehen könnten.

FÜR PLURALE TEMPORALITÄTEN: DIE STÄRKUNG TEMPORALER AUTONOMIEN ALS ABKEHR VOM GLOBALEN SYNCHRONISATIONSDRUCK

Wenn sich das Kapital in seinem Expansionsdrang nicht für bestehende zeitliche Rhythmen, sondern einzig für den kurzfristigen Profit interessiert und damit einen Synchronisationsdruck mit sich bringt, dann liegt es auf der Hand, dieser Entwicklung die zeitliche Autonomie von Individuen oder Gruppen entgegenzusetzen. Plurale Temporalitäten können Bestandteil ganz unterschiedlicher Forderungen sein, sei es beispielsweise im Care-Bereich und dem Bedürfnis nach angemessenen Betreuungszeiten, in der ökologischen Bewegung, die die globalen Machtverhältnisse neu aushandeln und beispielsweise den landwirtschaftlichen ProduzentInnen die temporale Macht über ihren Produktionsablauf zurückgeben will, oder in feministischen Strömungen und dem Ruf nach einer ›Queeren Zeit‹, die als anderes Temporalitätsmodell »den zeitlichen Rahmen der bürgerlichen Reproduktion und Familie, deren Lebensdauer, Risiko/Sicherheit und Erbgut verlässt«[381]. Die große Schwierigkeit bei den pluralen Temporalitäten liegt allerdings in ihrem oft widersprüchlichen Verhältnis von Protest, Widerstand und Affirmation. Das klassische Beispiel hierfür ist das Verhältnis von subversiver Subkultur und deren Eingliederung in das System. Es gab in allen bisherigen Geschwindigkeitsregimes eine Dis-

380 Larter, David: SOCOM commander: Armed ISIS drones were 2016's »most daunting problem«, Defense News, 06.05.2017, <https://www.defensenews.com/digital-show-dailies/sofic/2017/05/16/socom-commander-armed-isis-drones-were-2016s-most-daunting-problem>, Stand: 27.09.2019.

381 Halberstam, Judith: In a Queer Time and Place: Transgender Bodies, Subcultural Lives, New York 2005, S. 6.

sidenz des anderen Tempos; manchmal größer, etwa in Form der Vagabondage, manchmal als kleinere Rhythmusabweichungen, beispielsweise in Form von Streikliedern oder Barrikaden. Gerade größere Formen der Bewegungs- und Geschwindigkeitsdissidenz standen immer in einer eigenen Verstrickung mit den hegemonialen Geschwindigkeitsnormen. Zwischen Landstraßenleben und Faszination einer durch Straßen und motorisierte Fahrzeuge konstituierten Freiheit lag beispielsweise stets ein schmaler Grat, vergleichbar damit, wie ideologische Verbindungen bestehen zwischen dem beschleunigten Tempo der Beat Generation und dem neuen Geist des Kapitalismus oder zwischen dem rasenden Tempo der Technomusik und der lebensweltlichen Expansion dieses rasenden Rhythmus in der Dromokratie. Ein anderes Beispiel für die Schwierigkeit im Umgang mit pluralen Temporalitäten liegt in der Verklärung lokaler Eigenheiten. Einerseits ist es richtig, die Notwendigkeit eigenständiger Entwicklungen zu betonen und beispielsweise Produktionszyklen in der Landwirtschaft nicht einfach der Temporalität des globalen Marktes zu unterwerfen. Andererseits ist die esoterische Mythologisierung der Natur und des Menschen und deren vermeintlich natürlichen Rhythmen alles andere als frei von falschen und mitunter reaktionären Zuschreibungen. Auch ein drittes Beispiel zeigt, wie groß die Herausforderung ist, weder in den falschen Versprechen zweckrationaler Beschleunigung noch in einer reaktionären Esoterik der Langsamkeit aufzugehen. Vor allem in geisteswissenschaftlichen Fakultäten braucht es oft Zeit, bis sich Gedanken in wertvollen Texten ausdrücken. Diese Langsamkeit steht in der Regel einer geforderten Marktzeit der Selbstdarstellung und akademischer Regelbiografien entgegen, bei der immer neue Publikationen eingefordert werden.[382] Während die Kritik der akademischen Beschleunigungslogik mehr als berechtigt ist, stellt sich aus kritischer Sicht dennoch die Frage, wer mit welchem Klassencharakter und Inhalt sich in der stillen Kammer der Langsamkeit seine Nische erbaut. Zumindest bleibt auch

382 Vgl. Chambers, Jonathan; Gearhart, Stephannie S. (Hg.): Reversing the Cult of Speed in Higher Education: The Slow Movement in the Arts and Humanities, New York 2018.

jener Elfenbeinturm, der in langsamer Erkenntnis zu kritischem Wissen vordringt, ein solcher.

FÜR EINEN HISTORISCHEN WANDEL: DIE RE-TEMPORALISIERUNG DER ECHTZEIT UND DER DETEMPORALISIERTEN GEGENWART

In den letzten Jahren entstanden immer wieder Texte, die sich (am Rande) dem Problem detemporalisierter Gegenwarten widmeten und dem ›Presentism‹ durch das Hochhalten einer revolutionären Hoffnung den Kampf ansagten. Das Ende der Geschichte ist nicht erreicht, so die wiederkehrende These[383], und hierfür gibt es gute Beispiele. Der gelebte Internationalismus beispielsweise legte in den letzten 20 Jahren immer wieder Verbindungslinien, die die detemporalisierte Gegenwart durchbrachen. Auf den Ausruf des Endes der Geschichte folgte mit der zapatistischen Befreiung ein Aufstand, der weltweit mitgetragen wurde und den Glauben an einen revolutionären Wandel aufrechterhielt. Die kurdische Bewegung erreichte in den vergangenen Jahren eine ähnliche Stärke und trug vieles zu der wieder erstarkten Frage bei, unter welchen Bedingungen wir eigentlich leben oder wie wir mit dem Rhythmus der Geschichte und Natur umgehen wollen. Ähnliches gilt auch für die erstarkte feministische Bewegung. Deren Kämpfe in Südamerika oder Spanien hatten Auswirkungen auf das Bewusstsein in Europa. Plötzlich waren Streiks (zumindest ideologisch) wieder akzeptierte Kampfformen. So förderte die internationale feministische Bewegung ein allgemeines Bewusstsein darum, dass es einen Stopp geben kann. Und der Blick auf die Gilets Jaunes zeigt, dass sich dieser Stopp auch gegen den Willen des Staates durchsetzen lässt.

Alle diese verschiedenen Kämpfe bedingen den Bruch mit der Echtzeit-Geschwindigkeit des Bestehenden, denn im Jetzt der Hochgeschwindigkeit und der fragmentierten Netzwerkzeit ist

383 Vgl. Baschet, Jérôme: Défaire la tyrannie du présent. Temporalités émergentes et futures inédits, Paris 2018; Fisher: Kapitalistischer Realismus ohne Alternative?, 2013.

Emanzipation nicht vorgesehen: Nur schon deswegen nicht, weil politische Prozesse eine Mindestdauer benötigen, wollen sie nicht im spontanen Moment der Revolte verharren. Keine Revolution lässt sich ohne langwierige Bewusstseinssteigerung über die eigene Vergangenheit und damit über die geschichtliche Temporalität machen. Jeder kollektive Prozess benötigt eine Zeit der Konsolidierung, die der Mensch entgegen der Hoffnung automatischer Datenanalysen nicht in Echtzeitschlaufen vollbringen kann. Kybernetische Systeme sind keine verbesserte Form von Kritik und Selbstkritik, die revolutionäre Bewegungen einfach annehmen könnten. Die Re-Temporalisierung des Echtzeit-Mythos zielt damit auch auf die Wahl von Organisations- und Bewegungsformen, die Entscheidungsprozesse kennen, die nicht einfach einer zeitökonomischen Rationalisierung unterworfen werden und die ihre Kampfzyklen nicht einfach den vorgegebenen temporalen Zyklen anpassen.

FÜR DIE AUSWEITUNG DER POLITISCHEN THEMENFELDER: DIE POLITISIERUNG DER ALLTÄGLICHEN GESCHWINDIGKEITSMASCHINERIE

Dass die Politisierung der Beschleunigung zu einem wichtigen Feld des politischen Alltags werden könnte, zeigt das Beispiel des Autos. Mit Abstand weniger Bemerkungen (insbesondere situationistischer oder essenzialistischer Herkunft aus Frankreich[384]) über den Verkehr politisierte bisher fast niemand die Geschwindigkeitsmaschinerie Auto in seiner gesellschaftlichen Funktion. Das Ergebnis hiervon ist, dass Millionen an Verkehrstoten bis heute als individuelle Opfer (mit individuellen TäterInnen) und nicht als Ergebnis struktureller Ursachen erkannt werden. Freilich wird das Auto immer wieder von politischen Kräften thematisiert und kritisiert, doch dies geschieht in der Regel nicht in seiner gesellschaftlichen Funktion und Beschleunigungslogik, sondern vor allem als

384 Vgl. zum Beispiel Gorz, André: The social ideology of the motorcar, 1973. Online: <https://atlasofplaces.com/essays/the-social-ideology-of-the-motorcar>, Stand: 26.09.2019.

Ursache von Umweltproblemen oder als Mittel zum Zweck individuellen Vergnügens. Auch Verkehrssicherheit wird heute fast ausschließlich als individuelle Verantwortung verstanden. Eine ganz andere Möglichkeit wäre allerdings, Verkehr und Verkehrssicherheit unter dem Aspekt der öffentlichen Gesundheitspflege zu betrachten.[385] Der Staat müsste dann unter anderem radikale Geschwindigkeitsbegrenzungen oder eine Umkehr im Autobau, wo Preis und gesellschaftlicher Status weiterhin mit Stärke und Geschwindigkeitspotenzial korrelieren, in Betracht ziehen. Allerdings kommt kein Parlament dieser Welt auf die Idee, die Verkehrsgeschwindigkeit radikal zu verlangsamen. Viel zu starke Einflüsse hätte dies auf die Zirkulationsgeschwindigkeit von Waren und damit auf die Wirtschaft – vom individuellen Widerstand aufgrund eines empfundenen Freiheitsverlusts ganz zu schweigen. Statt auf eine effektive Entschleunigung der Straßen setzt man lieber auf eine ineffektive Mischung von Repression (Bußen und Strafen für VerkehrssünderInnen) und Prävention (Warnschilder und Hinweise), die auf ein optimiertes individuelles Handeln im Straßenverkehr abzielt. Es geht an dieser Stelle nicht um reformistische Forderungen, wie der Staat ein drängendes Problem besser behandeln könnte, sondern um das Potenzial einer Politisierung eines verbreiteten Alltagsgegenstands. Gerade revolutionäre Strömungen haben sich der Politisierung des Autos fast immer verweigert beziehungsweise einen großen Bogen darum gemacht, weil sie sich (zu Recht) vor der anti-proletarischen Position fürchteten, die vor allem jene trifft, die für ihre tägliche Lohnarbeit ein Auto brauchen, weil sie in die Peripherien gedrängt oder weil Pendelkosten auf die Schultern der Lohnabhängigen geschoben werden. Gelänge es allerdings, das Auto als Fortbewegungsmittel zu politisieren, sähe die Ausgangslage vielleicht ganz anders aus.

Politisierung heißt in diesem Sinne nicht, dass aus jedem Protestmoment eine umfassende Analyse hervorgehen muss. Genauso wenig heißt Politisierung, dass es in jedem Falle eine bewusste Entscheidung oder umfassende Kenntnisse über die Geschichte eines kritisierten Phänomens braucht, um den Kampf aufzu-

385 Vgl. Tomlinson: The Culture of Speed, 2007, S. 66.

nehmen. Dazu reicht ein Blick nach Frankreich auf die jüngste Politisierung der Umweltfrage, die am Rande ebenfalls mit dem Auto verknüpft ist.[386] Das französische Kollektiv Plateforme d'Enquêtes Militantes formulierte 2018 in einer ersten Analyse der Gilets Jaunes einen vergleichbaren Gedanken über die Rolle der Politisierung bezüglich der Gelbwesten, als sie von einer ›Politisierung der Ökologie‹ sprachen – wenn auch unter gegenteiligen Vorzeichen hier die Politisierung nicht aktiv eingebracht, sondern aufgedrückt wurde.[387] So habe sich in Frankreich die herrschende Klasse davon verabschiedet, die Umweltfrage als rein moralische Frage der individuellen Verantwortung zu verstehen. Stattdessen versuche man, die Kosten einer notwendigen ökologischen Transformation auf die ArbeiterInnenklasse abzuwälzen und gleichzeitig mit dieser Abwälzung die aufkommende Protestbewegung zu delegitimieren, indem den Protestierenden unterstellt werden konnte, den Preis für die ökologische Veränderung nicht bezahlen zu wollen. Die Umweltfrage wurde politisiert und zu einem offenen Kampffeld, in dem sich antikapitalistische Kräfte wacker schlagen und das von der herrschenden Klasse bisher nicht einfach dominiert werden konnte. Auf Frankreichs Straßen tobt seit Längerem ein Kampf um die Deutungshoheit, wer für die ökologischen und ökonomischen Krisen verantwortlich ist und wieweit sich darin Klassenwidersprüche sichtbar machen lassen. Vielleicht gelingt es einer zukünftigen Bewegung, solche Fragen auch anhand des Autos oder anderer Beschleunigungsvehikel sichtbar zu machen. Hierfür notwendig ist eine Ausdehnung dessen, was man als politisches und damit kollektiv veränderbares Themenfeld versteht.

386 Vgl. Frick, Jonas: Die (begrenzte) Wirksamkeit von Angst. Zur Politisierung der Ökologie in der Kontrollgesellschaft, in: Widerspruch (73), 2019, S. 35–43.

387 Vgl. die englische Übersetzung Plateforme d'Enquêtes Militantes: On a Ridgeline: Notes on the »Yellow Vests« Movement, Viewpoint Magazine, 06. 12. 2018, <https://www.viewpointmag.com/2018/12/06/on-a-ridgeline-notes-on-the-yellow-vests-movement>, Stand: 26. 09. 2019.

FÜR EINE NEUE PERSPEKTIVE: DIE WIEDERANEIGNUNG UTOPISCHER VORSTELLUNGEN

Die Politisierung der Geschwindigkeit wird letztlich vor allem dort erfolgreich sein, wo eine Bewegung Alternativen aufzeigen kann. Solche sind sowohl an konkrete Forderungen gebunden, die im Alltag aufgenommen werden können, als auch an utopische Ziele, die eine gesamtgesellschaftliche Perspektive aufzeigen und verschiedene Partikularinteressen miteinander verbinden. Der Blick zurück in die linken Klassiker zeigt, dass temporale Fragen in neuen Gesellschaftsentwürfen schon einmal eine Rolle spielten. Eine Gesellschaft, die die Freiheit besitzt, »heute dies, morgen jenes zu tun, morgens zu jagen, nachmittags zu fischen, abends Viehzucht zu treiben, nach dem Essen zu kritisieren, wie ich gerade Lust habe, ohne je Jäger, Fischer, Hirt oder Kritiker zu werden«[388], wie Marx die Grundformen einer anderen Gesellschaft allegorisierte, lässt die Ansprüche des Kapitals und die Zeit als ökonomische Größe hinter sich. Weder Lebens- noch Arbeitszeit richten sich in dieser Gesellschaftsform nach den Bedürfnissen des Kapitals. Damit befreit sich die kommunistische Utopie von allen den sich der ökonomisierten Geschwindigkeit unterwerfenden Temporalitäten. Marx' Perspektive ist in diesem Sinne eine Gesellschaftsform, die die temporale Autonomie verschiedener Vorgänge verteidigt. Jagd, Fischerei und Viehzucht kennen eigene Rhythmen, die weder einander entgegengesetzt noch mit dem globalen Markt synchronisiert werden. Freilich will (fast) niemand zurück in die Welt dieser einfachen Tätigkeiten. Auch eine andere Gesellschaft kennt gewisse Notwendigkeiten, die im besten Falle kollektiv als solche eingestuft wurden und entsprechende Zeit benötigen. Allerdings geht es auch Marx nicht um die Konkretisierung der Utopie, sondern um die allegorisierte Darstellung dessen, was strukturell anders funktionieren würde, wenn bestimmte strukturelle Gesetze nicht mehr gälten, und dies betrifft auch die gesellschaftliche Geschwindigkeit und damit verbunden das Verhältnis verschiedener Temporalitäten zueinander.

388 Marx, Karl: Die Deutsche Ideologie, in: Marx-Engels-Werke, Bd. 3, Berlin 1958, S. 33.

Bei den meisten sich auf Marx berufenden Bewegungen zielt eine revolutionäre Veränderung auf die Produktionsverhältnisse ab, während Fragen der Zeit oder der Geschwindigkeit in den letzten Jahren nie sonderlich wichtig waren. Dabei reagiert ein gesellschaftlicher Wandel, als temporales Projekt gedacht, auf zahlreiche ungelöste Probleme. Von antikolonialen Befreiungskämpfen und der Forderung, nicht mehr den sich beschleunigenden Zyklen des Weltmarktes unterworfen zu sein, über Arbeitskämpfe entlang der auferlegten Arbeitszeit bis hin zu feministischen Debatten um unbezahlte Reproduktionsarbeit, Zeitdruck oder Elternzeit: Ungleichheiten und Entfremdungserfahrungen aufgrund eines auf Beschleunigung getrimmten und zeitökonomisch funktionierenden Drucks prägen den Lebensalltag in zahlreichen Bereichen. Die gemeinsame Perspektive dieser ganz unterschiedlichen Kämpfe und Erfahrungen liegt in der Abkehr vom dem Kapitalismus folgenden dauerrationalisierenden Beschleunigungsdrang. Anders gesagt geht es in den verschiedensten Kämpfen letztlich immer wieder um die Frage, ob es eine Gesellschaft geben kann, die die Lebenszeit ihrer Mitglieder nicht dem Beschleunigungsdruck unterwirft. In diesem Sinne könnte eine andere Gesellschaft in einen neuen Findungsprozess um Zeitsouveränität treten, in der die Gleichzeitigkeit der Ungleichzeitigkeiten kein neues Machtgefüge verursacht.

Dies klingt alles sonderbar theoretisch. Dabei ist der Gedanke dahinter gar nicht so weit von einigen bereits geführten Kämpfen entfernt. Wie der utopische Wunsch plötzlich äußerst real und nahe erscheinen kann, zeigt das Beispiel der sowjetischen Avantgarde. Auf dem Höhepunkt des revolutionären Elans nahm man sich die Abschaffung jeglicher Naturgesetze zu Herzen, inklusive Aufhebung der »Begrenztheit [des Menschen] in Raum und Zeit«, wie es 1922 in einer Deklaration der avantgardistischen sowjetischen Vereinigung der BiokosmistInnen, erschienen in der offiziellen Regierungszeitung *Izvestija*, hieß. Plötzlich war alles denkbar, selbst die Abschaffung des Todes war nun angesagt: »Wir stellen fest, dass die Frage der Verwirklichung persönlicher Unsterblichkeit jetzt in vollem Umfang auf die Tagesordnung gehört«[389], hieß es in einem

389 Zitiert nach Hagemeister, Michael: »Unser Körper muss unser Werk sein.« Beherrschung der Natur und Überwindung des Todes in russischen Pro-

dazugehörigen Aktionsprogramm des Dichters Aleksandr Svjatpogor. Die Ungleichheit an Lebenszeit, ja das ungleiche Eigentum an Zeit und der Zufall, zu einem bestimmten historischen Zeitpunkt geboren zu sein, sollten endlich abgeschafft werden: für die Lebenden, indem sie nicht mehr zu sterben hätten, für die Toten, indem sie wiedererweckt werden sollten. Alles andere als frei von esoterischem Eifer und in seinen Begleiterscheinungen auch nicht frei von eugenischem Gedankengut versuchten die BioskosmistInnen mit utopischem Elan eine als unfair verstandene Temporalität aufzuheben und die Voraussetzung für das emanzipatorisch egalitäre Leben in der temporalen Vielfalt zu schaffen. Es geht nicht darum, ob ein anderes System solche utopische Ideen tatsächlich verwirklichen kann und irgendwann den Tod abschaffen wird, sondern um das damit verbundene temporale Konzept der revolutionären Utopie, die die Aufhebung aller bisherigen temporalen Unterwerfungen als Ergebnis einer neuen Gesellschaft denkbar werden lässt. Die sowjetische Avantgarde selbst ist Ausdruck eines historischen Versuchs, eine Gesellschaft neu aufzubauen und darin in einer reichhaltigen künstlerischen Formgestaltung die Zeit selbst(bestimmt) zu gestalten. Freilich war die Avantgarde in ihrem Größenwahn alles andere als frei von geschwindigkeitseuphorischen Versprechen. Der von den BiokosmistInnen ebenfalls ausgerufene »Sieg über den Raum«[390] hängt wesentlich mit der Entwicklung der modernen Transportgeschwindigkeiten zusammen. Geschwindigkeit bedeutet an dieser revolutionären Stelle allerdings nicht mehr die Unterwerfung unter ein Tempo des Kapitals und seiner Technologien, sondern einen kollektiv diskutierten Umgang mit ihr, der an das angekündigte Ende bisheriger Raum-Zeit-Vorstellungen anknüpft. Ob sich dieser Umgang in zukünftigen revolutionären Bewegungen als Expansion des Tempos oder als Verlangsamung gestalten wird, werden kommende Bewegungen anhand ihrer eigenen Erfahrungen entscheiden müssen.

jekten des frühen 20. Jahrhunderts, in: Groys, Boris; Hagemeister, Michael (Hg.): Die Neue Menschheit. Biopolitische Utopien in Russland zu Beginn des 20. Jahrhunderts, Frankfurt am Main 2005, S. 26.

390 Zitiert nach ebd.

»Wir können alles, wir müssen es nur wagen«[391], ließ der russische Proletkult-Dichter Michail Gerasimov einst angesichts der neuen Möglichkeiten nach der Oktoberrevolution verlauten. Dass diese Hoffnung vor hundert Jahren massenhaft existierte, hält zumindest das Wissen am Leben, dass es eine Perspektive geben kann, in der bisher als natürlich angesehene gesellschaftliche Antriebskräfte und Mächte ihre Gültigkeit verlieren. Dafür braucht es allerdings eine Bewegung, die tatsächlich auch einmal zu sagen wagt: »Du bist zu schnell.« Nicht, weil man selbst besser mithalten will oder eine Entschleunigung für alle fordert, sondern weil man Geschwindigkeit und deren temporale Folgeerscheinungen zu politisieren vermag und mitunter selbstbestbewusst zu einem revolutionären (Unter-)Bruch auffordert.

391 Zitiert nach ebd., S. 19.

Epilog: Die Pandemie und die Geschwindigkeit. Ein Versuch, einen Überblick zu gewinnen

Es mag paradox wirken, ein Buch zu veröffentlichen, das von der zunehmenden Bedeutung der Geschwindigkeit handelt, kurz nachdem wir eine dramatische Phase des öffentlichen Stillstands erlebten. Natürlich war ein Ereignis wie die COVID-19-Pandemie während des Schreibens nicht absehbar, zumindest nicht der Zeitpunkt hiervon – davor, dass es infolge industrieller Tierhaltung und expansiver Landnahme irgendwann zu einer globalen viralen Pandemie kommen wird, haben Forscher wie Mike Davis oder Rob Wallace immer wieder gewarnt.[392] Müssen gewisse Aussagen dennoch relativiert werden? Nein, denn die gegenwärtige Krise steht bei näherem Blick nicht im Widerspruch zur beschriebenen Bedeutung der Geschwindigkeit. So ist das Virus nicht der »radikalste Entschleuniger, den wir in den letzten 200 Jahren erlebt haben«[393], wie Hartmut Rosa Ende März in einem Interview verkündete. Und die Krise ist leider auch keine unverhoffte Chance, die, wie der österreichische Philosoph Paul Sailer-Wlasits in einem Artikel meinte, aufgrund der verordneten Entschleunigung »positive Langzeiteffekte«[394] mit sich bringen könnte. Ganz im Gegenteil hiervon hat die gegenwärtige Krise das Potenzial, dromokratische Veränderungen zu beschleunigen.

Sowohl Sailer-Wlasits' als auch Rosas These ist an die Beobachtung geknüpft, dass wir es aktuell mit einer einschneidenden

392 Vgl. Davis, Mike: Vogelgrippe. Zur gesellschaftlichen Produktion von Epidemien, Berlin, Hamburg 2006; Rob Wallace: Big Farms Make Big Flu. Dispatches on Influenza, Agribusiness, and the Nature of Science, New York 2016.

393 Rosa, Hartmut: Das Virus ist der radikalste Entschleuniger unserer Zeit, in: Der Tagesspiegel, Berlin 24. 03. 2020. Online: <https://www.tagesspiegel.de/politik/soziologe-hartmut-rosa-ueber-covid-19-das-virus-ist-der-radikalste-entschleuniger-unserer-zeit/25672128.html>, Stand: 07. 05. 2020.

394 Sailer-Wlasits, Paul: Eine Vollbremsung für die Welt, science.ORF.at, 13. 04. 2020, <https://science.orf.at/stories/3200424>, Stand: 07. 05. 2020.

Entschleunigung zu tun haben. Dabei lohnt sich der genaue Blick, wo in den letzten Wochen tatsächlich eine Entschleunigung stattfand und wo nicht. Das öffentliche Leben mag zwar an vielen Orten wie der Verkehr für eine kurze Zeit zum Stillstand gekommen sein – das heißt: vor allem die öffentlich verbrachte Freizeit, denn die Arbeitszeit ging für die meisten Menschen genauso wie die zu leistende Reproduktionsarbeit ununterbrochen weiter. Zugleich aber wirkt die gegenwärtige Krise wie schon viele Krisenmomente vor ihr als Katalysator eines gewaltigen Transformationsprozesses. Es zeichnet sich beispielsweise ab, dass eine neue Welle der Rationalisierung und Monopolisierung droht. Profitieren werden jene, die bereits jetzt genügend Ressourcen bereithalten oder als Branche von Austeritätsprogrammen und vereinfachten Bewilligungsverfahren profitieren. Andernorts beschleunigt sich der Strukturwandel von selbst. Während sich viele Unternehmen vor den wirtschaftlichen Schwierigkeiten fürchten, floriert beispielsweise der Online-Handel. Amazon hat bereits im März angekündigt, bis zu 100.000 neue Stellen in seinen US-amerikanischen Verteilzentren zu schaffen.[395] Zudem konnten in den vergangenen Monaten wie nie zuvor neue Arbeitsformen wie Home Office oder die Digitalisierung der Bildung flächendeckend und meist widerstandslos durchgesetzt werden. Von der Zunahme beschleunigter Kommunikation und Informationsflut ganz zu schweigen. Wie keine Katastrophe vor ihr wurde die COVID-19-Pandemie in den eigenen vier Wänden als ununterbrochenes Echtzeiterlebnis in Live Feeds erlebt.

Es gibt nicht nur Indizien, wer und was von dieser Krise profitieren wird, sondern auch, wo zusätzliche Mehrarbeit geleistet

395 Was diese Ankündigung tatsächlich bedeutet, muss sich erst zeigen. Zumindest gibt es auch Gründe für eine gewisse Skepsis: Erstens zeigen die im März und April rasant gestiegenen Arbeitslosenzahlen aus den USA, wie flexibilisiert solche Jobs sind. Zweitens handelt es sich bei solchen Ankündigungen oft um PR-Maßnahmen. Wer in der gegenwärtigen Krise Jobs generiert, verschafft sich damit eine große Portion politischen Goodwill. Entsprechend sind solche Zahlen mit Vorsicht zu genießen. In der Tendenz zeigen sie allerdings durchaus, wer von der Krise profitieren wird. Dabei gibt es allerdings auch andere Methoden als den Ausbau der Verkaufsstellen. Ein beliebtes Mittel sind beispielsweise Aktienrückkäufe bei fallenden Kursen.

wird. Viel wurde in den vergangenen Monaten schon über die verschiedenen Dimensionen der Care-Arbeit geschrieben. Der Druck auf die Mitarbeitenden im zusammengesparten Gesundheitswesen stieg genauso, wie sich der geschlechtlich ungleich verteilte Zeitdruck im Home Office verschärfte.[396] Und es zeigt sich heute mehr denn je, dass die Ökonomisierung des Gesundheitswesens fatale Folgen mit sich bringt. Doch die gegenwärtige Krise geht darüber hinaus. Sie ist zugleich eine Krise des gesellschaftlichen Zusammenlebens, in der ernsthaft die Frage diskutiert werden konnte, wie viel Lebenszeit uns das Wohl der Wirtschaft wert ist. Und sie ist eine politische und wirtschaftliche Krise. Letzteres wird uns nachhaltig beschäftigen. In einer Gesellschaft, in der bereits Nullwachstum zur Rezession führt, wird ein wirtschaftlicher Rückschritt über mehrere Monate tiefe Einschnitte mit sich bringen. Bereits heute debattieren Parlamente darüber, wie viele Jahre wir die aktuellen Krisenprogramme abzubezahlen haben – das heißt: in der Regel auch darüber, wo es neue Austeritätspläne und Abwälzungen geben wird.

Angesichts des Umfangs der Krise wirkt die wiederkehrende Romantisierung des Ausnahmezustands als potenzielles Entschleunigungsmoment deplatziert. Das Motto »wo alles verloren scheint, finden wir uns selbst«[397], wie die Schweizer Tageszeitung NZZ Ende März in einem Artikel über die Corona-Krise postulierte, funktioniert nur dann, wenn man genügend finanzielle und zeitliche Ressourcen besitzt, diesen Selbstfindungsprozess überhaupt antreten zu können. In vielen Lebensrealitäten wird man aber Mühe damit bekunden, die Situation genießen zu können oder sie als Chance der persönlichen Entfaltung zu verstehen. Der

396 Es sei angemerkt, dass dieser Zustand ganz unterschiedlich wahrgenommen wird. Es gibt auch Personen, die in den letzten Monaten Gefallen am Home Office fanden, unter anderem nicht trotz der Zusatzbelastung mit Kindern, sondern gerade aufgrund der geschaffenen Nähe. Zum Thema des geschlechtlich ungleich verteilten Zeitdrucks siehe die vorherigen Kapitel.

397 Muscionico, Daniele: Mensch, was haben wir für ein Glück! – Wo alles verloren scheint, finden wir uns selbst, Neue Zürcher Zeitung, 23.03.2020, <https://www.nzz.ch/feuilleton/mensch-was-haben-wir-fuer-glueck-wo-alles-verloren-scheint-finden-wir-uns-selbst-ld.1547660>, Stand: 08.05.2020.

entschleunigte Genuss am freien Leben – oder, wie Hartmut Rosa in einem anderen Interview meinte, die Möglichkeit, »einfach einmal auf den Balkon« zu gehen und »ohne ein konkretes Ziel im Auge zu haben, [schauen], was dabei herauskommt«[398] – ist unter steigendem Arbeitsdruck oder neuer Angst um die eigene Zukunft für die meisten nicht leistbar.

Dieses Ungleichgewicht zwischen verschiedenen Optionen, mit der Krise umzugehen, verstärkt die bestehende Distinktion zwischen jener kinetischen Elite, die beinahe selbstbestimmt ihr Lebens- oder Arbeitstempo bestimmt, und all jenen, die zwangsweise mit dem Tempo des Systems synchronisiert werden und keine Abfederung gegenüber dessen Temposchwankungen haben. Diese Abfederungsfähigkeit – das heißt: mit genügend Ressourcen ausgestattet eine Bewältigungsstrategie zu entwickeln, die den gesellschaftlichen Geschwindigkeits- und Leistungsdruck dämpft – geht im Normalzustand rasch vergessen; auch in diesem Buch. Denkt man an die kinetische Elite, dann verbindet man damit in der Regel eine Gruppe von Personen, die zu jedem Zeitpunkt innert Stunden jeden Punkt dieser Erde erreichen kann. Diese Situation änderte sich während der Phase der akuten Gesundheitskrise, als die Grenzen geschlossen wurden und selbst der Jetset zur Immobilität gezwungen wurde. Befanden wir uns also für eine kurze Phase alle im selben Boot? Nein, denn was sich erneut zeigte, war die unterschiedliche Fähigkeit, mit dem auferlegten Stillstand im öffentlichen Raum umzugehen. Wer sich seine Freizeit in die privaten vier Wände liefern lassen, wer die Quarantäne in seiner Eigentumswohnung mit Garten absitzen oder wer sich in seine Villen oder Freizeitressorts zurückziehen und dort gar noch auf private Spitäler zurückgreifen kann, der oder die kann sein oder ihr Lebenstempo selbstbestimmter bestimmen als eine Familie an der Armutsgrenze, der selbst der Zugang zum Spielplatz gestrichen wurde. Wer sich dann noch, wie ein aktueller Trend zeigt, dank

398 Rosa, Hartmut: »Eine Spaltung zwischen den Generationen liegt im Bereich des Möglichen«, in: Neue Zürcher Zeitung, 03.04.2020. Online: <https://www.nzz.ch/feuilleton/coronavirus-hartmut-rosa-zu-chancen-und-risiken-des-stillstands-ld.1549696>, Stand: 07.05.2020.

genügend Geld einen Reisepass eines fremden Lands kaufen kann, der oder die wird als Erste/r wieder von den ermöglichten Reisetätigkeiten profitieren können[399] – ganz im Gegenteil zu all jenen, die an den Rändern der Festung Europa stranden, das in der Krise seine mörderische Grenzsicherung und Bewegungskontrolle weiter verschärfen wird.

Diese Anklage einer globalen Ungleichheit, die sowohl regional als auch im globalen Vergleich in den kommenden Monaten und Jahren zunehmen wird, bietet vermutlich für die meisten LeserInnen nicht viel Neues. Und bis hierher steht dies auch nicht zwingend im Widerspruch zur zitierten Hoffnung, einen Weg aus der Krise zu finden, der nicht automatisch zurück in den Normalzustand führt. Doch dass sich die kinetische Elite in ihrer Abschottung dem verschärften Synchronisationsdruck staatlicher Chronopolitik dank eigener Konsumstrategie entziehen konnte, ist auch ein Hinweis darauf, was die durch das Virus ausgelöste Krise für das dromokratische Regime bedeuten könnte: das Überschreiten einer Widerstandslinie und die folgende Formalisierung dromokratischer Tendenzen. Anders gesagt hat die Krise das Potenzial, zum umfassenden Katalysator dromokratischer Veränderungen zu werden. Dazu vorweg eine (etwas oberflächliche) Beobachtung über ein sich auf mehreren Ebenen wiederholendes Muster dieser Krise.

Nach der jahrzehntelangen Expansion des informellen Sektors infolge Globalisierung und des neoliberalen Rückzuges des Staates auf seine Kernaufgaben folgte mit den staatlichen Krisenprogrammen ein neuer Formalisierungsschub. Nur wer sich registrieren ließ (und den formalen Ansprüchen genügte), erhielt dessen Hilfe. Was für reiche Länder kein Problem darstellt – sind die meisten Geschäfte und Personen doch irgendwie registriert –, war für Staaten mit einer umfassenden informellen Wirtschaft eine Herausforderung. Länder wie Marokko oder Ägypten begannen deswegen nach Ausbruch der Pandemie zu allererst damit, Daten

399 Vgl. Superreiche kaufen sich Pässe, um dem Virus zu entkommen, in: Der Standard, Wien 06. 05. 2020. Online: <https://www.derstandard.at/story/2000117307837/superreiche-kaufen-sich-paesse-um-dem-virus-zu-entkommen>, Stand: 07. 05. 2020.

über den informellen Sektor zu sammeln. In Marokko entwickelte man hierzu eine Plattform, auf der sich Personen via Handy eintragen und Informationen über ihre Tätigkeit hinterlegen konnten. Wer sich registrierte, durfte mit einer staatlichen Einmalzahlung rechnen. Nach außen erklärte man dieses Sammeln von Daten nachvollziehbar damit, dass man nur so überhaupt Hilfsgelder verteilen könne. Langfristig geht es dem Staat aber ebenso darum, bisher fehlende Steuereinnahmen aus dem nicht regulierten Wirtschaftssektor zu ziehen.

Die informelle Wirtschaft erhält durch diese staatliche Erfassung eine gewisse Formalisierung. Das bedeutet nicht, dass sich damit die Arbeitsstandards ändern werden. Flexibilisierung und fehlende soziale und gesundheitliche Absicherung bleiben wesentliche Eigenschaften des informellen Sektors. Mit der statistischen und staatlichen Erfassung jenes Sektors, der in zahlreichen Ländern dieser Welt zentrale wirtschaftliche Antriebskraft ist, wird dieser jedoch stärker als zuvor formal anerkannt und in das staatliche Handeln integriert. Die abzusehende Folge davon ist nicht eine emanzipatorische Aufwertung, sondern ein dem zwischenzeitlichen Formalisierungsschub folgender neuer Informalisierungsprozess: Durch den Neoliberalismus bereits zuvor an die Ränder gedrängte Tätigkeiten und Personen werden weiter in den informellen Bereich abgedrängt und neue KrisenverliererInnen kommen hinzu. Der informelle Sektor erhält aber dank des Formalisierungsschubs eine neue Legitimität, und die Arbeit, die oft unter dem gesetzlichen Standard für Arbeitsrechte stattfindet, wird so, wie sie ist, und nicht so, wie sie sein sollte, formell anerkannt.

Ein anderes Beispiel für dieses Muster bildet die Formalisierung bisher informeller Arbeitsschritte im Home Office.[400] Dasjenige, was bis anhin über ein kurzes Gespräch zwischen zwei Arbeitstischen erledigt werden konnte, muss zu Hause als bewusster Arbeitsschritt formalisiert und unter neuem Zeitdruck erledigt werden. So nimmt beispielsweise die Flut an Mails zu, ohne dass dafür mehr Arbeits-

400 Vgl. Sennett, Richard: »Wir müssen wachsam sein«, in: Der Tagesspiegel, 19.03.2020. Online: <https://www.tagesspiegel.de/kultur/richard-sennett-zur-corona-krise-wir-muessen-wachsam-sein/25657932.html>, Stand: 07.05.2020.

zeit zur Verfügung stehen würde, oder gemeinsame Pausen werden zum auferlegten (per Videochat übertragenen) sozialen Event. Die Formalisierung kann durchaus sinnvoll sein, wenn es darum geht, die tatsächliche Leistung zu erfassen. Sie kann sich allerdings genauso in ihr Gegenteil verkehren. Was plötzlich zum offiziellen Arbeitsprozess gehört, lässt sich optimieren und delegieren oder auslagern. Dies wird früher oder später dazu genutzt werden, den Arbeitsalltag auf neue Effizienz zu trimmen. Und es werden neue Ränder für einfache und flexible Arbeiten entstehen.

Die Hinweise auf diese zwei unterschiedlichen und nicht miteinander vergleichbaren Ebenen eines Formalisierungsschubs dienen als Analogie zu einer Tendenz, die sich auch in dromokratischen Prozessen beobachten lässt. Beispielsweise wurde in den letzten Monaten wie nie zuvor die Überwachung von Bewegungsprofilen formalisiert. Nicht nur Staaten griffen auf die von den Telekommunikationsanbietern bereitgestellten Daten zurück, auch Zeitungen nutzten sie für ihre Berichterstattung, und auf einigen Webseiten konnte man dank aggregierter Daten auch selbst Bewegungsprofile spielerisch nachzeichnen. Es ist nicht so, dass man dies nicht zuvor schon verwendete. Sowohl in polizeilicher Arbeit als auch in der Optimierung von Verkaufsflächen gehört das Nachvollziehen, wer sich wo wann und wie bewegt, zu den zentralen Arbeitsschritten. Neu daran ist vielmehr die breite Akzeptanz und die Formalisierung des Sammelns von Daten als legitime Grundlage staatlicher Politik, öffentlicher Meinungsmache und privatwirtschaftlicher Kommerzialisierung. Was in diesem Falle mit ›Formalisierung‹ gemeint ist, zeigt sich beispielsweise beim Schweizer Telefonanbieter Swisscom. Wer dort ein Abo besitzt, kann in seinem Profil seit einiger Zeit auswählen, ob man seine Daten »für Aussagen zu örtlichen Personenaufkommen« oder »für Aussagen über Bewegungsflüsse von Gruppen« bereitstellen will. In der durch den Anbieter vorgenommenen Standardauswahl wird beides mit Abo-Abschluss zugelassen. Man muss sich also nicht aktiv dafür, sondern aktiv dagegen entscheiden. Dabei macht man auch kein Geheimnis darum, dass es beim Sammeln solcher Daten längst nicht nur um die Überprüfung des Lockdown geht, sondern dass damit ein kommerzielles Interesse verbunden ist. So erklärt Swisscom in ihrer Erklärung über die Verwendung ihrer aggregierten KundInnendaten: »Durch Analyseverfahren gewinnen wir aus diesen Daten Informationen, die wir zur Ausgestaltung neuer kommerzieller Produkte und Dienstleistungen für Dritte nutzen.« Was der Staat zur Praxis der Pandemie-Bekämpfung erklärt, nutzen Unternehmen, um dank kommodifizierter Daten an unterschiedlichen Fronten einen Profit daraus zu ziehen.

Es wäre freilich eine etwas überstrapazierte Interpretation solcher seit Längerem bestehender Geschäftspraktiken, wenn man darin den Beweis einer Formalisierung des zunehmenden Bewegungsmanagements erkennen will. Zumal hat die Analogie, trotzdem sie kein Vergleich sein will, einen etwas schalen Beigeschmack: Die Lage des informellen Sektors am Rande der Gesellschaft – wobei dieser Rand zugleich das Gegenteil eines Randphänomens ist – ist nicht vergleichbar mit dem belanglosen Erstellen von Bewegungsprofilen, dem man durch die einfache Tat entkommen kann, sein Mobiltelefon nicht zu nutzen. Die Analogie zum Formalisierungsschub rührt allerdings daher, dass man diesen auch noch an anderen Stellen beobachten kann, beispielsweise in der neuen Akzeptanz digitaler Überwachungs-Apps zugunsten der Pandemiebekämpfung. Einige Staaten bieten solche Apps als freiwillige Maßnahme zum Tracing an – ›freiwillig‹ vor allem, wenn man den moralischen Druck ausblendet –, andere setzen bereits mit Zwang darauf. Bemerkenswert daran ist weniger das staatliche Interesse, sondern die dafür bereitgestellten Ressourcen und der mit der Entwicklung einhergehende Glaube, dass Überwachung, Big Data und Künstliche Intelligenz uns vor Pandemien schützen könnten, dass es also eine technische Lösung für die politischen Versäumnisse der letzten Jahrzehnte gebe und diese in der Optimierung und Überwachung der Bewegung der Bevölkerung liege.

Diese Zuversicht ist verbreitet, sodass nicht nur Firmen ihre Unterstützung anbieten, sondern auch etliche Privatpersonen Handlungen einfordern. Ralf Fücks beispielsweise, der ehemalige Vorsitzende der Heinrich-Böll-Stiftung, hat das digitale Phantasma Ende März in einem Tweet ungewollt treffend auf den Punkt gebracht: »In China & Südkorea spielen Big Data & KI eine wichtige Rolle bei der Unterbrechung von #Covid19-Infektionsketten. Wollen wir das nicht oder können wir es nicht?« Vielleicht hilft Big Data einigen VirologInnen tatsächlich bei der Eindämmung des Virus – historische Vergleiche deuten allerdings auch auf das Gegenteil hin: Die Gesundheitswissenschaftlerin Susan L. Erikson hat 2018 anhand der Ebola-Epidemie 2014–2016 aufgezeigt, dass Big-Data-Experimente nicht funktionierten und hohe Opportunitätskosten in Form von aufgeschobener direkter Hilfe mit sich brachten.[401] Es sind durchaus hehre Motive, die Menschen wie Fücks, aber auch so manche staatliche BeamtInnen in ihrem Wunsch nach digitaler Überwachung antreiben. Unbewusst allerdings hat man über die Hoffnung auf die technologische Lösung eine Sehnsucht nach autoritären Optimierungsbestrebungen internalisiert. Dafür gibt es durchaus nachvollziehbare Gründe. So reproduziert der öffentliche Druck die ideologische, aber auch technische Formalisierung der Überwachungsmaßnahmen. Google beispielsweise präsentierte im April Daten zu veränderten Bewegungen im öffentlichen Raum.[402] Es dauerte nur wenige Stunden, bis der Boulevard das Material aufgriff. Die Schweizer Tageszeitung *Blick* berichtete anhand des Materials, wo die größten ›Corona-Ignoranten‹ sitzen – das zwischenzeitliche Lieblingswort des Boulevards, für alle, die nicht strikt zu Hause bleiben.

Mit den boulevardesken Denunzierungsversuchen will man den Menschen ein richtiges Verhalten eintrichtern, das dank umfassender Überwachung und Bewegungskontrolle überprüft werden kann. Apps bieten dazu eine ideale Basis. Fast schon spielerisch setzen sie den geforderten Kontrollansatz um. Tracking wird zum Konsumangebot, das man freiwillig downloaden kann – und im Optimalfall auch noch eine Auswahl an verschiedenen Anbietern besitzt. Wie

401 Vgl. Erikson, Susan L.: Cell Phones ≠ Self and Other Problems with Big Data Detection and Containment during Epidemics, in: Medical Anthropology Quarterly 32 (3), 2018, S. 315–339. Online: <https://doi.org/10.1111/maq.12440>.

402 Dass es fast immer führende Unternehmen sind, die Daten liefern, die von Staaten und Medien aufgearbeitet und verwendet werden, ist keine Verschwörung, sondern auf den einfachen Sachverhalt zurückzuführen, dass sie es sind, die überhaupt die notwendigen Daten besitzen und ein Interesse daran haben, diese zu kommodifizieren oder die dazugehörigen Geräte zu propagieren.

in einem Computerspiel oder einer Computersimulation können Bewegungen anhand von Mobiltelefondaten grafisch aufgearbeitet werden, was wiederum mit der Hoffnung verbunden ist, dass sich diese auch optimieren lassen. Die Visualisierung von Daten scheint dabei ein entscheidendes Authentizitätssignal im Wahrheitsgehalt von Zahlen zu liefern – die Frage nach der dromokratischen Ästhetisierung oder auch nur Visualisierung der Geschwindigkeit bietet eine offene Fragestellung, die zu untersuchen bleibt. Die Lust am Tracking und an visualisierten Daten zeigt sich auch längst nicht nur in Fragen des Virus. Kulturanalytisch betrachtet ist es wohl kein Zufall, dass Jogging-Apps wie Strava, die jeden Lauf aufzeichnen und Abschnittszeiten vergleichbar werden lassen, ebenfalls zu den Gewinnerinnen dieser Krise gehören. Selbstoptimierung ist ohne das Tracking der Leistung nicht mehr denkbar. Dies geht so weit, dass die englische Tageszeitung *The Guardian* in einem Anfang Mai erschienenen Artikel darüber, was man als BeginnerIn für das Lauftraining braucht, drei Sachen auflistet: Schuhe, Socken und Apps.[403] Tracking wird in sportlichen Angelegenheiten zur Grundausrüstung – freilich nicht erst seit und nicht nur aufgrund von Corona. Es braucht nicht viel Phantasie um vorherzusehen, dass sich dieser Optimierungswille anhand von Bewegungsprofilen zukünftig nicht nur in epidemischen oder sportlichen Fragen noch intensiver stellen wird, sondern auch in der verbesserten Überwachung von Arbeitskräften und Produktionsabläufen – beispielsweise in der Fleischindustrie, wo man dank neuer Analyse- und Trackingsoftware hofft, Epidemien rascher eindämmen zu können[404] –, in der Optimierung von Verkaufsflächen oder auch sonst im Alltag. Das sind zwar alles keine neuen Entwicklungen, doch die Lust und Akzeptanz des Trackings scheint mit der Pandemie nochmals einen qualitativen Sprung gemacht zu haben.

403 Vgl. Gibbs, Samuel: Running in lockdown: what gear do I need to start?, in: The Guardian, 09. 05. 2020. Online: <https://www.theguardian.com/money/2020/may/09/running-lockdown-gear-coronavirus-shoes-apps>, Stand: 09. 05. 2020.

404 Vgl. Marko, Kurt: The critical role of IT in assuring food safety in pandemic times, diginomica, 22. 04. 2020, <https://diginomica.com/critical-role-it-assuring-food-safety-pandemic-times>, Stand: 12. 05. 2020.

Das dritte Beispiel, in dem sich in den ersten Monaten der Krise eine Art Formalisierungsschub beobachten ließ, betrifft die Hinwendung zur ›Eigenverantwortung‹. Wer nicht sofort zu Hause blieb, war für die Übertragung verantwortlich oder riskierte das Leben seiner Mitmenschen, so lautete sinngemäß die weit verbreitete Botschaft der ersten Monate der Pandemie. Es sei vorweg betont: Diese Verantwortung ist bis zu einem gewissen Grade vorhanden, doch sie hört spätestens bei der Sterberate auf, mit der das Virus um sich schlägt. Entgegen manchen Behauptungen trifft das Virus nämlich nicht alle gleich. Mitentscheidend, wie viele Menschen letztendlich infolge des Virus sterben, ist vor allem der Zugang zum Gesundheitswesen. Und dieser ist in einer Klassengesellschaft ungleich verteilt – direkt, weil nicht jede/r gleichermaßen versichert ist, indirekt, weil einige ihren Jobs leichter fernbleiben können als andere. Diese Ungleichheit gilt auch für jene, die man umgangssprachlich ›RisikopatientInnen‹ nennt. Vorerkrankungen sind immer auch abhängig vom sozio-ökonomischen Status einer Person. Beispielsweise korreliert das Risiko, an Diabetes Typ 2 zu erkranken, mit den ökonomischen und sozialen Umständen. Und wie viel Einfluss in Pandemien der Klassenunterschied hat, zeigt sich auch anhand der historischen Beispiele. Die Spanische Grippe wütete dort ungleich mehr, wo sie auf katastrophale Lebensbedingungen und entsprechend auf eine Vielzahl an Vorerkrankungen traf, insbesondere im kolonialisierten und von Hungersnöten betroffenen Indien.[405] Der Hinweis auf die Klassengesellschaft bedeutet nicht, dass man sich einfach aus der Verantwortung ziehen kann. Es ist allerdings ebenso falsch, das individuelle Verhalten als Lösung für die Krise zu betrachten – exakt so, wie es die Linke in Umweltfragen die letzten Jahre noch und nöcher bezüglich des bewussten individuellen Konsums predigte. Andernfalls wird das individuelle Handeln zu einem politischen Akt erkoren, der es nicht ist, und man läuft Gefahr, die gegenwärtige Krise in ihrem politischen Charakter zu verkennen. Anders gesagt: Man übergibt dem Individuum die Verantwortung, der sich der Kapitalismus verweigert.

405 Vgl. Davis: Vogelgrippe, 2006.

Diese Übertragung ist nicht nur problematisch, sondern sie ist auch der Grund, wieso man die Situation als Formalisierungsschub beschreiben könnte. So existierte der Ruf nach Eigenverantwortung bereits zuvor in etlichen Lebensbereichen, beispielsweise im Sozialbereich oder wie in den vorherigen Kapiteln beschrieben im Umgang mit der ökonomisierten Zeit, die der Eigenverantwortung unterworfen wurde. Während der Krise wurde dieser Ruf allerdings auf ein neues Niveau gehoben. Kein Tag verging, an dem der Staat und die ihm treuen Medien nicht daran appellierten. Die Eigenverantwortung wurde zur Maxime des guten Staatsbürgers. Möglichst freiwillig sollte man Staatsinteressen umsetzen. Das bedeutet in Bezug zur Krise nicht nur Social Distancing und andere nachvollziehbare Eindämmungsmechanismen, sondern auch eine radikal eingeforderte Synchronisierung mit dem doppelt vorgegebenen Tempo: Stillstand im öffentlichen Leben, Tempo im Wirtschaftsbetrieb. Im auferlegten Krisenmodus soll auf jede übriggebliebene Zeitsouveränität verzichtet werden. Nicht nur, weil epidemiologisch damit die Pandemie eingedämmt werden kann, sondern ebenso, weil wirtschaftlich damit die Kapitalinteressen geschützt werden können. So wird die Eigenverantwortung zum internalisierten Legitimationsmuster einschneidender chronopolitischer Maßnahmen, die auf alles andere abzielen als auf das eigene Wohl.

Die Betonung der Eigenverantwortung erscheint mit Blick auf die ersten Monate der Pandemie zugleich paradox, sie wurde nicht durch Appelle, sondern nur durch Zwang durchgesetzt. Eine Vielzahl an Staaten erließen in den letzten Monaten neue und/oder temporäre Gesetze, um Zusammenkünfte im öffentlichen Raum zu unterbinden. Dafür wurde das gesamte Repressionsangebot aufgeboten, und dies oft nicht nur zur eigentlichen Arbeit, sondern auch als Inszenierung. Eines der bisher merkwürdigsten Phänomene der Krise war die Vielzahl tanzender, singender oder musizierender PolizistInnen im öffentlichen und digitalen Raum. In der schlimmsten Variante hiervon tourte die österreichische Polizei in Paradeformation mit Rainhard Fendrichs Schlager »I am from Austria« durch Wien. Mit hochauflösenden Drohnenbildern gefilmt war der Aufmarsch gemacht für die hundertausendfache Verbreitung im Internet. Es ging gar nicht so sehr um die Inszenierung vor Ort, sondern vor allem um die digitale Reproduktion der Polizeiparade. Das menschliche Antlitz der Krise: der Ausnahmezustand im Tik-Tok- oder YouTube-Format. Man kann solche Inszenierungen als Nebenepisode einer merkwürdigen Zeit interpretieren. Man kann sie aber auch in einen etwas größeren Zusammenhang einordnen. Die unmittelbar erlebte Pandemie ist zugleich ihrer Vorstellung entwichen: Sie wurde zum Spektakel. Schon nach wenigen Tagen ging es nicht mehr darum, was real die Pandemie aufhalten kann, sondern darum, was den Normalzustand trotz gesundheitlicher Krise am Laufen hält und was der Bevölkerung im Moment der Gefahr Sicherheit verspricht – das heißt in diesem Falle: die spektakuläre Inszenierung der Repressionsorgane.

Die Inszenierung staatlicher Stärke gehört wohl zu jeder Krise dazu. In der Phase der akuten Gesundheitskrise entsprach sie aber ebenso einer indirekten Antwort auf den zusätzlichen Verlust staatlicher Zeitsouveränität. So war die Handlungsstärke der Staaten in den letzten Monaten sichtlich beschränkt. Statt sich frühzeitig – das heißt: bereits präventiv – mit der Gefahr auseinanderzusetzen, musste man im März 2020 in kürzester Zeit in ganz Europa ExpertInnengremien zusammenstellen, die unter anderem im Eiltempo dafür sorgen sollten, dass die infolge neoliberaler Austerität gekürzten oder ausgelagerten Spitalbetten wieder bereitgestellt wurden. Dieses Missverhältnis zwischen der politischen Realität – die irische Wirtschaftswissenschaftlerin Emma Clancy hat vor Kurzem gezählt, dass die Europäische Kommission zwischen 2011 und 2018 ihre Mitglieder 63 Mal dazu aufrief, im Gesundheitswesen zu kürzen[406] – und dem gesundheitlichen und öffentlichen Anspruch, als führende Nationen die Krise so rasch wie möglich technokratisch zu bewältigen, führte zu einem Graben, der durch die öffentliche Inszenierung des Repressionsapparates überbrückt werden sollte. Staatliche Stärke signalisiert Sicherheit und diese (in Kombination mit dem Ruf nach Eigenverantwortung) gesundheitlichen Erfolg.

406 Vgl. Clancy, Emma: Austerity kills: Commission demanded cuts to public healthcare spending 63 times from 2011–2018, 21.03.2020, <https://emmaclancy.com/2020/03/21/austerity-kills-commission-demanded-cuts-to-public-healthcare-spending-63-times-from-2011-2018>, Stand: 08.05.2020.

Es sind dies Vorboten eines dromokratischen Staates, der sich in vielen Bereichen zurückzieht, während er in anderen Bereichen ausgebaut und militarisiert wird. Alleine aus dem gesundheitlichen Aspekt heraus ist es zumindest nicht zu erklären, wieso in Frankreich das Militär in die Banlieus einfuhr und wieso in Wien die Polizei in Paradeformation auftrat.

Eine solche Militarisierung bringt stets einen gewissen Stillstand mit sich. Für Europa fast schon ungewohnt, bedeutete die Schließung der Grenzen und die Kontrolle der je nach Land unterschiedlichen Formen der Ausgangssperre eine fast schon vergessene Form des Unterbruchs. Diese reale Verlangsamung stand dem Beibehalten dromokratischer Prämissen in anderen Lebensbereichen gegenüber. So galt beispielsweise für fast alle wirtschaftlichen Bereiche wie zuvor, dass Geschwindigkeitsvorteil einen Wettbewerbsvorteil mit sich bringt – ob China, Europa oder die USA ihre Wirtschaft rascher wieder zum Laufen bringen, ist die entscheidende Frage, wer wen als Weltmacht ablösen wird. Deswegen gilt Stillstand trotz Pandemie weiterhin als ein Zustand, den man um alles in der Welt vermeiden will. Selbst in Italien hat man größtenteils auf einen radikalen Produktionsstopp verzichtet, und kein Staat dieser Welt hat sich Gedanken über Alternativen zum Status Quo gemacht. Dabei hätte die Situation durchaus das Potenzial gehabt, sich über neue Formen der Entschleunigung auszutauschen. Auf Baustellen beispielsweise hätte man genauso wie in vielen Fabriken das Arbeitstempo radikal drosseln und dadurch den Schutz erhöhen können, indem man – bei vollem Lohnbezug – die Arbeitszeit und Anzahl Menschen pro Ort halbiert hätte. Doch dies hätte zu einem Rückgang der Bau- oder Produktionsgeschwindigkeit geführt, und darüber wollte man trotz Stillstand des öffentlichen Lebens nicht debattieren.

Dieser abschließende Versuch, in den sich rasch wandelnden Zeiten einen allgemeinen Überblick zu gewinnen, klingt an manchen Stellen harsch. Tatsächlich ist es nicht einfach, in der komplexen Sachfrage ein korrektes Manöver zwischen berechtigten Gesundheitsanliegen, solidarischem Handeln und der notwendigen Kritik am staatlichen Verwalten und seinen wirtschaftlichen Prämissen zu vollziehen. Genauso schwierig ist der Umgang mit ExpertInnenberichten und der Frage, wie man diese als politische AkteurInnen liest, ohne in ein technokratisches Abhängigkeitsverhältnis zu verfallen, und dennoch die wissenschaftlichen Erkenntnisse wertschätzt. Solche Schwierigkeiten haben bei vielen Teilen der deutschsprachigen Linken zu einer Passivität geführt. Lieber für einmal dem Staat vertrauen und öffentlich schweigen als später dem moralischen Vorwurf ausgesetzt werden, dass man Leben aufs Spiel gesetzt hat. Das ist nachvollziehbar, hat allerdings ein politisches Vakuum eröffnet, das von einer Reihe VerschwörungstheoretikerInnen, ImpfgegnerInnen, alternden Söhnen Mannheims und anderen C-Promis aufgenommen wurde. Inwiefern diese krude Mischung über längere Zeit gesellschaftlich relevant bleiben wird oder ob diese Bewegung nicht vielmehr an ihren eigenen Widersprüchen und Unfähigkeiten immer wieder zerfällt, wird sich zeigen. Es sei jedoch daran erinnert, dass es einst zu den Kernaufgaben linker Politik gehörte, sich kritisch mit staatlichem Handeln und Überwachung auseinanderzusetzen, auch dann, wenn wir es mit einem komplexen Sachverhalt zu tun haben.

Die Schwierigkeit, einen Umgang mit der Krise zu finden, rührt allerdings nicht nur aus der Komplexität und der oft nur schwachen Organisierung, sondern auch aus einem fehlenden theoretischen Instrumentarium. So hat sich in den vergangenen Monaten erneut gezeigt, dass Geschwindigkeit und die auferlegten Rhythmen verschiedener Lebensbereiche keinem natürlichen Sachzwang folgen, sondern Ergebnis direkter oder indirekter chronopolitischer Maßnahmen sind. So wurde aktiv entschieden, dass Teile des öffentlichen Lebens gestoppt wurden, während man in Fabriken und Unternehmen weiterhin mit dem größtmöglichen Tempo arbeiten sollte. Aus der Fähigkeit, solche Fragen der Geschwindigkeit besser zu fassen und zu politisieren – das heißt beispielsweise: aktiv die politische Auseinandersetzung über das auferlegte Tempo zu suchen –, könnte eine breite Debatte um emanzipatorische Perspektiven entstehen, zum Beispiel bezüglich der möglichen Verkürzung der Arbeitszeit und der Entschleunigung der Wirtschaft statt des öffentlichen Lebens.

Zürich, Mai 2020.

Bibliographie

Adams, Eric: Kitty Hawk's New Flying Car Promises a (Near) Silent Flight, in: Wired, 10.04.2019. Online: <https://www.wired.com/story/kitty-hawk-heaviside-larry-page-flying-car>, Stand: 28.10.2019.

Adams, Jason Michael: Occupy time. Technoculture, immediacy and resistance after Occupy Wall Street, New York 2014.

Agger, Ben: Fast capitalism. A critical theory of significance, Urbana 1989.

Agger, Ben: Time Robbers, Time Rebels: Limits to Fast Capital, in: Hassan, Robert; Purser, Ronald (Hg.): 24/7: Time and temporality in the network society, Stanford 2007, S. 219–234.

Ahlheim, Hannah: Von ›Eulen‹ und ›Lerchen‹. Der Schlaf zwischen Umwelt und Vererbung im 20. Jahrhundert, in: Goschler, Constantin; Kössler, Till (Hg.): Vererbung oder Umwelt? Ungleichheit zwischen Biologie und Gesellschaft seit 1945, Göttingen 2016, S. 153–178.

Ahlheim, Hannah: Die Vermessung des Schlafs und die Optimierung des Menschen. Eine deutsch-amerikanische Geschichte, 1930–1960, in: Zeithistorische Forschungen/Studies in Contemporary History 10 (1), 2013, S. 13–37.

Akamai: Online Retail Performance Report, 09.04.2017, <https://www.akamai.com/uk/en/about/news/press/2017-press/akamai-releases-spring-2017-state-of-online-retail-performance-report.jsp>, Stand: 27.09.2019.

Alderman, Ray: Shrinking the kill chain, Military Embedded Systems, <http://mil-embedded.com/guest-blogs/shrinking-the-kill-chain>, Stand: 24.09.2019.

Alderman, Ray: Fire and finish: The middle of the kill chain, Military Embedded Systems, <http://mil-embedded.com/guest-blogs/fire-and-finish-the-middle-of-the-kill-chain>, Stand: 24.09.2019.

Alimahomed-Wilson, Jake; Ness, Immanuel (Hg.): Choke Points. Logistics Workers Disrupting the Global Supply Chain, London 2018.

Anderson, Monica; Kumar, Madhumitha: Digital divide persists even as lower-income Americans make gains in tech adoption, Pew Research Center, 07.05.2019, <https://www.pewresearch.org/fact-tank/2019/05/07/digital-divide-persists-even-as-lower-income-americans-make-gains-in-tech-adoption>, Stand: 31.10.2019.

Anthony, Sebastian: The secret world of microwave networks, Ars Technica, 11.03.2016, <https://arstechnica.com/information-technology/2016/11/private-microwave-networks-financial-hft>, Stand: 24.09.2019.

Aouf, Rima Sabina: Ford's noise-cancelling kennel shields dogs from fireworks, Dezeen, 14.03.2019, <https://www.dezeen.com/2019/03/14/ford-noise-cancelling-kennel-design>, Stand: 23.09.2019.

Armitage, John; Roberts, Joanne: Chronotopia, in: Armitage, John; Roberts, Joanne (Hg.): Living with cyberspace: technology & society in the 21st century, New York 2002, S. 43–54.

Arnim, Achim von: Owen Tudor, in: Isabella von Ägypten und andere Erzählungen, Zürich 1959, S. 383–450.

Baird, Robert: The Four Components of a Fast-Paced Organization: Going Beyond Lean Sigma Tools, London, New York 2013. Online: <https://www.crcpress.com/The-Four-Components-of-a-Fast-Paced-Organization-Going-Beyond-Lean-Sigma/Baird/p/book/9781482206005>, Stand: 25. 10. 2019.

Bänziger, Peter-Paul: Fordistische Körper in der Geschichte des 20. Jahrhunderts. Eine Skizze, in: Body politics. Zeitschrift für Körpergeschichte 1 (1), 2013, S. 11–40.

Barber, Pauline Gardiner: The Entanglements of Neoliberal Temporalities and Class Politics in Philippine Migration to Canada, in: Barber, Pauline Gardiner; Lem, Winnie (Hg.): Migration, Temporality, and Capitalism: Entangled Mobilities across Global Spaces, Cham 2018, S. 161–184. Online: <https://doi.org/10.1007/978-3-319-72781-3_9>, Stand: 07. 10. 2019.

Barclays: 5G: A transformative technology, 03. 04. 2019, <https://www.barclayscorporate.com/insights/innovation/5g-a-transformative-technology>, Stand: 26. 09. 2019.

Barry, Ben: Facebook's Little Red Book | Office of Ben Barry, <http://v1.benbarry.com/project/facebooks-little-red-book>, Stand: 30. 09. 2019.

Baschet, Jérôme: Défaire la tyrannie du présent. Temporalités émergentes et futures inédits, Paris 2018.

Baudrillard, Jean: The Gulf War Did Not Take Place, Bloomington 1995.

Baudrillard, Jean: Die Illusion des Endes oder der Streik der Ereignisse, Berlin 1994.

Baudrillard, Jean: Das Jahr 2000 findet nicht statt, Berlin 1990.

Bauman, Zygmunt: Leben in der flüchtigen Moderne, Frankfurt am Main 2007.

Bauman, Zygmunt: Flüchtige Moderne, Frankfurt am Main 2003.

Bauman, Zygmunt: Globalization. The Human Consequences, Cambridge 1998.

Baumgärtel, Tilman: Sharing Economy: Teile und verdiene, in: Die Zeit, Hamburg 15. 07. 2014. Online: <https://www.zeit.de/2014/27/sharing-economy-tauschen>, Stand: 23. 09. 2019.

Baumgartner, Fabian: »Entweder wir testen Innovationen, oder die Konkurrenz tut es«, in: Neue Zürcher Zeitung, 04. 03. 2019. Online: <https://www.nzz.ch/zuerich/entweder-wir-testen-innovationen-oder-die-konkurrenz-tut-es-ld.1464009>, Stand: 23. 09. 2019.

Beauchamp, Zack: Accelerationism: the obscure idea inspiring white supremacist killers around the world, Vox, 11. 11. 2019, <https://www.vox.com/the-highlight/2019/11/11/20882005/accelerationism-white-supremacy-christchurch>, Stand: 19. 11. 2019.

Beck, Ulrich; Beck-Gernsheim, Elisabeth: Individualization: Institutionalized Individualism and its Social and Political Consequences, London 2002.

Benitez, Mike: It's About Time: The Pressing Need to Evolve The Kill Chain, War on the Rocks. National Security. For insiders. By insiders, 17. 05. 2017, <https://warontherocks.com/2017/05/its-about-time-the-pressing-need-to-evolve-the-kill-chain>, Stand: 03. 10. 2019.

Benjamin, Walter: Gesammelte Schriften, Bd. V. 2, Frankfurt am Main 1991.

Benruzi, Daniel; Zeise, Fanny (Hg.): Individuelle Bedürfnisse, kollektive Aktionen, politische Alternativen. Beiträge zur neuen Arbeitszeitdebatte, 2019.

Berardi, Franco: Arbeit Wissen Prekarität, european institute for progressive cultural policies, <https://eipcp.net/transversal/0704/bifo/de.html>, Stand: 24. 09. 2019.

Berend, Patrik: Economies of Speed: Wettbewerbsvorteile durch höhere Geschwindigkeit, experto.de, 03. 03. 2010, <https://www.experto.de/businesstipps/economies-of-speed-wettbewerbsvorteile-durch-hoehere-geschwindigkeit.html>, Stand: 04. 10. 2019.

Bezos, Jeff: Letter to Shareholders (2016), US Day One Blog, 17. 04. 2017, <https://blog.aboutamazon.com/company-news/2016-letter-to-shareholders>, Stand: 19. 09. 2019.

Biggs, Chris: What China Reveals About the Future of Innovation, Alizila.com, 21. 08. 2017, <https://www.alizila.com/c2b-what-china-reveals-about-the-future-of-innovation>, Stand: 20. 09. 2019.

Bitkom: Großteil der deutschen Industrie plant mit 5G, <https://www.bitkom.org/Presse/Presseinformation/Grossteil-der-deutschen-Industrie-plant-mit-5G>, Stand: 18. 09. 2019.

Bleich, Holger: Deutsche Industrie setzt auf eigene 5G-Campusnetze, heise online, <https://www.heise.de/newsticker/meldung/Deutsche-Industrie-setzt-auf-eigene-5G-Campusnetze-4403687.html>, Stand: 18. 09. 2019.

Bönig, Jürgen: Die Einführung von Fließbandarbeit in Deutschland bis 1933. Zur Geschichte einer Sozialinnovation, Münster 1993.

Bowles, Nellie: The Digital Gap Between Rich and Poor Kids Is Not What We Expected, in: The New York Times, 26. 10. 2018. Online: <https://www.nytimes.com/2018/10/26/style/digital-divide-screens-schools.html>, Stand: 24. 09. 2019.

Bradley, Tony: Attackers Have Compressed and Accelerated the Cyber Killchain, Alert Logic, 02. 10. 2018, <https://blog.alertlogic.com/attackers-have-compressed-and-accelerated-the-cyber-killchain>, Stand: 24. 09. 2019.

Brennan, Teresa: Why the Time is Out of Joint: Marx's Political Economy without the Subject, in: Rutsky, R. L.; Macdonald, Bradley (Hg.): Strategies for Theory: From Marx to Madonna, New York 2012, S. 23–38.

Breuer, Stefan: Der Nihilismus der Geschwindigkeit: Zum Werk Paul Virilios, in: Leviathan 16 (3), 1988, S. 309–330.

Bruch, Heike; Menges, Jochen: Motivation: Wege aus der Beschleunigungsfalle, Harvard Business Manager, 05.2010, <https://www.harvardbusinessmanager.de/heft/artikel/a-691441.html>, Stand: 04. 10. 2019.

Brutlag, Jake: Speed Matters for Google Web Search, Google, 22. 06. 2009, <http://services.google.com/fh/files/blogs/google_delayexp.pdf>.

Buckermann, Paul; Koppenburger, Anne; Schaupp, Simon: Kybernetik, Kapitalismus, Revolutionen: Emanzipatorische Perspektiven im technologischen Wandel, Münster 2017.

Bundesministerium für Verkehr und digitale Infrastruktur: Zukunftsforum Schiene Digital – 5-Punkte-Strategie, 22. 06. 2016.

Büttner, Ursula: Weimar. Die überforderte Republik, Stuttgart 2008.

Caillois, Roger: Die Spiele und die Menschen. Maske und Rausch, Frankfurt am Main 1982.

Capgemini: 5G. Expectations and use-cases for industrial companies, 06. 06. 2019, <https://www.capgemini.com/research/5g-in-industrial-operations>, Stand: 28. 09. 2019.

Capulcu: Delete. Digitale Fremdbestimmung, 2018. Online: <https://capulcu.blackblogs.org/neue-texte/band-iv>.
Chambers, Jonathan; Gearhart, Stephannie S. (Hg.): Reversing the Cult of Speed in Higher Education: The Slow Movement in the Arts and Humanities, New York 2018.
Clancy, Emma: Austerity kills: Commission demanded cuts to public healthcare spending 63 times from 2011–2018, 21.03.2020, <https://emmaclancy.com/2020/03/21/austerity-kills-commission-demanded-cuts-to-public-healthcare-spending-63-times-from-2011-2018>, Stand: 08.05.2020.
Cogburn, John: #DECELERATE MANIFESTO for a Decelerationist anti-politics, Philosophical Percolations, 06.01.2015, <https://www.philpercs.com/2015/06/decelerate-manifesto-for-a-decelerationist-anti-politics.html>, Stand: 26.09.2019.
Contratto, Franca: Hochfrequenzhandel und systemische Risiken: Risikovorsorge im Finanzmarktrecht gestützt auf das Vorsorgeprinzip, in: Gesellschafts- und Kapitalmarktrecht 9 (2), 2014, S. 143–160.
Costa, Giovanni; Åkerstedt, Torbjörn; Nachreiner, Friedhelm u.a.: Flexible Working Hours, Health, and Well-Being in Europe: Some Considerations from a SALTSA Project, in: Chronobiology international 21, 01.02.2004, S. 831–44.
Courlet, Claude; Pecqueur, Bernard: Les systèmes industriels localisés en France: un nouveau modèle de développement, in: Lipietz, Alain; Benko, Georges B. (Hg.): Les régions qui gagnent: districts et réseaux: les nouveaux paradigmes de la géographie économique, Paris 1992, S. 81–102.
Crary, Jonathan: 24/7. Late Capitalism and the Ends of Sleep, London 2013.
Cumberland, Hugh: Can balloons really enable HFT, or is it just hot air?, FinTech Futures, 12.08.2013, <https://www.fintechfutures.com/2013/08/can-balloons-really-enable-hft-or-is-it-just-hot-air>, Stand: 25.09.2019.
Dannemann, Rüdiger: Das Prinzip Verdinglichung. Studie zur Philosophie Georg Lukács', Frankfurt am Main 1987.
Dany, Hans-Christian: Schneller als die Sonne. Aus dem rasenden Stillstand in eine unbekannte Zukunft, Hamburg 2015.
Dany, Hans-Christian: Speed: eine Gesellschaft auf Droge, Hamburg 2012.
Daugherty, Paul R.; Wilson, H. James: Human + Machine. Reimagining Work in the Age of AI, Boston 2018.
Daum, Timo: Die künstliche Intelligenz des Kapitals, Hamburg 2019.
Davis, Mike: Vogelgrippe. Zur gesellschaftlichen Produktion von Epidemien, Berlin, Hamburg 2006.
Day, Meagan: The Fraud and the Four-Hour Workweek, Jacobin Magazine, 27.03.2018, <https://jacobinmag.com/2018/03/four-hour-workweek-tim-ferriss-work>, Stand: 10.10.2019.
Dean, Jodi: Blog theory. Feedback and capture in the circuits of drive, Cambridge 2010.
Debord, Guy: Die Gesellschaft des Spektakels, Berlin 1996.
Dediu, Horace: Where Does the Word »Micromobility« Come From?, Micromobility Industries, 01.08.2019, <https://micromobility.io/blog/2019/8/1/where-does-the-word-micromobility-come-from>, Stand: 09.10.2019.

DHL: Shortening the last Mile: Winning logistics strategies in the race to the urban consumer. A custom report compiled by Euromonitor International for Deutsche Post DHL Group, 2018. Online: <https://www.dpdhl.com/content/dam/dpdhl/en/media-center/media-relations/documents/2018/dhl-whitepaper-shortening-the-last-mile.pdf>.

Diederichsen, Diedrich: Sexbeat: 1972 bis heute, Köln 2010.

Drath, Marie: Ein Kommentar zu den »beschleunigten Verfahren« des neuen Schweizerischen Asylgesetzes, Geschichte der Gegenwart, 24. 07. 2016, <https://geschichtedergegenwart.ch/und-wenn-der-herr-diese-tage-nicht-verkuerzt-haette>, Stand: 24. 09. 2019.

Duffy, Enda: The Speed Handbook: Velocity, Pleasure, Modernism, Durham 2009.

Durth, Werner: Deutsche Architekten. Biographische Verflechtungen 1900–1970, Wiesbaden 1986.

Edison, Thomas: Edison's Prophecy: A Duplex Sleepless, Dinnerless World, in: The Literary Digest (49), 1914, S. 966–968.

Engel, Sascha: Engel – Dromocratic Arbitrage and Financial Bailouts, in: Fast Capitalism 13 (1), o. D. Online: <http://www.uta.edu/huma/agger/fastcapitalism/13_1/Engel-Dromocratic-Arbitrage-Financial.htm>, Stand: 24. 09. 2019.

Ennet, Gary: London lands world's first automatic electric-vehicle parking system | CBC News, CBC, 14. 08. 2019, <https://www.cbc.ca/news/canada/london/worlds-first-automatic-electric-vehicle-parking-system-london-ontario-1.5247537>, Stand: 23. 09. 2019.

Eriksen, Thomas Hylland: Die Tyrannei des Augenblicks. Die Balance finden zwischen Schnelligkeit und Langsamkeit, Freiburg im Breisgau 2002.

Erikson, Susan L.: Cell Phones ≠ Self and Other Problems with Big Data Detection and Containment during Epidemics, in: Medical Anthropology Quarterly 32 (3), 2018, S. 315–339. Online: <https://doi.org/10.1111/maq.12440>.

Erzgräber, Willi: Utopie und Anti-Utopie in der englischen Literatur: Morus, Morris, Wells, Huxley, Orwell, München 1980.

Eßig, Michael; Kronthaler, Stephan; Gutsmiedl, Josef u. a.: Geschäftsmodelle additiver Fertigungsverfahren, in: Schröder, Meike; Wegner, Kirsten (Hg.): Logistik im Wandel der Zeit – Von der Produktionssteuerung zu vernetzten Supply Chains: Festschrift für Wolfgang Kersten zum 60. Geburtstag, Wiesbaden 2019, S. 207–234.

Etzold, Benjamin: Auf der Flucht – (Im)Mobilisierung und (Im)Mobilität von Schutzsuchenden, Bonn 2019.

Fähnders, Walter; Zimpel, Henning (Hg.): Die Epoche der Vagabunden: Texte und Bilder 1900–1945, Essen 2009.

Ferrari, Lorenzo: Ein Drittel aller Europäer war noch nie im Ausland, European Data Journalism Network, <https://www.europeandatajournalism.eu/ger/Nachrichten/Daten-Nachrichten/Ein-Drittel-aller-Europaeer-war-noch-nie-im-Ausland>, Stand: 09. 10. 2019.

Ferriss, Timothy: The 4-Hour Workweek: Escape 9–5, Live Anywhere, and Join the New Rich, New York 2007.

Feustel, Robert: »Am Anfang war die Information«: Digitalisierung als Religion, Berlin 2018.

Filimon, Luiza-Maria: International Relations under the Tropic of Time. Analysing Imminence in the Age of Chronopolitics, in: Bourdon, Étienne; Lung, Ecaterina (Hg.): Time and Culture, 2017, S. 221–235.
Fisher, Mark: Das Seltsame und das Gespenstische, Berlin 2017.
Fisher, Mark: Ghosts of My Life: Writings on Depression, Hauntology and Lost Futures, Winchester 2014.
Fisher, Mark: Kapitalistischer Realismus ohne Alternative?, Hamburg 2013.
Ford, Henry: Das große Heute, das größere Morgen, Leipzig 1926.
Ford, Henry: Mein Leben und Werk, Leipzig 1923.
Foster, John Bellamy: Ecology Against Capitalism, New York 2002.
Fraenkel, Peter: Sync Your Relationship, Save Your Marriage: Four Steps to Getting Back on Track, New York 2011.
Frederick, Christine: Household engineering; scientific management in the home, Chicago 1923. Online: <http://archive.org/details/householdengineoofredrich>, Stand: 25.09.2019.
Frick, Jonas: Die (begrenzte) Wirksamkeit von Angst. Zur Politisierung der Ökologie in der Kontrollgesellschaft, in: Widerspruch (73), 2019, S. 35–43.
Fürst, Rudolf: Was ist Imperialismus und warum führt Imperialismus zu Krieg?, Kommunistische Arbeiterzeitung, <https://www.kaz-online.de/artikel/was-ist-imperialismus-und-warum-fuehrt-imperialism>, Stand: 05.10.2019.
Gates, Bill: Bill Gates' New Rules, in: Time, 19.04.1999. Online: <http://content.time.com/time/world/article/0,8599,2053895,00.html>, Stand: 30.09.2019.
Gershuny, Jonathan: Busyness as the Badge of Honor for the New Superordinate Working Class, in: Social Research 72 (2), 2005, S. 287–314.
Gibbs, Samuel: Running in lockdown: what gear do I need to start?, in: The Guardian, 09.05.2020. Online: <https://www.theguardian.com/money/2020/may/09/running-lockdown-gear-coronavirus-shoes-apps>, Stand: 09.05.2020.
Gleichmann, Peter Reinhart: Einige soziale Wandlungen des Schlafens, in: Zeitschrift für Soziologie 9 (3), 01.07.1980, S. 236–250.
Goldman, Robert; Papson, Stephen: Landscapes of Capital. Representing Time, Space, and Globalization in Corporate Advertising, Cambridge 2011.
Goldman, Robert; Papson, Stephen; Kersey, Noah: Speed: Through, Across, and In – The Landscapes of Capital, in: Fast Capitalism 1 (1), 2005, S. 1–21.
Google: Ten things we know to be true, <https://www.google.com/about/philosophy.html>, Stand: 19.09.2019.
Gorz, André: The social ideology of the motorcar, 1973. Online: <https://atlasofplaces.com/essays/the-social-ideology-of-the-motorcar>, Stand: 26.09.2019.
Greif, Mark: Against Exercice, in: N+1, Number one: Negation, New York 2004, S. 63–72.
Gresser, Uwe: Hochfrequenzhandel, Dubai 2018.
Griswold, Alison: Shared scooters don't last long, Quartz, <https://qz.com/1561654/how-long-does-a-scooter-last-less-than-a-month-louisville-data-suggests>, Stand: 23.09.2019.
Grossmann, Gustav: Sich selbst rationalisieren: Wesen und Praxis der Vorbereitung persönlicher u. beruflicher Erfolge, Stuttgart 1929.

Grünberg, Karl: Ford Motor Company, in: Kürbisch, Friedrich (Hg.): Dieses Land schläft einen unruhigen Schlaf. Sozialreportagen 1918–45, Berlin 1981, S. 73–77.

Gurk, Paul: Berlin, Darmstadt 1980.

Hagemeister, Michael: »Unser Körper muss unser Werk sein.« Beherrschung der Natur und Überwindung des Todes in russischen Projekten des frühen 20. Jahrhunderts, in: Groys, Boris; Hagemeister, Michael (Hg.): Die Neue Menschheit. Biopolitische Utopien in Russland zu Beginn des 20. Jahrhunderts, Frankfurt am Main 2005, S. 393–398.

Halberstam, Judith: In a Queer Time and Place: Transgender Bodies, Subcultural Lives, New York 2005.

Haldane, Andrew: The race to zero, Peking 08. 07. 2011. Online: <https://www.bis.org/review/r110720a.pdf>.

Harootunian, Harry: Marx after Marx, New York 2017.

Hassan, Robert: Timescapes of the Network Society, in: Fast Capitalism 1 (1), 2005, S. 23–33.

Hassan, Robert: The chronoscopic society: globalization, time, and knowledge in the network economy, Bd. 17, New York 2003.

Haug, Wolfgang Fritz: Kritik der Warenästhetik. Gefolgt von Warenästhetik im High-Tech-Kapitalismus, Frankfurt am Main 2009.

Hauser, Heinrich: Autowandern, eine wachsende Bewegung, in: Die Strasse 3 (14), 1936, S. 455–457.

Heartfield, John; Grosz, George: Der Kunstlump, in: Asholt, Wolfgang; Fähnders, Walter (Hg.): Manifeste und Proklamationen der europäischen Avantgarde (1909–1938), Stuttgart 2005, S. 203–206.

Herbert, Adam: Compressing the Kill Chain, in: Air Force Magazine 86 (3), 2003, S. 50–54.

Hermann, Christoph: Capitalism and the Political Economy of Work Time, London 2015.

Hoffman, Reid; Casnocha, Ben: Die Start up Strategie. So machen Sie Karriere, Kulmbach 2012.

Holloway, John: Thompson und die Zersetzung der abstrakten Zeit, in: Holloway, John; Thompson, Edward P.: Blauer Montag: über Zeit und Arbeitsdisziplin, Hamburg 2007, S. 5–17.

Hölzle, Urs: The Google Gospel of Speed, Think with Google, <https://www.thinkwithgoogle.com/marketing-resources/the-google-gospel-of-speed-urs-hoelzle>, Stand: 19. 09. 2019.

Hope, Wayne: Time, Communication and Global Capitalism, Houndmills, Basingstoke 2016 (International political economy series).

Horváth, Ödön von: Zur schönen Aussicht, in: Gesammelte Werke, Bd. 3, Frankfurt am Main 1978, S. 67.

Hoyer, Niklas: Hochfrequenzhandel: Unkalkulierbares Risiko für Anleger, WirtschaftsWoche, 10. 12. 2014, <https://www.wiwo.de/finanzen/boerse/hochfrequenzhandel-unkalkulierbares-risiko-fuer-anleger/11077514.html>, Stand: 24. 09. 2019.

Huhn, Kurt: Der Kalkulator, in: Kürbisch, Friedrich (Hg.): Dieses Land schläft einen unruhigen Schlaf. Sozialreportagen 1918–45, Berlin 1981, S. 111–114.

Idler, Martin: Die Modernisierung der Utopie. Vom Wandel des Neuen Menschen in der politischen Utopie der Neuzeit, Berlin 2007.

Immelt, Jeffrey R.: How I Remade GE, in: Harvard Business Review, 01. 09. 2017. Online: <https://hbr.org/2017/09/inside-ges-transformation>, Stand: 25. 09. 2019.

INRIX: Searching for Parking Costs Americans $73 Billion a Year, Inrix, <http://inrix.com/press-releases/parking-pain-us>, Stand: 24. 10. 2019.

Jacques, Jean-Sébastien: Business to People: A new era, Melbourne 20. 03. 2018. Online: <http://www.riotinto.com/documents/180320_Speech_BusinesstoPeople.pdf>.

Jahoda, Marie; Lazarsfeld, Paul Felix; Zeisel, Hans: Die Arbeitslosen von Marienthal. Ein soziographischer Versuch über die Wirkungen langandauernder Arbeitslosigkeit, Frankfurt am Main 1975.

Jessop, Bob: Globalization: it's about time too!, Wien 2003. Online: <https://www.ssoar.info/ssoar/handle/document/24626>.

Johnson, Neil; Zhao, Guannan; Hunsader, Eric u. a.: Financial Black Swans Driven by Ultrafast Machine Ecology, in: SSRN Electronic Journal, 07. 02. 2012. Online: <https://doi.org/10.2139/ssrn.2003874>.

Jung, Franz: Mehr Tempo! Mehr Glück! Mehr Macht!, in: Die Technik des Glücks, Hamburg 1987 (Werke in Einzelausgaben 6), S. 87–168.

Jung, Franz: Die Technik des Glücks, in: Die Technik des Glücks, Hamburg 1987 (Werke in Einzelausgaben 6), S. 9–84.

Kafka, Franz: Der Verschollene, Frankfurt am Main 2008.

Kalhammer, Barbara: Wertvolle Millisekunden, Punkt Magazin, 11. 09. 2014, <http://www.punktmagazin.ch/investierbares/wertvolle-millisekunden>, Stand: 24. 09. 2019.

Kessel, Martin: Herrn Brechers Fiasko, Frankfurt am Main 2001.

Kestenbaum, Richard: Jeff Bezos Says »Amazon Is Not Too Big To Fail.« He's Right, Forbes, <https://www.forbes.com/sites/richardkestenbaum/2018/11/16/amazon-is-not-too-big-to-fail-bezos>, Stand: 27. 09. 2019.

Khoso, Mikal: Short-Termism in Capitalism and A New Social Contract for Shareholders, <https://mikalkhoso.com/2019/07/22/short-termism-in-capitalism-and-a-new-social-contract-for-shareholders>, Stand: 24. 09. 2019.

Kisch, Egon Erwin: Elliptische Tretmühle, in: Der rasende Reporter. Hetzjagd durch die Zeit. Wagnisse in aller Welt. Kriminalistisches Reisebuch, Berlin 1986, S. 227–231.

Klose, Alexander: Rasende Flaneure. Eine Wahrnehmungsgeschichte des Fahrradfahrens, Münster 2003.

Knight, Rob: Top 20 most annoying tech problems, The Independent, 26. 03. 2019, <https://www.independent.co.uk/life-style/gadgets-and-tech/tech-gadget-break-anger-top-problems-survey-a8840781.html>, Stand: 27. 09. 2019.

Kracauer, Siegfried: Die Angestellten, Frankfurt am Main 201313.

Kracauer, Siegfried: Sie sporten, in: Kracauer, Siegfried: Schriften, Bd. 5.2 (Aufsätze 1927–1931), Frankfurt am Main 1990, S. 14–18.

Kracauer, Siegfried: Das Straßenvolk in Paris, in: Kracauer, Siegfried: Schriften, Bd. 5.2 (Aufsätze 1927–1931), Frankfurt am Main 1990, S. 39–41.

Kracauer, Siegfried: Berg- und Talbahn, in: Kracauer, Siegfried: Schriften, Bd. 5.2. (Aufsätze 1927–1931), Frankfurt am Main 1990, S. 117–119.

Kracauer, Siegfried: Ornament der Masse, in: Kracauer, Siegfried: Das Ornament der Masse, Frankfurt am Main 1977, S. 50–63.

Kröger, Fabian: Rennreiselimousine oder Telemobil?, heise online, <https://www.heise.de/tp/features/Rennreiselimousine-oder-Telemobil-3438827.html>, Stand: 19.09.2019.

Laird, Robbin; Timperlake, Ed: Naval Aviation and Working the Kill Web | RealClearDefense, RealClear Defense, 16.08.2017, <http://www.realcleardefense.com/articles/2017/08/16/naval_aviation_and_working_the_kill_web_112060.html>, Stand: 03.10.2019.

Larter, David: SOCOM commander: Armed ISIS drones were 2016's »most daunting problem«, Defense News, 06.05.2017, <https://www.defensenews.com/digital-show-dailies/sofic/2017/05/16/socom-commander-armed-isis-drones-were-2016s-most-daunting-problem>, Stand: 27.09.2019.

Le Corbusier: Leitsätze des Städtebaus, in: Conrads, Ulrich; Neitzke, Peter (Hg.): Programme und Manifeste zur Architektur des 20. Jahrhunderts, Basel 2001, S. 84–89.

Leccadi, Carmen: New Temporal Perspectives in the »High-Speed-Society«, in: Hassan, Robert; Purser, Ronald (Hg.): 24/7: Time and temporality in the network society, Stanford 2007, S. 25–36.

Leder, Thomas; Hirzel, Matthias (Hg.): Speed-Management: Geschwindigkeit zum Wettbewerbsvorteil machen, Wiesbaden 1992.

Lefebvre, Henri: Rhythmanalysis: Space, time and everyday life, London 2004.

Lefebvre, Henri: The Everyday and Everydayness, in: Yale French Studies (73), 1987, S. 7–11.

Lehndorff, Steffen: Der Mensch als Puffer: Zeitnot und Zeitsouveränität unter dem just-in-time-Regime in vier europäischen Ländern, in: Industrielle Beziehungen/The German Journal of Industrial Relations 3 (3), 1996, S. 237–261.

Lime: Lime, <http://v1.li.me/de>, Stand: 23.09.2019.

Löffler, Petra: Verteilte Aufmerksamkeit. Eine Mediengeschichte der Zerstreuung, Zürich 2014.

Lorenz, Hans: Die Mitarbeit der lebendigen Natur beim technischen Werk, in: Die Strasse 8 (17–18), 1941, S. 289–295.

Lücke, Hayo: Zu Besuch bei e.Go Mobile: So hilft 5G beim Autobau, inside digital, 19.06.2019, <https://www.inside-digital.de/news/zu-besuch-bei-e-go-mobile-so-hilft-5g-beim-autobau>, Stand: 18.09.2019.

Lukács, Georg: Geschichte und Klassenbewusstsein, Bielefeld 2013.

Luke, Timothy: Scanning Fast Capitalism: Quasipolitan Order and New Social Flowmations, in: Fast Capitalism 1, 01.01.2005, S. 82–90.

Lyon, David: Surveillance as Social Sorting: Privacy, Risk and Automated Discrimination, London 2003.

Mansmann, Urs: Börsenhandel beschert Kurzwellenfunk ein Comeback, heise online, <https://www.heise.de/newsticker/meldung/Boersenhandel-beschert-Kurzwellenfunk-ein-Comeback-4008891.html>, Stand: 24.09.2019.

Marinetti, Filippo Tommaso: Gründung und Manifest des Futurismus, in: Appollonio, Umbro (Hg.): Der Futurismus. Manifeste und Dokumente einer künstlerischen Revolution 1909–1918, Köln 1972, S. 30–36.

Marko, Kurt: The critical role of IT in assuring food safety in pandemic times, diginomica, 22. 04. 2020, <https://diginomica.com/critical-role-it-assuring-food-safety-pandemic-times>, Stand: 12. 05. 2020.

Martin, Bill: Listening to the Future. The Time of Progressive Rock, 1968–1978, Chicago 2015.

Martin, Randy: Financialization of daily life, Philadelphia 2002 (Labor in crisis).

Marx, Karl: Grundrisse der Kritik der politischen Ökonomie, in: Marx-Engels-Werke, Bd. 42, Berlin 1983, S. 19–875.

Marx, Karl: Das Kapital. Bd. I, in: Marx-Engels-Werke, Bd. 23, Berlin 1968.

Marx, Karl: Die Deutsche Ideologie, in: Marx-Engels-Werke, Bd. 3, Berlin 1958.

Mauri, Terence: Want To Make Faster Decisions Like Amazon?, <https://www.inc.com/terence-mauri/want-to-make-faster-decisions-like-amazon-jeff-bezos-asks-one-simple-question.html>, Stand: 19. 09. 2019.

McGonigal, Jane: Gamify your life. Durch Gamification glücklicher, gesünder und resilienter leben, Freiburg 2016.

McKinsey: Pressemitteilung: Verkehr in Innenstädten: Mikromobilität in Europa mit 150 Mrd. Dollar Marktpotential, 30. 01. 2019.

McKinsey: How retailers can keep up with consumers, <https://www.mckinsey.com/industries/retail/our-insights/how-retailers-can-keep-up-with-consumers>, Stand: 20. 09. 2019.

McKinsey Global Institute: Smart Cities: Digital solutions for a more livable future, 07. 06. 2018, <https://medium.com/mckinsey-global-institute/smart-cities-c0d557ff42c1>, Stand: 23. 09. 2019.

Metropolitankonferenz Zürich (Hg.): Innovative letzte Meile Angebote, 2018.

Michalitsch, Gabriele: Markt-Verfügung: Das neoliberale Zeit-Regime, Volksstimme, 05.2003, <https://www.gbw.at/oesterreich/artikelansicht/beitrag/markt-verfuegung-das-neoliberale-zeit-regime>.

Mogg, Trevor: Gm's Autonomous Car Unit Says It Needs More Time to Test Its Robo-taxi, Digital Trends, 24. 06. 2019, <https://www.digitaltrends.com/cars/gms-autonomous-car-unit-says-it-needs-more-time-to-test-its-robo-taxi>, Stand: 04. 11. 2019.

Mohammed, Suhaib: How Self-Driving Cars Could Shape Our Future, Entrepreneur, 12. 08. 2019, <https://www.entrepreneur.com/article/334995>, Stand: 23. 09. 2019.

Moody, Kim: On New Terrain, Chicago 2017.

Murakami, Wood; Graham, S.: Permeable Boundaries in the Software-sorted Society: Surveillance and the Differentiation of Mobility, in: Urry, Sheller (Hg.): Mobile Technologies of the City, London 2006, S. 177–191.

Muscionico, Daniele: Mensch, was haben wir für ein Glück! – Wo alles verloren scheint, finden wir uns selbst, Neue Zürcher Zeitung, 23. 03. 2020, <https://www.nzz.ch/feuilleton/mensch-was-haben-wir-fuer-glueck-wo-alles-verloren-scheint-finden-wir-uns-selbst-ld.1547660>, Stand: 08. 05. 2020.

Nadeem, Shehzad: The uses and abuses of time: globalization and time arbitrage in India's outsourcing industries, in: Global Networks 9 (1), 2009, S. 20–40.

Noys, Benjamin: Malign Velocities: Accelerationism and Capitalism, Winchester 2014.

O'Connor, M. R.: The Fight for the Right to Drive, in: The New Yorker, 30. 04. 2019. Online: <https://www.newyorker.com/culture/annals-of-inquiry/the-fight-for-the-right-to-drive>, Stand: 23. 09. 2019.

Offer, Shira; Schneider, Barbara: Revisiting the Gender Gap in Time-Use Patterns: Multitasking and Well-Being among Mothers and Fathers in Dual-Earner Families, in: American Sociological Review 76 (6), 01. 12. 2011, S. 809–833. Online: <https://doi.org/10.1177/0003122411425170>.

Outhwaite, William: Critical theory and contemporary Europe, London 2012.

PARC: The best way to invent the future is to predict it, 05. 10. 2010, <https://www.parc.com/blog/the-best-way-to-invent-the-future-is-to-predict-it-2>, Stand: 20. 09. 2019.

Patterson, Scott: Hochfrequenzhändler rüsten mit Lasern auf, in: Wall Street Journal, 15. 02. 2014. Online: <https://www.wsj.com/articles/hochfrequenzh228ndler-r252sten-mit-lasern-auf-1392215907>, Stand: 24. 09. 2019.

Plateforme d'Enquêtes Militantes: On a Ridgeline: Notes on the »Yellow Vests« Movement, Viewpoint Magazine, 06. 12. 2018, <https://www.viewpointmag.com/2018/12/06/on-a-ridgeline-notes-on-the-yellow-vests-movement>, Stand: 26. 09. 2019.

Prenner, Thomas: Drei startet mit 5G-Netz in Linz, 20. 06. 2019, <https://futurezone.at/produkte/drei-startet-mit-5g-netz-in-linz/400528045>, Stand: 27. 09. 2019.

Purser, Ronald: Exploring the Dynamic of Time in Organizational Change, in: Whipp, Richard; Adam, Barbara; Sabelis, Ida (Hg.): Making Time: Time and Management in Modern Organizations, Oxford 2002, S. 155–167.

Ray, Alderman: Military Embedded Systems, <http://mil-embedded.com/author/ray-alderman-vita-standards-organization-2>, Stand: 24. 09. 2019.

Ridderstråle, Jonas; Nordström, Kjell: Funky business forever. How to enjoy capitalism, Harlow 2008.

Rob Wallace: Big Farms Make Big Flu. Dispatches on Influenza, Agribusiness, and the Nature of Science, New York 2016.

Roberts, Bryan R.; Berg, Natalie: Walmart: Key Insights and Practical Lessons from the World's Largest Retailer, London 2012.

Robinson, John P.; Godbey, Geoffrey: Busyness as Usual, in: Social Research: An International Quarterly 72 (2), 2005, S. 407–426.

Rosa, Hartmut: »Eine Spaltung zwischen den Generationen liegt im Bereich des Möglichen«, in: Neue Zürcher Zeitung, 03. 04. 2020. Online: <https://www.nzz.ch/feuilleton/coronavirus-hartmut-rosa-zu-chancen-und-risiken-des-stillstands-ld.1549696>, Stand: 07. 05. 2020.

Rosa, Hartmut: Das Virus ist der radikalste Entschleuniger unserer Zeit, in: Der Tagesspiegel, Berlin 24. 03. 2020. Online: <https://www.tagesspiegel.de/politik/soziologe-hartmut-rosa-ueber-covid-19-das-virus-ist-der-radikalste-entschleu niger-unserer-zeit/25672128.html>, Stand: 07. 05. 2020.

Rosa, Hartmut: Beschleunigung und Entfremdung, Frankfurt am Main 2013.

Rosa, Hartmut: Weltbeziehungen im Zeitalter der Beschleunigung. Umrisse einer neuen Gesellschaftskritik, Frankfurt am Main 2012.

Rosa, Hartmut: Beschleunigung. Die Veränderung der Zeitstrukturen in der Moderne, Frankfurt am Main 2005.

Rosenberg, Howard; Feldman, Charles S.: No Time To Think: The Menace Of Media Speed And The 24-Hour News Cycle, New York 2008.

Roy, Soumik: Global data makes positive forecast about autonomous cars, Tech Wire Asia, 12. 08. 2019, <https://techwireasia.com/2019/08/globaldata-makes-positive-forecast-about-autonomous-cars>, Stand: 23. 09. 2019.

Sabelis, Ida: The Clock-Time Paradox, in: Hassan, Robert; Purser, Ronald (Hg.): 24/7: Time and temporality in the network society, Stanford 2007, S. 255–277.

Sailer-Wlasits, Paul: Eine Vollbremsung für die Welt, science.ORF.at, 13. 04. 2020, <https://science.orf.at/stories/3200424>, Stand: 07. 05. 2020.

Samjatin, Jewgenij: Wir, Köln 2006.

Schaller, Karlheinz: Das »Sechstagerennen«. Aus dem Alltag Chemnitzer Fabrikarbeiter in der Weimarer Republik, Bielefeld 2007.

Schamberg, Jörg: Vodafone: Blinde Skifahrerin fährt Steilhang mit Hilfe von 5G herunter, 14. 06. 2019, <https://www.onlinekosten.de/news/vodafone-blinde-skifahrerin-faehrt-steilhang-mit-hilfe-von-5g-herunter_220008.html>, Stand: 18. 09. 2019.

Schivelbusch, Wolfgang: Lichtblicke. Zur Geschichte der künstlichen Helligkeit im 19. Jahrhundert, Frankfurt am Main 2004.

Schlote, Axel: Widersprüche sozialer Zeit. Zeitorganisation im Alltag zwischen Herrschaft und Freiheit, Opladen 1996.

Schor, Juliet: The Overworked American: The Unexpected Decline Of Leisure, New York 1993.

Schörgi, Oliver: Dispersion. Struktur der Dromokratie, Graz 2014.

Schulte, Brigid: Overwhelmed. Work, love, and play when no one has the time, New York 2014.

Schulz, Thomas: Abends im Lidl steht die Arbeiterklasse an, in: Abends im Lidl, Köln 2004, S. 67.

Schütz, Erhard: »… eine glückliche Zeitlosigkeit …«. Zeitreise zu den »Strassen des Führers«, in: Brenner, Peter (Hg.): Reisekultur in Deutschland, Tübingen 1997, S. 73–99.

Schütz, Erhard: Faszination des Organischen. Konjunkturen einer Kategorie der Moderne, München 1995.

Sennett, Richard: »Wir müssen wachsam sein«, in: Der Tagesspiegel, 19. 03. 2020. Online: <https://www.tagesspiegel.de/kultur/richard-sennett-zur-corona-krise-wir-muessen-wachsam-sein/25657932.html>, Stand: 07. 05. 2020.

Sewell, William H.: The temporalities of capitalism, in: Socio-Economic Review 6 (3), 01. 07. 2008, S. 517–537.

Sharma, Sarah: In the Meantime. Temporality and Cultural Politics, Durham 2014.

Shuler, Jack: Ever Onward: The Frontier Myth and the Information Age, in: Fast Capitalism 1 (1), 2005, S. 92–103. Online: <https://doi.org/10.32855/fcapital.200501.001>.

Siemens, Stephan; Bockenheimer, Eva: Arbeitszeit und indirekte Steuerung, in: Detje, Richard; Stamm, Sybille; Wilde, Florian (Hg.): Kämpfe um Zeit. Bausteine für eine neue (Arbeits-)zeitpolitische Offensive, Berlin 2014, S. 86–90.

Sombart, Werner: Der moderne Kapitalismus. Das Wirtschaftsleben im Zeitalter des Hochkapitalismus, München 1927.

Spoerer, Mark; Streb, Jochen: Neue deutsche Wirtschaftsgeschichte des 20. Jahrhunderts, München 2013.
Srnicek, Nick: Platform Capitalism, Cambridge 2017.
Stefik, Mark; Stefik, Barbara: Breakthrough. Stories and strategies of radical innovation, Cambridge 2004.
Sullivan, Oriel: Busyness, Status Distinction and Consumption Strategies of the Income Rich, Time Poor, in: Time & Society 17 (1), 01.03.2008, S. 5–26. Online: <https://doi.org/10.1177/0961463X07086307>.
Sullivan, Oriel; Gershuny, Jonathan: Speed-Up Society? Evidence from the UK 2000 and 2015 Time Use Diary Surveys, in: Sociology 52 (1), 01.02.2018, S. 20–38.
Sun-Tsu: Die Kunst des Krieges, Frankfurt 2019.
Suter, Mischa: Rechtstrieb. Schulden und Vollstreckung im liberalen Kapitalismus 1800–1900, Konstanz 2016.
Szepanski, Achim: Gilbert Simondon, Hochfrequenz-Handel und Ökotechnie, Non, 13.11.2015, <https://non.copyriot.com/gilbert-simondon-hochfrequenz-handel-und-oekotechnie>, Stand: 24.09.2019.
Tapscott, Don: The Digital Economy: Rethinking Promise and Peril in the Age of Networked Intelligence, New York 2015.
Thomas L. Friedman: The world is flat: the globalized world in the twenty-first century, London 2006.
Tiqqun: Kybernetik und Revolte, Zürich 2011.
Todt, Fritz: Der nordische Mensch und der Verkehr. Vortrag des Generalinspektors für das deutsche Straßenwesen, in: Die Strasse 4 (14), 1937, S. 394–400.
Toffler, A.: Future shock, New York 1970.
Tomlinson, John: The Culture of Speed: The Coming of Immediacy, London 2007.
Torp, Claudius: Konsum und Politik in der Weimarer Republik, Göttingen 2011.
Trube, Corinna: Euthanasia Coaster: Per Achterbahn zum Suizid, 08.09.2017, <https://www.weltderwunder.de/artikel/euthanasia-coaster-per-achterbahn-zum-suizid>, Stand: 29.10.2019.
Tweedie, Neil: Let's slow everything down and enjoy the silence, says Charles, in: The Telegraph, 12.09.2005. Online: <https://www.telegraph.co.uk/news/uknews/3323617/Lets-slow-everything-down-and-enjoy-the-silence-says-Charles.html>, Stand: 20.09.2019.
Utz, Peter: ›Sichgehenlassen‹ unter dem Strich. Beobachtungen am Freigehege des Feuilletons, in: Kauffmann, Kai (Hg.): Die lange Geschichte der kleinen Form. Beiträge zur Feuilletonforschung, Berlin 2000, S. 141–163.
Veblen, Thorstein: Theorie der feinen Leute. Eine ökonomische Untersuchung der Institutionen, Frankfurt am Main 2011.
Virilio, Paul: Die Auflösung des Stadtbildes, in: Dünne, Jörg; Günzel, Stephan (Hg.): Raumtheorien, Frankfurt am Main 2015, S. 262–272.
Virilio, Paul; Petit, Philippe: Cyberwelt, die wissentlich schlimmste Politik. Ein Gespräch mit Philippe Petit, Berlin 2011.
Virilio, Paul: Fluchtgeschwindigkeit, Frankfurt am Main 1999.
Virilio, Paul; Lotringer, Sylvère: Der reine Krieg, Berlin 1984.
Virilio, Paul: Fahren, fahren, fahren …, Berlin 1978.

Vollmer, Hendrik: Signaturen der Finanzialisierung. Von Finanzmärkten zu Organisationen, zu sozialen Situationen und (von dort) zu allem anderen, in: Kalthoff, Herbert; Vormbusch, Uwe (Hg.): Soziologie der Finanzmärkte, Bielefeld 2012, S. 87–111. Online: <https://pub.uni-bielefeld.de/record/2460022>, Stand: 25. 09. 2019.

Vonplon, David: Güter-Metro: Kantone stellen sich hinter 33 Milliarden-Tunnel, in: Neue Zürcher Zeitung, 17. 06. 2019. Online: <https://www.nzz.ch/schweiz/kantone-stellen-sich-hinter-die-u-bahn-fuer-gueter-ld.1489104>, Stand: 23. 09. 2019.

Voss, Guenter; Pongratz, Hans: Der Arbeitskraftunternehmer: Eine neue Grundform der Ware Arbeitskraft?, in: Kölner Zeitschrift für Soziologie und Sozialpsychologie 50 (1), 01. 01. 1998, S. 131–158.

Wajcman, Judy: Pressed for time. The acceleration of life in digital capitalism, Chicago 2015.

Ward, Lucy: Working-class children fall foul of digital divide, in: The Guardian, 28. 04. 2005. Online: <https://www.theguardian.com/technology/2005/apr/28/socialexclusion.elearning>, Stand: 24. 09. 2019.

Waschbüsch, Lukas: E-Scooter in Berlin: Saftig ausgepresst, in: Die Tageszeitung, 09. 07. 2019. Online: <https://taz.de/!5605912>, Stand: 02. 10. 2019.

Wehner, Christa: Die Zeitsparer: Eine Zielgruppe wird besichtigt, Nürnberg 09. 07. 2004. Online: <https://www.nim.org/veranstaltungen/gfk-tagung/gfk-tagung-2004/vortrag-1>, Stand: 24. 09. 2019.

Weiss, Hilde: Abbe und Ford. Kapitalistische Utopien, Berlin 1927.

Weiss, Katharina; Scharlau, Ingrid: Was also ist gleichzeitig? Allgemeinpsychologische Anmerkungen zur Wahrnehmung von Gleichzeitigkeit, in: Hubmann, Philipp; Huss, Till Julian (Hg.): Simultaneität. Modelle der Gleichzeitigkeit in den Wissenschaften und Künsten, Bielefeld 2013, S. 293–314.

Wen, Jiayi; Guo, Shengbo: Showing You Stories That Link to Faster Loading Webpages, Facebook, 02. 08. 2017, <https://newsroom.fb.com/news/2017/08/news-feed-fyi-showing-you-stories-that-link-to-faster-loading-webpages>, Stand: 30. 09. 2019.

Wiesner, Maria: Eine Insel in Norwegen möchte die Uhrzeit abschaffen, 19. 06. 2019, <https://www.faz.net/aktuell/stil/drinnen-draussen/eine-insel-in-norwegen-moechte-die-uhrzeit-abschaffen-16244878.html>, Stand: 20. 09. 2019.

Wilkie, Rob: The Digital Condition: Class and Culture in the Information Network, New York 2011.

Williams, Alex; Srnicek, Nick: #ACCELERATE MANIFESTO for an Accelerationist Politics, Critical Legal Thinking, 14. 05. 2013, <http://criticallegalthinking.com/2013/05/14/accelerate-manifesto-for-an-accelerationist-politics>, Stand: 09. 10. 2019.

Woods, Chris: US claims of ›no civilian deaths‹ are untrue, The Bureau of Investigative Journalism, 18. 07. 2011, <https://www.thebureauinvestigates.com/stories/2011-07-18/us-claims-of-no-civilian-deaths-are-untrue>, Stand: 02. 10. 2019.

World Bank: Lifting Restrictions and Promoting Better Regulation to Unleash the Potential of the Digital Economy in Palestine, World Bank, 31. 03. 2016, <https://www.worldbank.org/en/news/press-release/2016/03/31/lifting-restrictions-and-

promoting-better-regulation-to-unleash-the-potential-of-the-digital-economy-in-palestine>, Stand: 24. 09. 2019.
World Economic Forum: How 5G could speed up global growth, World Economic Forum, <https://www.weforum.org/agenda/2018/01/5g-mobile-speed-global-gdp-growth>, Stand: 18. 09. 2019.
Zeng, Ming: Smart Business: What Alibaba's Success Reveals about the Future of Strategy, Boston 2018.